SARKO & Cie

DU MÊME AUTEUR

Xavier Bertrand, les coulisses d'une ambition, L'Archipel, 2010.

Et si la Suisse ne servait plus à rien?, Larousse, 2010.

L'Énigme Oussama Ben Laden, Payot, 2008.

La Vérité sur Tariq Ramadan: sa famille, ses réseaux, sa stratégie, Favre, 2007.

Quid du canton de Genève?, Connaissance et Communication, 2003.

Les Guyanais, Français en sursis?, Entente, 1979.

IAN HAMEL

SARKO & Cie

LA RÉPUBLIQUE DES COPAINS ET DES RÉSEAUX

l'Archipel

www.editionsarchipel.com

Si vous souhaitez recevoir notre catalogue
et être tenu au courant de nos publications,
envoyez vos nom et adresse, en citant
ce livre, aux Éditions de l'Archipel,
34, rue des Bourdonnais 75001 Paris.
Et, pour le Canada,
à Édipresse Inc., 945, avenue Beaumont,
Montréal, Québec, H3N 1W3.

ISBN 978-2-8098-0541-3

À Olivia, Christina et Inaya

Avant-propos

Des petits Sarkozy par milliers

La profession d'avocat d'affaires est parfaitement honorable. Mais elle réclame des qualités qui ne sont pas forcément celles que l'on attend d'un homme politique. À moins que ce dernier conçoive la gestion des affaires de la France comme un enchaînement de dossiers à traiter les uns après les autres, avec à l'appui, chaque fois, de copieux honoraires. C'est pourtant l'option choisie par Nicolas Sarkozy. Le président de la République est et reste un avocat d'affaires. Marie-Ève Malouines, dans *Nicolas Sarkozy, le pouvoir et la peur*, pousse le bouchon encore plus loin : « Il raisonne comme un avocat, et fait de la politique comme un avocat », écrit-elle, ajoutant « Nicolas Sarkozy n'envisage les enjeux politiques que comme une succession de dossiers qu'il faut étudier et gagner. Peu importe que les arguments qui permettent de conclure la première affaire ne soient pas compatibles avec ceux de la seconde, l'essentiel est d'avoir gagné les deux dossiers[1] ».

Inutile ensuite de reprocher au chef de l'État de ne pas être habité par une certaine idée de la France : il n'a tout simplement pas d'idée, et surtout pas de suite dans les idées. Il peut donc en changer du jour au lendemain. Il n'est pas préoccupé par une « idée », qu'il assimile à une idéologie inutile, mais par l'opportunité, synonyme

1. Marie-Ève Malouines, *Nicolas Sarkozy, le pouvoir et la peur*, Stock, 2010, p. 42-43.

d'action. C'est l'opportunité qui lui tient lieu de vision. L'opportunité a ceci de commode qu'elle légitime par avance tous les changements de direction. Citons le bouclier fiscal, présenté comme le marqueur de son quinquennat, jeté aux orties sans état d'âme. L'élection de Nicolas Sarkozy en 2007 marque une profonde cassure dans l'histoire de notre pays. Si François Mitterrand et Jacques Chirac, ses prédécesseurs à l'Élysée, ne laissent pas forcément le souvenir d'une République irréprochable, ils avaient au moins un sens certain de l'État. Rien de tout cela chez Nicolas Sarkozy. Militant politique et avocat d'affaires, il s'est toujours mis exclusivement au service d'intérêts privés. Les sociologues Michel Pinçon et Monique Pinçon-Charlot constatent que le monde des affaires a pris le contrôle du pouvoir politique. « Le patronat industriel et surtout financier s'est payé un homme de main. Nicolas Sarkozy, qui ne possède pas un bagage intellectuel particulièrement extraordinaire, est à leur service », nous confient-ils.

Muni d'un certificat d'aptitude à la profession d'avocat (Capa) décroché avec un modeste dix sur vingt, Nicolas Sarkozy n'a pas imaginé une seule seconde prendre la défense de la veuve et de l'orphelin. Pistonné par sa mère, elle-même avocate, il entre à vingt-six ans chez Guy Danet, associé d'un grand cabinet parisien, installé dans le XVIIe arrondissement de Paris. Nous sommes en 1981, année de la victoire de François Mitterrand à l'élection présidentielle, et le jeune Nicolas Sarkozy prête allégeance aux riches, aux puissants, aux « people ». Comment, un quart de siècle plus tard, une majorité de Français a-t-elle pu croire que cet avocat trivial, cynique, puéril et sans scrupules, soupçonné de « péter les plombs » régulièrement, pourrait bousculer l'ordre établi ? Comment oublier que le maire de Neuilly n'a jamais cessé de trahir ses amis, Florence d'Harcourt, députée des Hauts-de-Seine,

Charles Pasqua, président de ce département, Jacques Chirac, candidat à l'élection présidentielle, et sa fille Claude ?

Ce livre dresse la très longue liste des turpitudes de la bande qui a pris le contrôle de la France et n'entend pas le lâcher en 2012. Il y a les affaires connues, comme celles touchant la très riche Liliane Bettencourt, vache à lait de politiciens peu scrupuleux, ou le très sulfureux Bernard Tapie, renfloué par une décision de justice guidée par l'Élysée. Des histoires moins connues, où il est question d'un gestionnaire de fortune suisse, qui rendait fréquemment visite à Nicolas Sarkozy à la mairie de Neuilly, et de l'abracadabrantesque attribution du port de Conakry, en Guinée, à l'ami Vincent Bolloré. Sans oublier l'exil fiscal du chanteur Johnny Hallyday à Gstaad, encouragé par le chef de l'État. Et comment passer sous silence l'épisode de l'Épad, au cœur duquel Nicolas Sarkozy tenta d'imposer Jean, son fils de vingt-trois ans, triplant sa seconde année de droit, à la tête du plus grand centre d'affaires d'Europe ? Confusion entre intérêts familiaux et intérêt d'État encore, lorsque le président Sarkozy tente de protéger son mariage. Aucun président n'avait encore usé des services secrets pour traquer les cancans sur son couple dans les dîners en ville. N'oublions pas les proches amis de Nicolas Sarkozy, tels Patrick et Isabelle Balkany, Manuel Aeschlimann, et les histoires de famille des Ceccaldi-Raynaud, à Puteaux, commune voisine de Neuilly : du grand-père au petit-fils, en passant par la fille…

Ce n'est pas tout. Depuis 2007, ce président affairiste, opportuniste sans limite, incarne et diffuse un mode de pensée dominant, celui de l'impunité, du « plus c'est gros, plus ça marche », de l'immoralité, du « court-termisme », du résultat kleenex. Dans tout l'Hexagone se sont éveillés des milliers de petits Sarkozy galvanisés par l'exemple présidentiel. Ce qui se faisait à la marge, sans laisser de traces, s'affiche au grand jour, sans complexes. Le modèle est celui du battant, pour qui la fin justifie les moyens. Dans le Sarkoland, les managers légitiment l'action pour l'action, le résultat pour le résultat, la vitesse pour la vitesse. À l'image de ce président de la République capable de réduire à deux heures et demie une visite d'État dans un pays africain ! Dorénavant, dans les administrations, les grandes entreprises, on vire brutalement de bâbord à tribord, avant de repasser, tout aussi vite, de tribord à bâbord, avec pour tout horizon l'absence de port.

Mais si notre système ne fonctionne plus, si toutes les barrières psychologiques ont sauté, s'il n'y a plus de limites, pouvons-nous pour autant rester les bras ballants ? « Les Français ne peuvent plus déléguer l'organisation des pouvoirs à des élus qui trahissent leurs mandats. Il faut instituer un contrôle citoyen », propose Séverine Tessier, la fondatrice d'Anticor, une association de lutte contre la corruption, dans un récent rapport intitulé « La France pillée… Savoir pour agir ». Car ce qui est pillé, ce n'est pas seulement la richesse matérielle détournée par une bande pour son propre profit. C'est aussi notre image dans le monde et notre propre représentation du monde. Appelons ça nos valeurs ou nos idées. Cette atteinte-là – immatérielle et profonde – peut appeler à réagir les citoyens de tous bords.

1

L'homme qui aime trop l'argent

Au lendemain de son investiture à l'Élysée, Nicolas Sarkozy s'enquiert du salaire de son prédécesseur, Jacques Chirac. Aussitôt, il décide d'augmenter substantiellement sa rémunération. La dotation était fixée à 101 488 euros, soit 8 457 euros par mois. Elle va passer à 19 331 euros mensuels. Ce qui fait dire à Aurélie Filippetti, députée socialiste de la Moselle : « Une hausse de 140 % de la rémunération du président de la République, quel exemple pour nos concitoyens ! Est-ce là une urgence pour la France ? » Comment interpréter un tel comportement, alors que le pouvoir d'achat des Français, qui viennent juste de l'élire, stagne ? La réponse est simple : en dehors d'un goût immodéré pour le pouvoir, le nouveau chef de l'État n'a qu'une préoccupation majeure dans l'existence : faire du fric.

Le Petit Chose de Neuilly-sur-Seine

Nicolas Sarkozy aime se comparer au Petit Chose, abandonné par son père et tirant le diable par la queue durant sa jeunesse. Une façon de prétendre qu'il se serait fait tout seul et n'aurait gravi les échelons que grâce à son inépuisable opiniâtreté. Il aime à répéter : « Je n'ai pas aimé mon enfance. » La réalité est très différente. Certes, Pal, le père hongrois volage, a bien déserté le domicile conjugal en 1959, mais Nicolas a été élevé dans un hôtel particulier, rue Fortuny, près du parc Monceau, dans le XVIIe arrondissement parisien. L'été, la famille passe ses vacances près de Royan, sur la côte atlantique. À la mort du docteur Benedict Mallah, son grand-père maternel, en 1973, « Dadu », sa mère, achète un grand appartement avenue du Général-de-Gaulle, à Neuilly-sur-Seine, et s'y installe avec ses trois garçons. « Élevé par une mère avocate, le petit Nicolas n'a manqué de rien, loin de là. Il a toujours baigné dans un univers de riche », assurent Renaud Dély et Didier Hassoux[1], ajoutant que ce tableau à la Zola, que dépeint Nicolas Sarkozy, « a le don d'exaspérer son frère aîné, Guillaume ». Dadu était avocate, pas femme de ménage.

Mais quand on aspire à recueillir les suffrages des Français, il vaut mieux ne pas passer pour un privilégié. Neuilly est l'une des communes les plus riches de France, où se croisent banquiers, industriels, rentiers, acteurs, hauts fonctionnaires. Fortunes anciennes et nouveaux riches. C'est un ghetto chic. « Nous sommes arrivés à Neuilly comme des va-nu-pieds », prétend Nicolas Sarkozy. Il assure ne fréquenter que le serveur d'un restaurant italien, Ali, le patron de la supérette, ou Arthur, un pied-noir du Maroc, propriétaire d'un glacier[2]. Toujours le Petit Chose, méprisé par les riches. « Pour compléter le tableau, le chef de l'État a l'habitude de raconter qu'il a dû travailler chez un fleuriste pour terminer ses études. Ce qui fait sourire ses amis de l'époque[3]… »

Le 2 avril 1974, Georges Pompidou, malade, décède brutalement. L'année précédente Nicolas Sarkozy, qui a passé son bac B sans mention, s'est inscrit à la

1. Renaud Dély et Didier Hassoux, *Sarkozy et l'argent roi*, Calmann-Lévy, 2008, p. 31.
2. Catherine Nay, *Un pouvoir nommé désir*, Grasset, 2007, p. 52.
3. Christophe Dubois et Marie-Christine Tabet, *L'Argent des politiques*, Albin Michel, 2009, p. 31.

faculté de droit de Nanterre. À dix-neuf ans, il pousse la porte de la permanence locale de l'UDR (Union pour la défense de la République), le parti gaulliste. Renaud Chauvot de Beauchêne était le secrétaire de section. « C'est moi qui l'ai emmené à son premier meeting, à la patinoire de Boulogne, écouter Chaban-Delmas en campagne pour l'élection présidentielle. J'ai très vite vu que Nicolas était un surdoué de la politique. Il a aussitôt pris en main les jeunes gaullistes de Neuilly. En 1977, il est entré au conseil municipal en même temps que moi », se souvient le militant[1].

Le premier mentor de Nicolas Sarkozy s'appelle Achille Peretti, dont nous parlerons plus loin assez longuement. Le maire de Neuilly a plus de soixante-cinq ans, le jeune militant gaulliste, moins de vingt-cinq. « Nicolas Sarkozy s'est choisi un patriarche, au sommet de la hiérarchie, sous l'aile duquel il se place et auquel il rend d'innombrables services. [...] En échange, il espère bénéficier de l'expérience et de la sagesse de l'ancien. Au bout du compte, bien sûr, il en sera l'héritier[2]. »

C'est à cette époque que Nicolas Sarkozy rencontre Patrick Balkany, qui va devenir son meilleur ami. Natif de Neuilly, ce dernier milite à l'UDR et tente de ravir la commune voisine de Levallois-Perret aux communistes. Il vient d'un milieu fortuné. Son père, d'origine hongroise, a créé la marque Réty, spécialisée dans le prêt-à-porter de luxe. Patrick Balkany a épousé Isabelle Smadja, dont l'un des oncles, Henri Smadja, dirigeait le quotidien *Combat*. Les Balkany et Nicolas Sarkozy égrènent en chœur, encore aujourd'hui, le couplet du Petit Chose. Lorsqu'il remet les insignes de chevalier de la Légion d'honneur à Isabelle Balkany, en mai 2008 à l'Élysée, le président de la République raconte que, plus jeune, il aimait les bons restaurants, mais qu'il ne

1. Entretien avec l'auteur, Neuilly, mai 2010.
2. M.-È. Malouines, *op. cit.*, p. 28.

pouvait se les offrir. Heureusement, les Balkany étaient là pour payer l'addition…

Patrick Balkany en rajoute. Parlant du futur président de la République, il assure : « Il vivait dans une petite chambre et n'avait pas un rond en poche. Moi, j'étais déjà installé, j'avais une situation professionnelle. Je l'invitais donc tout le temps, je lui payais tout[1]. »

À la même époque, Nicolas Sarkozy est rejoint par son premier et sans doute seul véritable disciple, un grand jeune homme blond et timide, Brice Hortefeux, fils de banquier né à Neuilly. « C'est aussi l'époque où il [Nicolas Sarkozy] était copain avec les “fils de”. Il s'est ainsi lié d'amitié avec le fils Barre, puis avec le fils Decaux, le fils Lagardère, le fils Bouygues… Ce n'était pas si bête », se souvient Jean-François Probst[2], ancien proche de Jacques Chirac et de Charles Pasqua.

En 1978, Nicolas Sarkozy obtient une maîtrise de droit privé. Appelé sous les drapeaux, il est pistonné par Charles Pasqua, son autre mentor, l'homme fort du mouvement gaulliste dans les Hauts-de-Seine, qui lui obtient une affectation à la caserne Balard, où il peut rentrer chez lui chaque soir. L'année suivante, il entre à l'Institut d'études politiques de Paris. Il en ressort deux ans plus tard sans diplôme. « Il n'a pas la moyenne en anglais, ce qui est éliminatoire. L'anglais a toujours été son point faible », écrit l'éditorialiste Catherine Nay[3]. Le jeune militant gaulliste passe de justesse son certificat d'aptitude à la profession d'avocat (Capa), obtenant dix sur vingt. En septembre 1981, après l'élection présidentielle qui voit la victoire de François Mitterrand, il prête serment. Nicolas Sarkozy est recommandé par une amie de sa

1. Saïd Mahrane, « Sarko-Balka, les potes du “9-2” », *Le Point*, 15 novembre 2007.

2. Jean-François Probst, *Chirac, mon ami de trente ans*, Denoël, 2007, p. 225.

3. C. Nay, *op. cit.*, p. 114.

mère à Guy Danet, associé d'un grand cabinet parisien installé dans le XVIIe arrondissement. L'immense majorité des avocats débutants n'a pas la chance d'intégrer d'emblée un cabinet installé dans les beaux quartiers. Toutefois, Nicolas Sarkozy montre rapidement de réels talents d'animateur en aidant Guy Danet à se faire élire bâtonnier de Paris. En 1982, à vingt-sept ans, encore stagiaire, le futur président est promu associé.

Le conseiller municipal de Neuilly se lie rapidement avec deux des avocats du cabinet, Michel Leibovici, spécialisé en droit commercial, et Arnaud Claude, « un avocat traitant plutôt les questions liées à l'immobilier et à l'urbanisme », rappelle William Emmanuel[1]. Le futur président, qui n'est pas un très bon technicien du droit, mesure vite les limites de la profession d'avocat. « Il préfère les négociations directes où sa force de persuasion peut lui permettre de l'emporter[2]. » Beaucoup d'hommes politiques sont d'anciens avocats qui, dès leur entrée dans la vie active, étaient animés du désir de défendre la veuve et l'orphelin. Rien de cela chez Nicolas Sarkozy. À aucun moment, il n'imagine se porter au secours d'une pauvre femme sans emploi, accusée d'avoir volé dans un grand magasin pour nourrir ses enfants. Lui se tourne immédiatement vers le droit des affaires. Ce sont les riches – sinon les très riches – qui le fascinent. Et uniquement eux. « La volonté de Nicolas Sarkozy était, dès le départ, de faire une carrière politique. Je dirais même qu'il avait une ambition : devenir président de la République. Il avait donc un "plan de carrière". Être avocat, cela lui permettait d'avoir des relations dans le milieu des affaires », note Jacques Copper-Royer, associé de Guy Danet[3]. Nicolas Sarkozy a-t-il plaidé une

1. William Emmanuel, *Nicolas Sarkozy, la fringale du pouvoir*, Flammarion, 2007, p. 55.
2. *Ibid.*
3. David Servenay, « Quand Sarkozy l'avocat ne méprisait pas les paradis fiscaux », www.rue89.com, 4 février 2009.

seule fois? Même son associé Arnaud Claude peine à s'en souvenir.

D'abord et surtout un avocat d'affaires

Michel Pinçon et Monique Pinçon-Charlot, anciens directeurs de recherche au CNRS, rappellent que les classes populaires et moyennes n'ont guère accès à la chose juridique. Elles ne la découvrent qu'en tant que victimes ou coupables. Il en va tout autrement des milieux favorisés. Dès l'enfance, ils acquièrent une culture juridique. « Les affaires et le patrimoine ne vont pas sans problèmes qui trouvent leur solution devant les tribunaux de commerce ou au civil. Il y a toujours quelque question fiscale ou immobilière qui réclame l'intervention de conseillers », écrivent-ils[1]. L'avocat d'affaires étant au cœur du champ politique, rien d'étonnant à ce que Nicolas Sarkozy choisisse cette profession. Et que, devenu président de la République, il s'entoure d'autres avocats d'affaires dont la première préoccupation n'est pas de se pencher sur le sort de leurs compatriotes fauchés. Tels Christine Lagarde, Jean-Louis Borloo, Jean-François Copé, Patrick Devedjian ou Frédéric Lefebvre.

L'actuel locataire de l'Élysée n'a jamais été un révolté, ni même un contestataire comme le Jacques Chirac de dix-neuf ans, qui vendait *L'Humanité* dans la rue. Nicolas vomit Mai 68. Il ne comprend même pas les mouvements contestataires qui agitent parfois les jeunes ambitieux de la droite. Nicolas Sarkozy n'a aucun dessein, ni grand ni petit. Il n'a pas le sens de l'État.

---

1. Michel Pinçon et Monique Pinçon-Charlot, *Le Président des riches, enquête sur l'oligarchie dans la France de Nicolas Sarkozy*, Zones, 2010, p. 85.

En 1987, Nicolas Sarkozy et ses deux amis, Arnaud Claude et Michel Leibovici, décident de voler de leurs propres ailes. Ils créent un cabinet d'avocats au 52, boulevard Malesherbes, dans le VIIIe arrondissement. Entre-temps, Nicolas Sarkozy est devenu maire de Neuilly en 1983. Comme un élu peut choisir l'avocat qui lui convient pour défendre les intérêts de sa ville, les cités voisines de Puteaux et de Levallois-Perret manifestent leur préférence pour le cabinet de Nicolas Sarkozy. Avec une petite nuance, Arnaud Claude est l'avocat de Levallois-Perret depuis 1981, deux ans avant l'élection de Patrick Balkany. Le futur chef d'État s'est lié aux *beautiful people*, tous ces gens qui, à l'entendre, le méprisaient quand il a débarqué à Neuilly. Il y a les artistes, comme Christian Clavier, Jean Reno, François Valéry, les hommes d'affaires, tel Martin Bouygues, ou d'influence, à l'image de Jacques Attali. Tous ceux enfin que l'on surnommera « la bande du Fouquet's ». Malgré ses multiples occupations, Nicolas Sarkozy trouve le temps de marier Eddie Barclay, Johnny Hallyday, Jacques Martin et Henri Verneuil. Son job, c'est de ramener des clients, comme l'explique son associé Arnaud Claude au *Canard enchaîné*: « Nicolas n'a jamais été avocat à 100 %. Nous travaillions presque toujours en doublon. Michel [Leibovici] et moi complétions ses dossiers. Nous gérions l'aspect technique et il arrivait à Nicolas de mener les négociations. Ce qui fait qu'au final il n'a quasiment jamais suivi un dossier tout seul[1]. »

Nicolas Sarkozy démarche les chefs d'entreprise. Entre quatre yeux, il leur explique que ceux qui ne sont pas avec lui sont contre lui. Et ça peut coûter cher aux hésitants. Victor Noir[2] cite le cas d'un homme

1. « Sarkozy, l'homme (trop) pressé », *Les Dossiers du Canard enchaîné*, octobre 2003.

2. Collectif de journalistes d'investigation animé par Karl Laske et Laurent Valdiguié.

d'affaires, à la tête d'une société de plusieurs milliers de salariés installée à Puteaux. « Je suis avocat. Je peux assurer votre conseil. On pourrait faire un abonnement mensuel au cabinet », propose Nicolas Sarkozy. L'industriel décline l'offre, qui est, en fait, un ultimatum. En 1994, l'homme d'affaires « se persuade que le contrôle fiscal auquel il a droit est le retour de bâton de sa "rencontre" avec Sarkozy, devenu ministre du Budget[1] ». Les chiraquiens accuseront le ministre du Budget d'Édouard Balladur des mêmes maux : il hérite de la réputation de menacer de contrôles fiscaux les imprudents qui osent s'opposer à ses vues, qu'ils soient députés ou même ministres… Nicolas Sarkozy en fait tellement « qu'il est devenu une sorte de Satan pour ses adversaires. Sur Canal+, les "Guignols" le caricaturent en petit Belzébuth orné de deux cornes sur le front », ajoute Catherine Nay[2].

Maire et bientôt député, ministre, président du conseil général des Hauts-de-Seine, autant d'« arguments » pour convaincre les nantis de contribuer aux « bonnes œuvres », qui ne sont pas forcément celles du mouvement gaulliste. Nicolas Sarkozy se serait rapidement constitué sa propre cagnotte. « Il a vite compris que pour grimper, pour financer ses multiples déplacements, il fallait de l'argent. Et sur ce point, Sarkozy est totalement décomplexé. Il aime l'argent, il ne cesse de le répéter. Avec son copain Balkany, ils n'ont qu'une seule préoccupation : comment faire rentrer la monnaie[3] ? », sourit Jean-François Probst, ancien maire de Bois-Colombes dans les Hauts-de-Seine et ancien proche collaborateur de Charles Pasqua.

---

1. Victor Noir, *Nicolas Sarkozy ou le destin de Brutus*, Denoël, 2005, p. 45.
2. C. Nay, *op. cit.*, p. 247.
3. Entretien avec l'auteur, Neuilly, décembre 2009.

2

LE CABINET D'AVOCATS CLAUDE-SARKOZY

Cette fascination malsaine pour le fric, que revendique inlassablement Nicolas Sarkozy, interpelle ses nombreux biographes. L'argent constitue l'étalon du système Sarkozy, observe Marie-Ève Malouines. « Il permet de mesurer la réussite, quel que soit le domaine où l'on exerce sa passion. Ne comptez pas sur lui pour admirer un artiste sans le sou. Dans le système de Nicolas Sarkozy, quand on est génial, on gagne obligatoirement de l'argent[1]. » Selon le psychanalyste Jean-Pierre Winter, « Pour Sarkozy, l'argent, ce n'est pas le pouvoir de jouir des choses, c'est le statut social. Pour exister, il pense qu'il doit donner l'image d'un homme qui a du fric[2]. »

Quel conflit d'intérêts?

La nature de ce culte assumé pour l'argent est clairement pathologique. À un point tel que les responsables de l'hebdomadaire *Marianne*, lorsqu'ils évoquent le sujet, voient Nicolas Sarkozy pratiquement entrer en transe: « Quand Chirac était là, vous ne l'interrogiez jamais sur son rapport à l'argent! Hein? Hein? Et pourtant il s'en foutait plein les poches, le Chirac ». Avant d'ajouter: « En politique, je n'ai pas pris un sou, jamais.

1. M.-È. Malouines, *op. cit.*, p. 39.
2. R. Dély et D. Hassoux, *op. cit.*, p. 28.

Personne n'a jamais rien trouvé, personne ne trouvera jamais rien. Les autres politiques ne peuvent pas en dire autant. Vous ne comprenez rien. Ils ont tous pris du pognon ! Ils sont partis riches[1] », éructe le chef de l'État. C'est exact, Nicolas Sarkozy n'a jamais été surpris les doigts dans le pot de confiture. Mais combien de politiciens français se font-ils attraper ? Et, même lorsque c'est le cas, ne passent-ils pas généralement entre les gouttes, à l'image de Charles Pasqua ?

La réaction du président de la République vis-à-vis des conflits d'intérêts doit être analysée au prisme de cette obsession pour l'argent. La notion même de conflit d'intérêts échappe à son entendement. Pour lui, les riches doivent s'enrichir, quels que soient les moyens. L'ancien maire de Neuilly ne peut comprendre l'indignation du commun des mortels née des révélations de l'affaire Bettencourt ou de celles de l'affaire Wildenstein (dont nous parlerons plus loin dans ce livre). « Sarkozy est persuadé que tout s'achète. On en a eu un parfait exemple avec l'épisode de l'Épad, quand il a tenté d'imposer son fils Jean. Il n'a d'oreille que pour les géants du BTP, qui salivent sur La Défense. Le malheur, c'est qu'il n'y a personne à l'Élysée pour lui ouvrir les yeux », constate Jean-François Probst, fin connaisseur du mouvement néo-gaulliste[2].

Si Nicolas Sarkozy est fasciné par l'argent, il ne souhaite pas pour autant jouer la transparence vis-à-vis de sa propre fortune. En janvier 2001, l'hebdomadaire *Le Point* consacre un dossier sur « Le patrimoine des maires » auquel le maire de Neuilly refuse de répondre. En décembre 2001, le mensuel *Capital*, intéressé par « Le patrimoine des hommes politiques », n'aura pas plus de chance avec lui. On sait seulement qu'il est à cette

1. Nicolas Domenach et Maurice Szafran, *Off, ce que Nicolas Sarkozy n'aurait jamais dû nous dire*, Fayard, 2011, p. 242.
2. Entretien avec l'auteur, Neuilly, décembre 2009.

époque propriétaire sur l'île de la Jatte – le quartier branché de Neuilly – d'un appartement de 212 mètres carrés agencé en duplex et acheté en 1997 pour 823 225 euros.

En 1993, lorsqu'il intégra le gouvernement d'Édouard Balladur comme ministre du Budget, Nicolas Sarkozy se fit « omettre » du barreau. En 1995, après la défaite de son champion aux présidentielles, il retrouve aussitôt son cabinet d'avocats. En 2002, quelques jours avant son retour au gouvernement – comme ministre de l'Intérieur, cette fois –, Nicolas Sarkozy crée avec Arnaud Claude une société d'exercice libéral par actions simplifiée (Selas). Si les circonstances l'obligent une nouvelle fois à se faire « omettre » du barreau, la nature juridique de son cabinet autorise que son nom reste sur l'enseigne et qu'il perçoive des dividendes. « Le ministre dispose d'un tiers des actions, qu'il a achetées pour 6800 euros. À la fin de sa première année d'exploitation, ce cabinet, qui compte dix-huit avocats, présentait un chiffre d'affaires net de 1509000 euros. Depuis cette date, la société n'a jamais publié ses comptes, comme la loi, en théorie, l'y oblige[1]. »

Parmi les très riches clients de Nicolas Sarkozy, Martin Bouygues, Bernard Arnault et LVMH, ainsi que le groupe pharmaceutique Servier, qui a défrayé la chronique récemment. Le maire de Neuilly a également aidé Serge Dassault, lorsqu'il succéda à son père Marcel, et Arnaud Lagardère, après la mort de son père Jean-Luc. Sans oublier Dominique Desseigne, après le décès de son épouse Diane Barrière, afin de prendre en main la gestion du groupe Lucien Barrière. Le scandale du Mediator, médicament des laboratoires Servier – soupçonné d'avoir causé la mort de centaines, voire de milliers, de malades – mériterait un chapitre à lui tout seul. Rappelons simplement que Jacques Servier, fondateur et P-DG du deuxième laboratoire français, neuvième fortune de France, est l'un des

1. « Une carrière pleine de ressources », www.lexpress.fr, 24 janvier 2007.

plus gros clients de l'avocat Nicolas Sarkozy. Ce dernier lui a remis la grand-croix de la Légion d'honneur le 7 juillet 2009. L'ancien avocat d'affaires conseillait le groupe Servier pour payer « le moins d'impôt possible[1] ». Les Pays-Bas bénéficiant d'un droit très favorable en matière fiscale pour les fondations, Nicolas Sarkozy a suggéré au groupe de devenir la propriété d'une fondation de droit néerlandais[2]... Quant à Dominique Desseigne, c'est lui qui a accueilli Nicolas Sarkozy, le soir de son élection, dans son palace parisien du Fouquet's. Le maire de Neuilly n'aime et ne côtoie que les riches. Y compris les riches étrangers, comme l'homme d'affaires Albert Frère, première fortune de Belgique, ou le milliardaire canadien Paul Desmarais, P-DG de Power Corporation. « Le 6 mai 2007, Nicolas Sarkozy était à peine élu qu'il tombait le masque en faisant un doigt d'honneur aux Français qui avaient commis l'erreur de le croire », observe Franz-Olivier Giesbert[3].

Expulsé par Sarkozy

La Selas Claude-Sarkozy s'est fait une spécialité des dossiers immobiliers, en particulier des expropriations. Quelle ne fut pas la surprise d'un couple de Parisiens de découvrir sur l'assignation visant à les expulser, en octobre 2004, le nom de Nicolas Sarkozy, alors ministre de l'Économie[4]... Le service de l'État

1. Isabelle Barré, « Du Sarkozyl dans le Mediator... », *Le Canard enchaîné*, 29 décembre 2010.
2. Grégoire Biseau, « L'avocat Sarkozy, conseiller "historique" de Servier », *Libération*, 23 décembre 2010.
3. Franz-Olivier Giesbert, *M. le Président. Scènes de la vie politique 2005-2011*, Flammarion, 2011, p. 71.
4. L'histoire, relatée par l'hebdomadaire *Marianne* le 19 mars 2005, est reprise dans l'ouvrage de V. Noir, *Nicolas Sarkozy ou le destin de Brutus*, *op. cit.*

est-il compatible avec l'utilisation d'une marque? L'hebdomadaire *Marianne* pose la question. Même s'il est légal qu'un ministre de l'Économie ou de l'Intérieur conserve un cabinet d'avocats à son nom, ce type d'agissement est-il pour autant défendable? Certains journalistes « estimaient que le fait d'être en règle avec la loi n'empêchait en rien le scandale: il était extravagant de voir un ministre de l'Intérieur se servir de son patronyme pour gagner de l'argent en quelque sorte par intimidation[1] ».

Selon Victor Noir: « Le champ d'action d'Arnaud Claude est identique à celui du maire de Neuilly: les Hauts-de-Seine. Par le passé, le cabinet a conseillé la filiale de promotion du groupe Vivendi, CGIS, qui se flatte d'avoir bâti avec le promoteur Christian Pellerin une bonne partie des tours de La Défense ». CGIS est devenu depuis Nexity. Même s'il s'est fait « omettre » du barreau, Nicolas Sarkozy, membre du gouvernement, recevait encore au ministère son associé Arnaud Claude[2]. Un intéressant mélange des genres. On imagine les moyens dont dispose un ministre de l'Intérieur pour ramener de la clientèle à un cabinet d'avocats.

Lorsqu'il devint président de la République, l'ancien maire de Neuilly finit tout de même par comprendre que son rattachement à un cabinet d'avocats en activité faisait un peu désordre. Le cabinet s'appelle désormais « Arnaud Claude & Associés ». Il compte parmi sa clientèle « des collectivités territoriales, des sociétés d'économie mixte, des OPHLM, des entreprises et des compagnies d'assurances, nationales ou internationales, des promoteurs immobiliers, des constructeurs automobiles, des banques et établissements financiers et de crédit[3] », énumère le site du cabinet, fort de quatorze avocats. Sans

1. N. Domenach et M. Szafran, *op. cit.*, p. 132.
2. V. Noir, *op. cit.*, p. 49.
3. www.claude-associes.com.

oublier une « vaste clientèle de particuliers », que l'on imagine plutôt fortunée. La palette de compétences est impressionnante, puisqu'elle va notamment du droit immobilier au droit commercial, en passant par le droit du sport et le droit de l'environnement, ou encore le droit international et le droit américain.

Les sociologues Michel Pinçon et Monique Pinçon-Charlot, auteurs de *Quartiers bourgeois, quartiers d'affaires*, de *Voyage en grande bourgeoisie* et des *Ghettos du Gotha*, ont décidé, dans un ouvrage devenu un best-seller[1], de s'intéresser à Nicolas Sarkozy le soir même de son élection, lorsqu'il va fêter sa victoire au Fouquet's avec bon nombre d'inscrits au *Who's Who*. « C'est véritablement un tournant : le monde des affaires a pris le contrôle du pouvoir politique à ce moment-là. Le patronat industriel et surtout financier s'est payé un homme de main. Nicolas Sarkozy, qui ne possède pas un bagage intellectuel particulièrement extraordinaire, est à leur service. Il n'est là que pour casser les prestations sociales et lancer des réformes qui ne profitent qu'aux riches », constatent-ils[2]. Le plus grave, c'est que Nicolas Sarkozy a mis du temps avant de saisir l'effet ravageur du Fouquet's. Quand il croise Philippe Warin, le seul photographe présent à cette fête – celui qui a immortalisé dans *Paris Match* la petite caste de privilégiés pressée autour du nouveau président –, Nicolas Sarkozy le félicite : « Super, ton reportage ! », lui lance-t-il[3]. Depuis, le Fouquet's est devenu une marque déposée pour railler l'affairisme en Sarkozie[4].

Pour accéder à l'Élysée, il n'est donc pas nécessaire de posséder un langage châtié. En revanche,

1. M. Pinçon et M. Pinçon-Charlot, *Le Président des riches, op. cit.*

2. Entretien avec les auteurs, Paris, octobre 2010.

3. Sophie Coignard et Romain Gubert, « Enquête sur les amis du Fouquet's », *Le Point*, 28 avril 2011.

4. Grégoire Biseau, « Fouquet's party », *Libération*, 23-24 juillet 2011.

il peut être utile de piétiner autrui sans aucun état d'âme. Nicolas Sarkozy n'a de leçon à recevoir de personne quand il s'agit de trahir ses amis. À l'image de Florence d'Harcourt, la députée des Hauts-de-Seine en 1978 – alors qu'il n'a que vingt-trois ans –, puis de Charles Pasqua en 1983.

3

Directeur de campagne de Robert Hersant

Neuilly-sur-Seine dépense presque 500 000 euros par an pour traiter les déjections canines. Le sujet est suffisamment d'importance pour qu'en mars 2010 la municipalité consacre la une de *La Lettre du maire* à « l'effort de la ville pour avoir des trottoirs propres ». Aucun détail ne nous est épargné, depuis le nombre d'agents chargés de la propreté et de l'hygiène, jusqu'au poids des déjections canines ramassées chaque année, en passant par le coût d'achat d'un distributeur de sacs de ramassage. Neuilly-sur-Seine met à disposition pas moins de six cent onze corbeilles afin que les habitants prévoyants puissent y déposer les fameux sacs. Jean-Christophe Fromantin n'est pas maniaque, il met simplement ses pas dans ceux de ses prédécesseurs. Achille Peretti, maire sans discontinuité de 1947 à 1983, et Nicolas Sarkozy, qui lui a succédé à l'âge de vingt-huit ans. Les deux édiles ont toujours consacré une part appréciable du budget à la voirie. Ce qui leur a particulièrement réussi électoralement. Ils étaient parmi les maires les mieux élus de France.

Les crottes de chien

« Tous les lundis, Achille Peretti parcourait à pied les rues de Neuilly. Dans un petit carnet, il notait tout ce qui n'allait pas, à commencer par les crottes de chien. Mais aussi un banc cassé ou un panneau de signalisation endommagé. Il faisait ensuite un rapport détaillé aux services techniques de la ville », se souvient Jean-François Probst, habitant de Neuilly et ancien proche collaborateur de Charles Pasqua[1]. La dimension politique d'Achille Peretti, né à Ajaccio en 1911, dépassait très largement les frontières des Hauts-de-Seine. Ancien commissaire de police et résistant, il devint en mai 1944 le directeur adjoint de la sécurité nationale auprès du gouvernement d'Alger, et assura à ce titre la protection du général de Gaulle à Paris en août 1944. Ce gaulliste corse, Compagnon de la Libération, se fit d'abord élire conseiller général d'Ajaccio en 1945, avant de devenir premier vice-président du conseil général de la Corse, puis d'enlever la mairie de Neuilly deux ans plus tard. Il est élu député en 1958, année du retour au pouvoir du Général. Enfin, Achille Peretti gagna son bâton de maréchal en succédant en 1969 à Jacques Chaban-Delmas à la présidence de l'Assemblée nationale.

Nicolas Sarkozy, domicilié avec sa famille à Neuilly, pouvait difficilement rêver d'un meilleur parrain – dans tous les sens du terme. En mars 1977, Achille Peretti fait entrer au conseil municipal ce petit jeune homme aux cheveux longs, trente-septième et dernier de la liste. Il est aussi le plus jeune. Nicolas Sarkozy a vingt-deux ans et n'a pas terminé ses études de droit. Le futur président de la République a bien retenu la leçon. Malgré ses fonctions ministérielles et ses responsabilités à la tête du RPR puis de l'UMP, Nicolas Sarkozy n'a jamais négligé les Neuilléens, s'occupant d'eux dans les moindres détails. À commencer par les crottes de chien.

Député deux décennies durant, membre du Conseil constitutionnel de 1977 jusqu'à sa disparition en 1983, Achille Peretti est aujourd'hui unanimement honoré.

---

1. Entretien avec l'auteur, Neuilly, décembre 2009.

On en oublie qu'il traîna derrière lui, comme quantité d'autres élus des Hauts-de-Seine, une réputation sulfureuse. Président de la Compagnie minière de l'Est-Oubangui et de la Compagnie française du Haut et Bas-Congo, il fut « mis en cause dans plusieurs opérations immobilières du quartier de La Défense et dans un placement d'or suspect aux relents d'évasion fiscale », rappelle Frédéric Charpier[1]. L'écrivain et polémiste Jean-Edern Hallier lui a même consacré un numéro spécial de son journal, *L'Idiot international.* Enfin, la presse anglo-saxonne l'a également accusé – sans preuve – d'appartenir à une organisation criminelle corse qui aurait contrôlé une partie du trafic de stupéfiants entre l'Europe et l'Amérique.

Députée suppléante d'Achille Peretti, Florence d'Harcourt raconte avec humour la campagne pour les élections législatives de 1973. « Je notais les habitudes d'Achille – revolver à portée de main sur la banquette arrière de la superbe voiture Citroën, capitonnée de cuir beige et dotée de tous les attributs du pouvoir, immatriculée 1AB92, chauffeur corse, probablement cousin, tout comme les jeunes femmes en quête d'emploi qui lui rendaient visite dans son grand bureau de la mairie de Neuilly. L'entourage du "parrain" n'était pas antipathique, mais surprenant[2]. » Le maire de Neuilly comptait ainsi de nombreux amis tenanciers de cercles de jeux, aux Champs-Élysées ou dans le quartier de l'Opéra, tel Marcel Francisci, « surnommé "l'empereur des jeux", parce qu'il possédait plusieurs casinos à Paris, en Angleterre et à Beyrouth[3] », et qui fut assassiné de trois balles de 11.43 en janvier 1982 au volant de sa Jaguar.

---

1. F. Charpier, *Nicolas Sarkozy, enquête sur un homme de pouvoir*, Presses de la Cité, 2006, p. 69.
2. Florence d'Harcourt, *Hauts-de-Seine, la loi du clan*, Édilivre, 2008, p. 78.
3. Gilles Labarthe, *Sarko l'Africain*, Hugo & Cie, 2011, p. 65.

Le 11 avril 1973, alors qu'il vient de perdre la présidence de l'Assemblée nationale, ces vilaines rumeurs affectent-elles à ce point le maire de Neuilly qu'il tente de se suicider? « Quand on évoque les personnalités plus ou moins sulfureuses des Hauts-de-Seine liées au clan corse, les regards se tournent habituellement vers Charles Pasqua. Mais, avant même son arrivée, tout a commencé au lendemain de la guerre avec Achille Peretti », souligne la scénariste Lili Gion, originaire de Neuilly, qui fut un temps candidate aux élections municipales avant de se désister en 2008 en faveur de Jean-Christophe Fromantin[1].

1977 est une année faste pour Nicolas Sarkozy. Il s'est en effet rapproché de l'homme fort du parti dans les Hauts-de-Seine, Charles Pasqua. Ce dernier le nomme secrétaire départemental adjoint du RPR, en même temps qu'un autre militant plus âgé que lui, Patrick Devedjian, venu de l'extrême droite. Évoquant le culot et l'imagination du futur président de la République, l'éditorialiste Catherine Nay explique que le jeune apparatchik devient alors aussi indispensable à Charles Pasqua qu'il l'est à Achille Peretti : « Bon tacticien, il a compris d'instinct que, pour réussir, il faut se choisir un parrain aussi haut placé que possible, d'un âge élevé aussi, et gagner ses bonnes grâces afin de récolter le moment venu tout ou partie de l'héritage[2]. » Inutile de s'attarder sur la personnalité de Charles Pasqua, nommé deux fois ministre de l'Intérieur (en 1986 et en 1993), exerçant les fonctions de président du conseil général des Hauts-de-Seine (de 1973 à 1976 puis de 1988 à 2004) et celles de sénateur aujourd'hui encore. La simple énumération de ses démêlés avec la justice nécessiterait plusieurs chapitres, sinon un tome supplémentaire. Pour mémoire, Charles Pasqua a été renvoyé en correctionnelle en avril 2011,

1. Entretien avec l'auteur, mai 2010.

2. C. Nay, *Chirac, mon ami de trente ans*, *op. cit.*, p. 91.

en compagnie de son ami André Santini – maire d'Issy-les-Moulineaux –, dans une histoire de musée au coût exorbitant n'ayant jamais vu le jour. Si l'on en croit l'ordonnance du juge, ils sont soupçonnés d'être « coauteurs des délits de recel de faux et de détournements de fonds publics[1] ». « Quand les anciens parlent du "chef" dans les couloirs de l'hôtel du département, c'est à "Charlie" qu'ils pensent, pas à Nicolas », écrivent Hélène Constanty et Pierre-Yves Lautrou[2]. Selon eux, les élus de droite tels que Sarkozy sont, dans leur immense majorité, des « enfants de Charles Pasqua ». Ils n'en ont jamais renié les méthodes, que des esprits chagrins qualifieraient de mafieuses[3]. « Depuis sa création en 1967, le département des Hauts-de-Seine a toujours été à droite. Les hommes politiques à sa tête ont perdu tout sens de la mesure. C'est leur fief, ils sont chez eux et font ce qu'ils veulent, avec le cynisme le plus complet et la négation des droits de l'opposition ! », s'insurge Catherine Le Guernec[4], responsable de l'association Anticor, qui lutte contre la corruption, et conseillère municipale socialiste de Levallois-Perret.

Première trahison de Sarkozy

À peine élu au conseil municipal, Nicolas Sarkozy est rapidement mis à l'épreuve à l'occasion des élections législatives de 1978. En entrant au Conseil constitutionnel, Achille Peretti a laissé son siège de député

1. Gérard Davet, « Fondation Hamon : MM. Pasqua et Santini renvoyés en correctionnelle », *Le Monde*, 11 avril 2011.
2. Hélène Constanty et Pierre-Yves Lautrou, *9-2, le clan du président*, Fayard, 2008, p. 27.
3. À lire (ou à relire) concernant Charles Pasqua : Philippe Boggio et Alain Rollat, *Ce terrible monsieur Pasqua*, Olivier Orban, 1988. Également : Nicolas Beau, *La Maison Pasqua*, Plon, 2002.
4. Entretien avec l'auteur, Paris, février 2010.

à sa suppléante, Florence d'Harcourt, une ancienne hôtesse de l'air, longtemps animatrice du mouvement des femmes gaullistes. Or, Jacques Chirac, en guerre ouverte contre Valéry Giscard d'Estaing, souhaite faire une fleur à Robert Hersant, le patron du *Figaro*, en lui offrant la sixième circonscription des Hauts-de-Seine. Cette circonscription, comprenant les villes de Neuilly et de Puteaux, ne peut échapper à la droite.

— Que comptez-vous faire de Mme d'Harcourt? s'enquiert tout de même Robert Hersant avant de démarrer sa campagne.

— Mme Florence d'Harcourt est une femme bien élevée, elle se retirera, répond Achille Peretti, sans même avoir consulté l'intéressée.

« Le marché entre Peretti et Hersant fut donc conclu à mon insu. [...] Pasqua, le maire de Puteaux Charles Ceccaldi, les élus de Puteaux et la plupart des élus de la mairie de Neuilly, dont le banquier Jean-Marc Vernes, Monique Pelletier, future ministre de la Condition féminine, et un jeune militant RPR inconnu, Nicolas Sarkozy, n'y trouvèrent rien à redire », écrit Florence d'Harcourt[1]. Nicolas Sarkozy est justement chargé d'animer la campagne de l'homme qui contrôle 20 % de ce qui se publie en France et que l'on surnomme « le papivore ». Robert Hersant – que *Le Canard enchaîné* a baptisé « Herr Sant » en raison d'un passé sulfureux durant la Seconde Guerre mondiale –, a été condamné en 1947 à dix ans d'indignité nationale pour collaboration avec l'Allemagne nazie. Hersant dirigeait pendant l'Occupation un groupuscule, le Jeune Front, qui s'était illustré en distribuant la feuille antisémite *Au pilori* et en se livrant à des violences contre les magasins tenus par des juifs. Les antécédents de Robert Hersant ne rebutent apparemment pas Nicolas Sarkozy, en dépit de l'ascendance juive de sa mère.

1. F. d'Harcourt, *op. cit.*, p. 89.

Le jeune directeur de campagne prend sa tâche très au sérieux. « Il lui présente les commerçants et les différents relais d'opinion, l'emmène sur les marchés le dimanche matin pour distribuer des tracts », raconte William Emmanuel[1]. Apercevant un adjoint au maire de Neuilly très hostile à la candidature du patron du *Figaro*, Nicolas Sarkozy se précipite vers lui, accompagné de Robert Hersant et d'un photographe. La photo, prise discrètement au moment où l'adjoint au maire et le candidat se serrent la main, est publiée dans le journal électoral du candidat officiel du RPR, sans l'assentiment de l'adjoint au maire[2].

Mais le jeune conseiller municipal n'a pas la tâche facile. Florence d'Harcourt, qui jouit d'une réelle popularité à Neuilly, refuse de s'effacer devant Robert Hersant. Exclue du RPR, surnommée « la Comtesse rouge », « la Pétroleuse distinguée », menacée, diffamée, Florence d'Harcourt s'accroche. Elle reçoit le soutien de gaullistes historiques, tels Michel Debré et Michel-Maurice Bokanowski, le sénateur-maire d'Asnières et surtout président de la fédération RPR des Hauts-de-Seine, qui prennent position en sa faveur. Aux yeux des électeurs de Neuilly et de Puteaux, elle apparaît comme une femme seule, lâchée par son clan, face à un homme puissant qui s'appuie sans complexe sur plusieurs quotidiens nationaux. Malgré l'enthousiasme, le dynamisme et le savoir-faire de son directeur de campagne, Nicolas Sarkozy, le patron du *Figaro* se révèle rapidement un très mauvais candidat. « Hersant organisait surtout des cocktails. Les gens disaient : "Il faut y aller, bouffer son pognon et ne pas voter pour lui" », se souvient, narquois, l'ancien maire de Puteaux Charles Ceccaldi-Raynaud[3]. Les manières de parvenu de Robert Hersant déplaisent

1. W. Emmanuel, *op. cit.*, p. 52.
2. *Ibid.*
3. Entretien avec l'auteur, Puteaux, avril 2010.

à une bourgeoisie que « le papivore » tente de séduire en la gavant de caviar et en la saoulant de champagne. Philippe Grange, pilier des gaullistes neuilléens et ancien proche de Nicolas Sarkozy, traduit cette situation d'une autre manière : Robert Hersant « avait le soutien des quatre formations de la majorité, mais il s'était mis à dos les trois religions. Les juifs à cause de son passé, les protestants à cause de son argent et les catholiques à cause de leur mauvaise conscience[1] ! »

Un faux grossier

Nicolas Sarkozy est-il à l'origine d'un tract présentant Florence d'Harcourt et François Mitterrand côte à côte ? Ce tract consiste en un vulgaire photomontage tentant de faire passer la députée sortante pour une « alliée objective des socialo-communistes ». Le jeune élu s'est bien gardé de dénoncer cette manœuvre scandaleuse. Florence d'Harcourt évoque simplement « Nicolas Sarkozy de Nagy-Bocsa, petit jeune homme empressé, visiblement chargé par le RPR d'accompagner le député de l'Oise [l'ancienne circonscription de Robert Hersant] dans ses sorties neuilléennes et de lui attirer les jeunes militants gaullistes dont il avait la charge sur la ville[2]. » Elle précise toutefois que « le RPR a fait une campagne indigne et Hersant une campagne très désagréable. Peretti a mis la gomme contre moi. Il ne se montrait pas trop sur place. C'est Nicolas Sarkozy qui avait été chargé d'aider Hersant contre moi[3]. » *Le Figaro* va jusqu'à omettre de citer le nom de Florence d'Harcourt lorsqu'il évoque la circonscription de Neuilly-Puteaux ! Tous les moyens sont bons. Robert Hersant, qui fait l'objet à cette

1. H. Constanty et P.-Y. Lautrou, *op. cit.*, p. 97.
2. F. d'Harcourt, *op. cit.*, p. 97.
3. Patrick et Philippe Chastenet, *Citizen Hersant. De Pétain à Mitterrand, histoire d'un empereur de la presse*, Seuil, 1998, p. 336.

époque d'une douzaine de procès, tient plus que tout à cette élection, qui lui ferait bénéficier d'une bien utile immunité parlementaire[1].

Malgré la catastrophe annoncée, Nicolas Sarkozy, en petit soldat discipliné du mouvement chiraquien, accomplit sa mission de directeur de campagne jusqu'au bout. Florence d'Harcourt est élue facilement. « Le papivore » n'atteint pas 10 % des suffrages. Contrairement à Jacques Chirac, qui adresse aussitôt un télégramme de félicitations à celle qu'il a exclue de son mouvement quelques semaines auparavant, la remerciant pour ce qu'elle avait « fait pour la France », Nicolas Sarkozy se garde bien de complimenter la gagnante. Malgré cet échec, le futur président de la République s'est fait un ami puissant dans la presse. De plus, en trahissant sans état d'âme Florence d'Harcourt, la députée sortante, il a réussi son examen de passage pour la droite des Hauts-de-Seine. Le petit Nicolas est capable de tout, il ira loin.

Étrangement, la chute de Robert Hersant ne lui a pas ouvert les yeux. Contrairement à certaines idées préconçues, la bourgeoisie de Neuilly ne s'en laisse pas conter. Il ne suffit pas d'accrocher une pancarte avec le sigle RPR ou UMP au cou d'une chèvre pour que les nantis votent les yeux fermés pour le bovidé. Devenu président de la République, Nicolas Sarkozy ne s'est pas souvenu de la cuisante leçon de 1978. En 2008, il a tenté de parachuter, avec le succès que l'on sait, David Martinon – un protégé de sa femme Cécilia – à la mairie et, l'année suivante, son fils Jean à la tête de l'Épad, l'établissement public d'aménagement de La Défense.

---

1. *Ibid.*, p. 332.

4

Le rêve d'Iznogoud

Florence d'Harcourt va payer très cher sa victoire contre les caciques des Hauts-de-Seine. Achille Peretti et Charles Ceccaldi-Raynaud, les deux maires de la circonscription, ont activement soutenu Robert Hersant et ne lui pardonnent pas cette humiliation. « La pratique des règlements de comptes, révélatrice des mœurs les plus douteuses du département, aussi bien partagées à l'UDF qu'au RPR, va durer longtemps[1]. » La députée est contrainte de faire distribuer sa lettre parlementaire par porteur aux électeurs de Puteaux, les courriers postés depuis le bureau de l'Assemblée nationale lui revenant par sacs entiers. « Des représailles sournoises s'organisèrent. Mes deux maires RPR, non contents de m'avoir supprimé l'accès de leurs mairies, m'interdirent de tenir ma permanence de député à l'intérieur de ce qui était devenu leur camp retranché », raconte encore la députée de Neuilly-Puteaux[2]. De façon plus mesquine, lors d'une générale donnée au théâtre de Neuilly, Nicolas Sarkozy, nouveau maire de Neuilly, propose le fauteuil réservé à la députée à… François Léotard.

1. H. Constanty et P.-Y. Lautrou, *op. cit.*, p. 97.
2. F. d'Harcourt, *op. cit.*, p. 112.

Sarkozi, pour faire corse

Nicolas Sarkozy termine ses études. Il obtient sa maîtrise de droit privé en 1978, puis passe son Capa (Certificat d'aptitude à la profession d'avocat) en 1981. Parallèlement, il s'est lancé à corps perdu dans la campagne pour l'élection présidentielle en faveur de Jacques Chirac. Le candidat du RPR est éliminé au premier tour. Côté sentimental, l'élu de Neuilly n'a jamais caché son goût du beau sexe, privilégiant la quantité à la qualité. « Nicolas Sarkozy conçoit l'amour comme un combat. Et lors des virées entre copains, les conquêtes sont nombreuses. Grâce à la “tchatche”, il a le contact facile et enchaîne les aventures », assurent Adeline Fleury et Pauline Revenaz[1]. Curieusement, le « tombeur » habite toujours chez sa mère, Andrée « Dadu » Sarkozy.

Le « Pasqualito » tombe amoureux de Marie-Dominique Culioli, une militante RPR. Elle est corse et fille d'un pharmacien de Vico, petit village d'un millier d'âmes situé au-dessus de Cargèse et de Sagone, à une cinquantaine de kilomètres d'Ajaccio. Vico, qui a donné pas moins de trois évêques à la France, porte fièrement dans son blason une tête de Maure flanquée de deux monticules de sable. La très discrète Marie-Dominique, plus simplement surnommée « Marie », se prépare alors à devenir hôtesse chez Air Inter. De nombreux articles prétendent – à tort – qu'elle serait parente du maire de Neuilly Achille Peretti, et que Nicolas Sarkozy aurait agi par calcul. En revanche, l'appartenance de sa bien-aimée dans l'île de Beauté lui permet de se rapprocher davantage du clan corse qui domine la vie politique des Hauts-de-Seine. On prétend que le futur président, pour faire plus corse, aurait parfois écrit son nom « Sarkozi » – avec un « i » plutôt qu'avec un « y ».

---

1. Adeline Fleury et Pauline Revenaz, *Neuilly, village people*, Éditions du Moment, 2008, p. 69.

Le mariage est célébré le 23 septembre 1982. « Celui qui n'est alors qu'un jeune militant gaulliste ambitieux a demandé à Charles Pasqua, l'homme fort des Hauts-de-Seine, d'être son témoin. En acceptant, le vieux briscard de la politique montre son affection pour ce gamin qui aurait pu être son fils. Le deuxième témoin est Jean-Marie Chaussonnière », raconte William Emmanuel[1]. Les invités se retrouvent ensuite au Cercle du bois de Boulogne, fondé en 1899 et plus connu sous le nom du « Tir aux pigeons ». Il ne s'agit pas d'une simple association, mais d'un groupe dans lequel la sélectivité sociale est extrême ; n'y entre pas qui veut... « Les grands cercles ou clubs, comme les rallyes, opèrent une sélection sévère à base de cooptation, parmi une population déjà hors du commun par des conditions d'habitat et d'existence », rappellent Monique Pinçon-Charlot et Michel Pinçon[2], spécialistes de la bourgeoisie.

On n'est pas « plus » ou « moins » proche d'un cercle ; on en est ou on n'en est pas. En 1982, Nicolas Sarkozy n'a que vingt-sept ans. Il n'est avocat que depuis une année, et simple conseiller municipal de Neuilly. Or, l'admission du postulant au « Tir aux pigeons » nécessite le parrainage de deux personnes garantes de son éducation sociale, de son niveau intellectuel, de sa confession catholique et de son sens de la famille. Aujourd'hui, la liste d'attente est de quatre à cinq ans et le droit d'admission est de 4 100 euros par adulte. La cotisation annuelle, qui s'élève à 4 800 euros, permet de côtoyer Édouard Balladur, Jérôme Bédier ou Guillaume Sarkozy[3]. Aux yeux de ses parrains, Achille Peretti et Charles Pasqua,

1. W. Emmanuel, *op. cit.*, p. 56.

2. M. Pinçon-Charlot et M. Pinçon, *Dans les beaux quartiers*, Seuil, 1989, p. 193.

3. Ghislain de Montalembert et Jean-René Van Der Plaetsen, « Enquête sur les cercles et lieux de pouvoir », *Le Figaro Magazine*, 30 avril 2010.

Nicolas Sarkozy est presque devenu l'un des leurs. Achille Peretti l'a même « invité chez lui en Corse, à la dernière Pentecôte. Privilège rarissime[1]. » Le maire l'associe à l'élaboration de la prochaine liste pour les élections municipales. « Un témoin de l'époque se souvient que Nicolas Sarkozy a été le "Fouquier-Tinville" pour tous les écartés », assure la journaliste Anita Hausser.

« Je les ai tous niqués ! »

En 1983, après la victoire d'Achille Peretti, soixante et onze ans, Nicolas Sarkozy devient septième adjoint. Un poids lourd des Hauts-de-Seine, Charles Pasqua, établi à Neuilly depuis 1982, fait discrètement son entrée sur la liste, en dix-septième position. Cette arrivée ne trompe personne, le dirigeant gaulliste guigne la place du calife. On susurre que, peu après son élection, le maire se retirera et lui laissera la place pour des raisons de santé. Mais rien ne se passe comme prévu : un mois à peine après les élections, le 14 avril 1983, Achille Peretti est foudroyé par une crise cardiaque. Charles Pasqua, quant à lui, est admis à l'hôpital pour se faire opérer d'une hernie. Pensant que son élection n'est qu'une formalité, il charge son si dévoué Nicolas Sarkozy d'aller prêcher la bonne parole aux conseillers municipaux. « Le patron du RPR des Hauts-de-Seine ne se doute évidemment pas qu'il s'apprête à participer, à son corps défendant, à l'épisode fondateur de la geste sarkozyenne », résument Hélène Constanty et Pierre-Yves Lautrou[2].

Âgé d'à peine vingt-huit ans, Nicolas Sarkozy commet une forfaiture en trahissant son maître et en faisant campagne… pour lui-même. « Bien évidemment, Charles

1. Anita Hausser, *Sarkozy, l'ascension d'un jeune homme pressé*, Belfond, 1995, p. 82.
2. H. Constanty et P.-Y. Lautrou, *op. cit.*, p. 100.

Pasqua se voyait déjà maire, même si plus tard il a prétendu le contraire pour ne pas perdre la face. Il s'en est surtout voulu de ne pas avoir senti le coup fourré. Des années plus tard, il me disait encore avec son accent: "Sarkozy, c'est un garçon doué pour trahir" », se souvient Jean-François Probst, longtemps l'un des plus proches collaborateurs de Charles Pasqua[1]. Ce dernier se doute d'autant moins de la trahison qu'il vient de faire entrer Nicolas Sarkozy au conseil régional d'Ile-de-France – à cette époque en effet, les conseillers régionaux ne sont pas élus, mais désignés!

Il est vrai que Nicolas Sarkozy avait rapidement compris que le pedigree de Charles Pasqua, ancien directeur commercial chez Ricard et ancien dirigeant du Sac (le Service d'action civique, chargé des basses œuvres du mouvement gaulliste), n'emballait pas outre mesure la bourgeoisie de Neuilly. Le futur président de la République est vivement encouragé à se lancer dans l'aventure par son copain Patrick Balkany, comme lui d'origine hongroise. Ce dernier, adepte des méthodes musclées, vient tout juste d'arracher au Parti communiste la commune voisine de Levallois-Perret.

Le 29 avril 1983, Nicolas Sarkozy l'emporte par vingt-six voix contre vingt-trois à Louis-Charles Bary, le candidat de l'UDF, conseiller municipal depuis 1965. Patrick Balkany et Florence d'Harcourt gardent des souvenirs assez semblables de cette élection. Lorsqu'un conseiller municipal ose critiquer la candidature d'« un maire en culottes courtes », « Nous l'avons hué, à nous en casser les cordes vocales », raconte Patrick Balkany[2]. « La séance s'annonça chaude, lorsque nous constatâmes que la tribune du public avait été envahie de bonne heure par le maire RPR de Levallois, Patrick Balkany, accompagné de ses militants.

1. Entretien avec l'auteur, Neuilly, décembre 2009.
2. Patrick Balkany, *Une autre vérité, la mienne*, Michel Lafon, 2010, p. 169.

[…] Les Neuilléens se trouvèrent relégués au fond, étonnés d'avoir été devancés par leurs voisins levalloisiens », écrit pour sa part Florence d'Harcourt, favorable au candidat UDF[1]. On prête à Nicolas Sarkozy d'avoir lancé après sa victoire, entouré de ses proches, cette fameuse expression : « Je les ai tous niqués ! » Nicolas Sarkozy se rêvait en Iznogoud. Mais lui a réussi : il est devenu calife.

Le soir même de son élection, surexcité, le nouveau maire entre dans le bureau d'Achille Peretti accompagné de son fidèle compagnon Brice Hortefeux. Ce grand jeune homme blond, fils de banquier, né à Neuilly mais d'origine auvergnate, est encore étudiant en droit. Subjugué par la verve de Nicolas Sarkozy lors d'une convention des jeunes gaullistes porte Maillot, il devient à vingt-cinq ans son directeur de cabinet à la mairie de Neuilly.

Lucienne Buton, élue socialiste de Neuilly, garde un souvenir très désagréable du jeune maire. Cette dame posée, originaire de Brest, s'est installée dans les Hauts-de-Seine en 1971. Quatre ans plus tard, elle prend sa carte au PS. En 1983, les socialistes obtiennent deux élus au conseil municipal de Neuilly. « C'était un individu odieux, une vraie petite ordure. Sarkozy ne supportait pas qu'on puisse le contredire. Il fallait voir comment il se comportait avec les employés de la mairie, et même avec ses adjoints. Il les agonisait d'injures. Comment un tel individu a-t-il pu devenir président ? Régulièrement, il pétait les plombs et se mettait à tout casser dans son bureau… », raconte Lucienne Buton. Puis elle ajoute : « Au fil des ans, nos relations se sont tout de même améliorées, maintenant, il me respecte. Mais pour moi, c'est un agité, pas vraiment intelligent. La principale qualité que je lui concède ? Celle d'être un énorme bosseur. Il partait chez lui avec d'énormes dossiers sous les bras, y compris le week-end[2]. »

---

1. F. d'Harcourt, *op. cit.*, p. 166.
2. Entretien avec l'auteur, Neuilly, février 2010.

Non seulement Nicolas Sarkozy ne sait pas se tenir, mais il parle comme un pilier de comptoir. Nicolas Domenach et Maurice Szafran relatent la rencontre qu'ils ont eue à Neuilly au début de l'année 2000 avec Nicolas Sarkozy et Jean-François Kahn. Si l'argumentaire du maire de Neuilly est rodé « comme un défilé militaire », en revanche la forme du propos les laisse pantois : « phrases bancales, erreurs de syntaxe ou de grammaire, liaisons parfois désastreuses ; un récital[1] ». Ils livrent un extrait du Sarkozy dans le texte : « J'vais vous dire, m'sieur Kahn, j'voulais quand même vous remercier pour un truc dans *Marianne*. Jamais vous dites que j'suis facho. »

La troisième trahison – et la plus connue – est celle qui eut lieu lors de l'élection présidentielle de 1995. Ardent supporter de Jacques Chirac, Nicolas Sarkozy le lâche sans état d'âme pour Édouard Balladur. Ce que l'on sait moins, c'est que le maire de Neuilly n'était pas seulement un proche collaborateur du maire de Paris, c'était un intime. Non seulement de Jacques et de Bernadette, mais aussi de leur fille Claude. « Nicolas et Claude s'entendent à merveille. Ils arrivent et repartent ensemble à des réunions politiques, copinent, deviennent amis, voire inséparables », raconte Laurent Léger[2]. Ont-ils partagé une histoire intime ? Beaucoup le laissent entendre, notamment à l'UMP. D'autant que Jacques Chirac aurait un jour lâché : « Sarkozy, je ne lui pardonnerai jamais. Quand je pense que je l'ai vu en caleçon. » Toutefois, Claude et Nicolas ont démenti toute relation amoureuse.

1. N. Domenach et M. Szafran, *op. cit.*, p. 112.

2. Laurent Léger, *Claude Chirac, enquête sur la fille de l'ombre*, Flammarion, 2007, p. 249.

5

L'ami banquier du lac Léman

Au cœur de la crise financière, Nicolas Sarkozy est apparu comme le chef d'État le plus déterminé à lutter sans répit contre les paradis fiscaux. Ils doivent disparaître, ils vont disparaître, annonce-t-il. « Je veux que les banques ne travaillent plus avec les îles Caïmans, Hong-Kong et Macao. Je démissionnerai de mon poste de coprince d'Andorre si les choses n'avancent pas. Monaco doit aussi s'aligner. J'en parlerai au prince Albert. Même la Suisse a cédé », menace-t-il en mars 2009. Le 24 septembre de la même année, à la veille du sommet du G20 de Pittsburgh, il l'assure : « Les paradis fiscaux, le secret bancaire, c'est terminé. » Depuis cette date, les banques suisses ont engrangé 230 milliards d'euros supplémentaires venant de l'étranger, et la Confédération helvétique conforte sa place de numéro un mondial de la gestion de fortunes privées, accueillant près de 30 % des avoirs mondiaux offshore. Nicolas Sarkozy n'a pas démissionné de son poste de coprince d'Andorre.

Sur les bords du lac Léman, banquiers, patrons de fiduciaires et avocats d'affaires n'ont jamais pris très au sérieux les intimidations du président français. Car tous connaissent le talon d'Achille de l'ancien avocat d'affaires. En 1986, Nicolas Sarkozy n'est pas encore député, mais déjà maire de Neuilly-sur-Seine, une cité prospère recherchée par les hommes d'affaires, le gotha du show-business et les champions sportifs, tel le tennisman Henri Leconte, alors en pleine gloire. Nicolas Sarkozy, qui travaille encore avec l'ancien bâtonnier Guy Danet, est justement l'avocat – et l'ami – d'Henri Leconte.

Sarkozy au pays du secret bancaire

À cette époque, Bernard Glasson travaille à Genève comme chargé de clientèle à Heyer Management, une société spécialisée dans la gestion de fortune. « Nicolas Sarkozy et Henri Leconte sont arrivés ensemble, accompagnés de Brigitte, l'épouse d'Henri. C'était en 1986. Ce jour-là, ils n'ont ouvert des comptes qu'au nom du tennisman », se souvient-il[1]. Bernard Glasson, interrogé à plusieurs reprises par des journalistes, n'a jamais varié dans ses déclarations : à sa connaissance, le maire de Neuilly ne plaçait pas d'argent chez Heyer Management, du moins à titre personnel. Le chargé de clientèle est charmé par ce jeune avocat d'affaires – Nicolas Sarkozy a alors trente et un ans – qui lui donne aussitôt du « tu ». « Je suis plus vieux que lui, mais je l'ai tutoyé aussi », précise Bernard Glasson, qui fut employé pendant dix ans dans cette société.

Heyer Management a vu le jour en 1982, créée par Jacques Heyer, un banquier brillant à l'épais carnet d'adresses, venu de la Banque populaire suisse. Jacques Heyer roule en Bentley, fréquente le prestigieux Club des Fumeurs de cigares de Genève, et gère la fortune de nombreuses stars, Johnny Hallyday, Jean-Claude Killy, Petula Clark, Jean-Paul Belmondo, et le célèbre manager

1. Entretien avec l'auteur, octobre 2010.

sportif Mark McCormack[1]. L'homme inspire confiance. Son frère Pierre est l'un des plus hauts magistrats du canton. Il présidera même la Cour de justice dans les années 1990. Anne, la femme de Jacques Heyer, est divorcée de Raymond Vulliez, un ami proche de Jacques Chirac et de Roland Dumas. Le monde est tout petit. « Heyer était adoré. Ses clients avaient une confiance totale en lui. Moi-même, je le considérais comme un ami très cher », confie Bernard Glasson.

Nicolas Sarkozy se contente d'accompagner l'un de ses clients et amis dans la capitale mondiale de la gestion de fortune. À cette époque, le maire de Neuilly ne voit pas d'inconvénient majeur à ce que de riches contribuables français veuillent échapper au fisc de leur pays. Mieux, il favorise leur exil fiscal. Un homme qui aide ses clients fortunés à exploiter les failles du système financier « n'est peut-être pas le mieux placé pour lutter contre les paradis fiscaux », estime la journaliste Dorothée Moisan[2]. Concrètement, Henri Leconte a décidé de s'établir dans la cité de Calvin, à Genève, afin de profiter du fameux « forfait fiscal » permettant aux étrangers de négocier le montant de leurs impôts. À la même époque, Patrick Balkany, maire de Levallois-Perret – commune voisine de Neuilly – et meilleur ami de Nicolas Sarkozy, fréquente lui aussi la société Heyer Management, installée alors au 8, rue du Nant à Genève. Mais, contrairement au futur président de la République, Balkany préfère se montrer discret en s'y rendant de préférence le samedi, jour de congé des employés. Jacques Heyer demande parfois à une secrétaire d'effectuer des heures supplémentaires pour enregistrer les demandes du maire de

1. Ian Hamel, « L'ami banquier de Nicolas Sarkozy », *Le Matin Dimanche*, 18 février 2007.
2. Dorothée Moisan, *Le justicier, enquête sur un président au-dessus des lois*, Éditions du Moment, 2010, p. 151.

Levallois. Une information que Patrick Balkany a toujours démentie.

Quatre mois de prison

Le 2 septembre 1996, la démission d'André Hintermann de Heyer Management passe inaperçue. Ce financier est pourtant président de la Banque financière de la Cité (BFC). Trois mois plus tard, le 4 décembre 1996, personne ne remarque non plus le départ « avec effet immédiat » de Charles Berney, le principal associé de Jacques Heyer. Pourtant, il y a bien le feu chez cet illustre gestionnaire de fortune. Le 23 mai 1997, *L'Agefi*, le quotidien suisse de la finance, annonce l'arrestation du patron de Heyer Management et sa mise en examen pour « gestion déloyale » – un terme juridique proche de la notion d'« abus de confiance » en droit français[1]. Jacques Heyer est soupçonné de s'être approprié pour une bouchée de pain une énorme quantité de titres américains non cotés et de les avoir ensuite revendus bien plus cher à ses clients (deux fois et demie à quatre fois le prix d'achat), entraînant la ruine de ceux-ci – à commencer par Henri Leconte.

« Curieusement, Jacques Heyer n'a pas été arrêté tout de suite. La justice genevoise lui a laissé le temps de licencier son personnel. Resté seul, il a pu détruire tranquillement tous les documents compromettants. Pour cela, il a même fait venir d'immenses poubelles par camion », se souvient Bernard Glasson.

Pourquoi autant de complaisance? Le financier risquait d'entraîner dans sa chute des banques et certains de ses prestigieux clients, mais aussi de nuire à l'image

1. Alain Fabarez, « Arrestation du patron de Heyer Management sur fond de gestion déloyale sur titres américains du Nasdaq », *L'Agefi*, 23 mai 1997.

de la ville de Genève. Alain Fabarez, le patron de *L'Agefi*, assure que cette affaire est exemplaire à plus d'un titre. « Exemplaire en ce qui concerne les banques dépositaires, qui semblent avoir été bien peu curieuses quant à la réalité économique des portefeuilles. » Sont visées la Banque financière de la Cité (BFC) et la Banque populaire, rachetée peu après par le Credit Suisse. Exemplaire aussi, le peu de clients lésés qui déposent plainte... La chute de Heyer le Magnifique ne touche pas seulement des champions sportifs et le gotha du show-business. La rumeur laisse rapidement entendre que la société Heyer Management gérait aussi la cagnotte d'hommes politiques français, en particulier des élus de droite des Hauts-de-Seine. Nicolas Sarkozy était-il dans le lot? Dix ans plus tard, à la veille de l'élection présidentielle, plusieurs publications ont fait remonter cette information, mais sans en apporter une preuve formelle. Le journaliste Karl Laske rappelle que Jacques Heyer se rendait régulièrement à la mairie de Neuilly, puis à Bercy entre 1993 et 1995 lorsque Nicolas Sarkozy était ministre du Budget[1]. Était-ce seulement pour s'entretenir de la fortune d'Henri Leconte? Le collectif de journalistes Victor Noir pose à Nicolas Sarkozy plusieurs questions embarrassantes :

« Comment avez-vous rencontré M. Jacques Heyer? »

« Avez-vous, vous-même, placé des fonds dans les mains de ce gérant de fortunes genevois? »

« Êtes-vous celui qui a présenté M. Didier Schuller à M. Jacques Heyer[2]? »

Des questions restées sans réponses.

Le banquier des stars passe quatre mois seulement derrière les barreaux. Il n'est mis en cause que par une minorité de ses anciens clients l'accusant d'avoir dilapidé

---

1. « Le banquier suisse que Sarkozy voudrait oublier », *Libération*, 13 avril 2007.
2. V. Noir, *op. cit.*, p. 43.

10 millions de francs suisses (équivalant à 40 millions de francs français de l'époque). Une centaine d'autres clients, dont certains ont perdu parfois des sommes considérables, ne souhaite pas porter plainte pour une raison très simple : leur argent n'a pas été déclaré au fisc. Au palais de justice, il nous a été confirmé qu'au faîte de sa carrière le banquier gérait quelque 200 millions de francs suisses (800 millions de francs français). Prudente, la justice genevoise préfère se hâter très lentement. Jacques Heyer n'est finalement jugé qu'en septembre 2005, un peu plus de huit ans après son arrestation ! Ne se reconnaissant aucun tort, il ne met guère de bonne volonté pour éclairer le tribunal. Selon sa version, il aurait simplement été dupé par des courtiers américains qui, abusant de sa naïveté, lui auraient vendu des actions de pacotille. « Je n'ai jamais cherché le moindre enrichissement personnel, c'est pourquoi je sollicite un acquittement », lance Jacques Heyer.

La Banque financière de la Cité, qui fut utilisée par Jacques Heyer et dont il fut lui-même l'administrateur jusqu'en 1997, ne se montre guère plus coopérative. Durant la procédure, « ses dirigeants ont affirmé que les documents où figuraient les noms des vrais clients ne se trouvaient pas en Suisse[1] », et qu'ils ignoraient où ils étaient… Jacques Heyer était l'administrateur unique d'une kyrielle de sociétés immatriculées dans des paradis fiscaux, chacune d'entre elles étant détentrice d'un compte bancaire propre. Ces sociétés constituaient « des coquilles vides chargées de masquer l'identité des véritables propriétaires des fonds […] probablement ceux de certains hommes politiques en vue[2]. »

---

1. Sylvain Besson, « Le banquier de la jet-set au tribunal », *Le Temps*, 18 août 2005.
2. Laurent Léger, « Le banquier de Schuller flouait les stars », *Le Parisien*, 12 février 2002.

6

LA JUSTICE SUISSE PARLE DU « PETIT BONHOMME »

Jacques Heyer, reconnu coupable d'abus de confiance, est condamné à deux ans de prison ferme. Il bénéficiera cependant d'un sursis, la Chambre pénale de la Cour de cassation pénale évoquant la violation du principe de célérité… En raison des retards pris par la procédure pénale, Jacques Heyer aurait été maintenu « inutilement dans les angoisses » suscitées par l'action de la justice. Le gestionnaire de fortune déchu a donc pu continuer à couler des jours tranquilles à Saint-Tropez et y pratiquer assidûment son sport favori, le golf. Il avait d'ailleurs été surpris canne en main par le magazine *VSD*, en septembre 2005, quelques jours avant son procès[1].

Entre les îles Vierges et les îles Caïmans

L'acte d'accusation révèle que Jacques Heyer gérait « personnellement les comptes de nombreux clients, et en particulier de personnalités du monde français du spectacle, du sport et de la politique ». Curieusement, aucun nom d'homme politique n'a surgi au cours du procès. Pourtant, Didier Schuller, ancien conseiller général de Clichy dans les Hauts-de-Seine, longtemps

1. Laurent Léger, « Le banquier a-t-il abusé des stars? », *VSD*, 21 septembre 2005.

en cavale aux Bahamas puis en République dominicaine, a reconnu lui-même avoir été spolié par Jacques Heyer. « Cela m'a demandé beaucoup de temps avant de pouvoir rencontrer les correspondants américains de Jacques Heyer. J'ai séjourné une semaine aux États-Unis. Mais les pistes se perdaient ensuite aux îles Vierges, aux Bahamas, et aux Caïmans », se souvient Marc Tappolet, le juge d'instruction genevois en charge du dossier[1]. De plus, le rôle du magistrat se bornait à examiner les comptes des rares clients qui avaient porté plainte contre Heyer Management. Or, des centaines d'autres clients ne se sont jamais fait connaître auprès du palais de justice de Genève, qu'ils soient simples fraudeurs du fisc, mafieux ou gérants de caisses noires de partis politiques.

Comment s'y retrouver, lorsqu'on sait par exemple qu'un client a effectué entre juin et septembre 1996 des virements à Jacques Heyer pour un montant de deux millions de dollars « en vue d'investissements »? L'argent ne reste pas à Genève. Il est envoyé aux îles Caïmans sur divers comptes successifs appartenant à Jacques Heyer « sur lesquels il disposait de pouvoirs et qu'il a gérés à l'insu de son client. Les investissements effectués par ce dernier ayant abouti à l'entière disparition des fonds remis[2] ». Le gestionnaire de fortune investissait sur les comptes de certains clients avec de l'argent pris à d'autres, à moins qu'il ne pioche dedans pour ses propres besoins.

Quid de Nicolas Sarkozy dans toute cette affaire? Michel Valticos, l'avocat de Jacques Heyer, reconnaît que le nom du futur président de la République a été « articulé à plusieurs reprises dans l'affaire Heyer ». Était-ce seulement pour défendre les intérêts d'Henri

1. Entretien avec l'auteur en février 2007, dans le cadre d'une enquête pour *Le Matin Dimanche*.

2. Arrêt du 5 mars 2007 de la Cour de cassation pénale.

Leconte? L'avocat de Jean-Paul Belmondo, Michel Godest, se souvient que le juge Marc Tappolet « parlait aussi d'un homme politique, un "petit bonhomme" », ajoutant – c'était devenu un secret de polichinelle – « le nom de Sarkozy circule[1] ».

Le banquier suisse à la mairie de Neuilly

Un personnage haut en couleur, aux frontières de la presse, des affaires et du show-business, confirme lui aussi les liens entre le financier suisse déchu et le futur président de la République française. Marc Francelet, né en 1947, par ailleurs poursuivi dans le dossier judiciaire « Pétrole contre nourriture », a été écroué de mars à mai 2007 pour recel d'abus de biens sociaux, recel d'abus de confiance et escroquerie. Il est également soupçonné d'avoir monnayé la publication d'articles favorables. Interviewé le mois précédent son incarcération, celui que la presse surnomma « Marco les bons tuyaux », nous confiait les informations suivantes : « Heyer possédait un cheptel de clients inouï qui lui faisaient une confiance aveugle. Il se disait très proche de Nicolas Sarkozy. Je l'ai personnellement conduit à plusieurs reprises à la mairie de Neuilly. Mais moi, je l'attendais en bas. Je n'entrais pas dans le bureau du maire. Leurs conversations duraient peut-être une demi-heure[2]. »

En fait, Marc Francelet, confident de la romancière Françoise Sagan, très lié à Johnny Hallyday et à Jean-Paul Belmondo, est considéré comme l'apporteur d'affaires de Jacques Heyer. Bernard Glasson nous confirme que « les deux hommes se téléphonaient tous les jours[3] ». Marc Francelet est entendu en 2003 par le magistrat suisse,

1. Karl Laske, « Le banquier suisse que Sarkozy voudrait oublier », *op. cit.*

2. Entretien avec l'auteur, Paris, février 2007.

3. Entretien avec l'auteur, octobre 2010.

sans être pour autant inquiété. Il énumère avec le juge d'instruction la liste de certains clients d'Heyer Management, et reconnaît la présence parmi eux d'un ministre français dont il se refuse à donner le nom. Comment expliquer qu'un personnage aussi sulfureux, accusé d'avoir vendu des tableaux volés, d'avoir été lié au gang criminel des frères Zemmour, soupçonné d'avoir extorqué des millions d'euros à des chefs d'entreprise, ait pu servir d'intermédiaire entre un gestionnaire de fortune suisse et le maire de Neuilly[1] ? Marc Francelet ne fait pas non plus mystère de ses liens avec Patrick Balkany, qu'il présente comme « l'un de [ses] plus vieux amis ».

Jusqu'en 1997, année de sa déchéance, le fondateur d'Heyer Management est un banquier irréprochable. Par l'intermédiaire de son épouse, il entretient des « liens privilégiés avec Jacques et Bernadette Chirac », comme nous l'a confirmé le juge genevois Marc Tappolet. Il n'y a donc pas de raison que le maire de Neuilly, devenu ministre du Budget d'Édouard Balladur, ne puisse le rencontrer. Jacques Heyer s'est vanté devant ses salariés d'avoir été reçu à Bercy, où il se serait rendu en bateau par la Seine. Était-ce, une nouvelle fois, pour évoquer le cas de l'ancien champion de tennis ? De son côté, Nicolas Sarkozy dément l'existence de cette entrevue.

La discrète confrontation entre le juge Renaud Van Ruymbeke et Jacques Heyer le 9 décembre 2005 entretient également le suspense sur les véritables relations nouées entre le banquier suisse et le maire de Neuilly. D'autant que le procès-verbal rédigé par le magistrat ne tient que sur une page, et qu'il ne contient rien de bien croustillant. Convoqué en qualité de témoin, Jacques Heyer jure n'avoir jamais géré de biens appartenant à des hommes politiques français. Fabrice Lhomme, responsable du service Investigation au *Monde* et qui suit

1. Nicolas Beau, Xavier Monnier, « La chute du voyou qui avait infiltré la presse », *Bakchich*, 10 décembre 2010.

depuis près de deux décennies les affaires sensibles dans la presse parisienne, réserve pourtant à cette convocation un chapitre entier (« Jacques Heyer, le *casus belli* ») dans sa biographie consacrée à Renaud Van Ruymbeke[1]. Une rencontre que Nicolas Sarkozy a prise pour une déclaration de guerre. D'autant qu'il lui revient aux oreilles « que Heyer serait resté plusieurs heures dans le bureau du magistrat. Or, le PV se résume à quelques lignes. Conclusion : il y aurait eu beaucoup de "off" en marge de l'audition elle-même », écrit Fabrice Lhomme.

Didier Schuller arnaqué par Jacques Heyer

En revanche, Didier Schuller, énarque, ancien conseiller général de Clichy, proche de Patrick Balkany et mis en cause dans le scandale des HLM des Hauts-de-Seine, ne s'est jamais fait prier pour reconnaître qu'il plaçait ses « économies » chez Heyer Management. Et que Jacques Heyer l'a floué. « Je lui avais confié l'argent de ma mère. Il a profité de ma cavale dans les Caraïbes pour me déposséder de tout. Cet enfoiré a réussi ce qu'Adolf Hitler n'avait pu faire, c'est-à-dire nous voler nos biens », lâche Didier Schuller[2]. Détail surprenant, l'ancien élu des Hauts-de-Seine en veut si peu à l'homme qui a dilapidé la fortune familiale qu'il n'a jamais envisagé de déposer plainte contre lui… Didier Schuller assure que l'argent venait de sa mère, d'origine allemande. Depuis la Seconde Guerre mondiale, les économies étaient gérées au Credit Suisse à Zurich. Mais en 1991-1992, le chef de l'opposition au maire de Clichy transfère entre deux et trois millions de dollars chez Jacques Heyer, qui lui « a été recommandé par un ami des Hauts-de-Seine ».

---

1. Fabrice Lhomme, *Renaud Van Ruymbeke, le juge*, Privé, 2007, p. 293.
2. Entretien avec l'auteur, février 2007.

Didier Schuller et Jacques Heyer sympathisent rapidement. En février 1995, alors qu'il craint de faire l'objet d'une arrestation pour sa gestion contestée des HLM des Hauts-de-Seine, Didier Schuller se réfugie à Genève. Il loge d'abord à l'hôtel Richemond, puis dans la villa de Jacques Heyer[1]. Le conseiller général s'envole ensuite pour Londres, puis pour les Bahamas et Saint-Domingue, où sa cavale prendra fin en 2002. Mis en examen pour « recel d'abus de biens sociaux », « trafic d'influence » et faisant l'objet d'un mandat d'arrêt international, Didier Schuller, redoutant une extradition, préfère regagner Paris. « En décembre 1996, j'ai demandé 50 000 dollars à Jacques Heyer. Il m'a avoué qu'il n'avait plus d'argent », se souvient Didier Schuller.

Condamné en janvier 2007 à un an de prison ferme et deux ans avec sursis par la cour d'appel de Paris pour avoir fait financer de façon occulte ses activités politiques à Clichy par des entreprises du BTP, Didier Schuller sera à nouveau éligible en 2012. Il compte bien redémarrer sa carrière politique, avec le soutien notamment de son ami Patrick Balkany[2].

Éclatant en pleine campagne présidentielle, le scandale de l'affaire Schuller-Maréchal de 1995 n'a pas seulement éclaboussé Charles Pasqua, ministre de l'Intérieur et président du conseil général des Hauts-de-Seine, il a également provoqué la chute dans les sondages d'Édouard Balladur, alors grand favori de cette élection.

Cette histoire reste une énigme : pourquoi Jacques Heyer, soupçonné d'avoir fait perdre tellement d'argent à des personnalités françaises très influentes, a-t-il choisi de s'établir à Saint-Tropez ? Il est pour le moins curieux que l'ancien gestionnaire de fortune n'ait jamais eu

1. Sylvain Besson, « Un politicien français révèle les dessous de sa cavale à Genève », *Le Temps*, 18 août 1995.
2. Augustin Scalbert, « Schuller, Noir, Botton : les repentis refont parler d'eux », www.rue89.com, 6 février 2010.

à craindre de représailles de la part de certains de ses anciens clients. « Au temps de sa splendeur, les gens adoraient Jacques Heyer, ils lui faisaient une totale confiance. Je constate que sa chute n'a pas été trop douloureuse. Personne ne semble lui en vouloir. Contrairement à ce qu'il prétend, il n'est absolument pas ruiné », remarque Bernard Glasson, ancien salarié de Heyer Management. Selon un proche du dossier, certaines banques travaillant avec le gestionnaire de fortune auraient discrètement mis la main à la poche, afin d'éviter de violentes critiques sur leur manque de diligence et leur confiance aveugle dans le gestionnaire de fortune.

Patrick Balkany, le meilleur ami de Nicolas Sarkozy, n'a pas totalement déserté Genève. Un haut fonctionnaire genevois de la Direction générale de l'aménagement du territoire nous apprenait, il y a peu[1], que de riches Français investissaient actuellement dans la pierre dans la cité de Calvin. Parmi eux, Patrick Balkany aurait été sur les rangs pour investir autour de 15 millions de francs suisses (11,5 millions d'euros) du côté de Rive, dans le centre-ville de Genève. Un peu plus tard, ce même haut fonctionnaire nous signalait que « l'immeuble dont nous avions parlé n'a pas été acquis par la famille Balkany, un autre acheteur les ayant coiffés au poteau[2] ».

1. Lors de la préparation, début 2011, d'un dossier pour l'hebdomadaire *Le Point* sur la flambée des prix de l'immobilier à Genève.
2. Entretien avec l'auteur, mars 2011.

7

Patrick Balkany, l'encombrant compagnon

L'adage veut que l'on ne choisisse pas sa famille, mais que l'on sélectionne en revanche ses amis. Nicolas Sarkozy n'a jamais caché les liens qui l'unissent depuis fort longtemps au sulfureux Patrick Balkany, député-maire de Levallois-Perret, cité voisine de Neuilly. Avec ses méthodes musclées, ses mauvaises manières et son passé judiciaire, l'individu « craint ». Isabelle, son épouse, vice-présidente du conseil général des Hauts-de-Seine jusqu'en mars 2011 et première adjointe du maire de Levallois, ne rehausse guère l'image du couple, en raison notamment de son langage de charretière. En 2010, n'ignorant rien de la réputation sulfureuse qu'on lui fait, Patrick Balkany publie son autobiographie[1]. Le maire de Levallois le reconnaît : « J'ai pour certains la tête du type que l'on peut impunément haïr et il m'arrive d'en jouer. » L'ouvrage ne manque pas d'humour, parfois involontaire. Avec la délicatesse qui le caractérise, l'élu affirme avoir eu, à l'âge de dix-huit ans, une aventure avec Brigitte Bardot, alors traquée par les paparazzi. De passage à la mairie de Levallois-Perret avec son mari en 2004, l'actrice aurait déclaré à son conjoint, apercevant Patrick Balkany : « Tu vois le maire, j'ai couché avec lui, il y a… longtemps… Eh bien, c'était super ! » Depuis, Brigitte Bardot a répliqué : « Pour un politique qui se veut crédible, respecté et digne, ces bassesses montrent

1. P. Balkany, *op. cit.*

sa véritable personnalité. [...] Je sais avec qui j'ai couché et certainement pas avec ce gros plouc menteur, goujat et d'une inélégance rare[1]. »

Le grand costaud et le petit nerveux

Dans son livre, le chapitre consacré à ses liens avec Georges Pompidou, alors président de la République, révèle davantage la nature profonde du meilleur ami de Nicolas Sarkozy : un incorrigible vantard. « Pistonné » par le milieu aisé dont il est issu, Patrick Balkany, né en 1948, effectue son service militaire à l'Élysée, affecté aux téléscripteurs. Balkany assure que l'obscur deuxième classe qu'il était noue très rapidement des liens privilégiés avec Georges Pompidou, Michel Jobert – alors secrétaire général de l'Élysée – et Édouard Balladur, son adjoint. Tandis que Georges Pompidou, tout en lui offrant un whisky, commentait avec lui l'actualité mondiale, Michel Jobert l'utilisait comme chauffeur pour rencontrer secrètement... François Mitterrand, alors chef de l'opposition. Bref, à la fin de son service militaire, le président lui demande de rester. Mais Patrick Balkany n'a pas « la tentation de l'Élysée » et rejoint l'entreprise familiale de prêt-à-porter. Cette planque à côté des téléscripteurs deviendra plus tard, sous la plume de biographes élogieux et autorisés, « un passage au cabinet de Georges Pompidou[2] ». Peut-on sérieusement s'étonner de ces fanfaronnades ? En 1995, entre les deux tours des élections municipales, Patrick Balkany n'osait-il pas lâcher : « Je suis sans doute l'homme le plus honnête de la Terre » ?

1. J.-F. T., « Brigitte Bardot-Patrick Balkany : "On n'a pas couché !" », www.gala.fr, 10 février 2010.
2. Joseph Macé-Scaron et François Bazin, « La folie des grandeurs », *Le Point*, 2 décembre 1995.

En revanche, le futur élu de Levallois-Perret se montre sans doute plus sincère lorsqu'il narre ses débuts comme militant gaulliste et sa première rencontre avec Nicolas Sarkozy. Fin 1977, à l'occasion des élections législatives, Patrick Balkany est envoyé par Charles Pasqua à Auxerre pour faire campagne contre le secrétaire d'État Jean-Pierre Soisson, alors proche de Valéry Giscard d'Estaing. C'est une candidature kamikaze, dont l'unique souci est de « semer des clous sous les pas des giscardiens ». Patrick Balkany perd, mais il a montré sa capacité de nuisance en mettant en ballottage Jean-Pierre Soisson. Charles Pasqua décide de lui confier une nouvelle tâche, encore plus périlleuse, celle de s'attaquer au bastion communiste de Levallois-Perret, tenu par Parfait Jans, à la fois maire, député et conseiller général.

Charles Pasqua, ancien secrétaire général adjoint du Sac, a été élu député de Clichy-Levallois en 1968, puis conseiller général de Levallois-Perret-Sud en 1970 avant d'être battu à deux reprises par Parfait Jans. Depuis, Pasqua, devenu sénateur, s'est replié sur Neuilly. Patrick Balkany est battu aux élections législatives de 1981, mais a devancé malgré tout son adversaire communiste au premier tour.

Pour résumer, si « Sarko », le petit nerveux, n'a eu qu'à ramasser le siège de conseiller municipal offert par le maire gaulliste Achille Peretti dans la commune voisine de Neuilly, « Balka », le grand costaud, n'a pas eu droit à tant de sollicitude. Patrick Balkany, alors âgé de vingt-huit ans, rencontre pour la première fois Nicolas Sarkozy, vingt-deux ans, à la section RPR de Neuilly en janvier 1977. Tous deux sont d'origine hongroise. « Il vit chez sa mère. Il est étudiant, mais la seule chose qui l'intéresse vraiment, c'est la politique », dit Patrick Balkany de son nouvel ami, qu'il traîne de force « chez Réty, mon magasin, pour choisir des costumes ». Depuis, entre les deux hommes, c'est « à la vie, à la mort ». Le 27 mai 2008, remettant les insignes de chevalier de la Légion d'honneur à Isabelle Balkany, Nicolas Sarkozy, président de la République, raconte que lorsqu'il était jeune, il aimait déjà les restaurants, « mais le problème, c'est que je ne pouvais pas me les payer. Ce sont Patrick et Isabelle, avec la générosité dont ils sont capables vis-à-vis de ceux qu'ils aiment, qui ont fait table ouverte pour moi[1]. » Chez eux, dans les bureaux respectifs de Patrick et Isabelle « trônent vingt photos du couple et de "Nicolas", à vingt-cinq, quarante, cinquante ans, dans tous les lieux, bronzés, en maillot de bain, hilares. On trouve aussi des clichés de leur parrain en politique, Charles Pasqua, avec lequel ils vont régulièrement boire un whisky et dont ils préservent l'influence dans les Hauts-de-Seine », précise Raphaëlle Bacqué, dans un portrait fort complet sur ce couple à la réputation controversée[2].

Les histoires de bonne bouffe lient-elles, à elles seules, deux êtres aussi dissemblables que « Balka » et « Sarko »? Alors que Nicolas Sarkozy ne boit jamais une goutte d'alcool, Patrick Balkany ne cache pas son goût pour la bamboula. « Depuis trente ans, il y a eu beaucoup d'histoires de fric entre eux. Même s'il est l'aîné, Balkany s'est mis au service de Sarkozy. C'est l'homme des basses besognes, surtout depuis l'élection présidentielle », analyse un magistrat qui a longtemps travaillé sur les Hauts-de-Seine[3]. Si Patrick Balkany n'a jamais pu passer son bac, il a toujours su, en revanche, mettre à profit ses relations familiales. Son père, résistant et déporté, est le fondateur de la chaîne de magasins de prêt-à-porter Réty. Sa femme, née Isabelle Smadja, peut compter sur un père qui a fait fortune dans le caoutchouc. L'un de

1. P. Balkany, *op. cit.*, p. 159.
2. « Patrick et Isabelle Balkany, les amis du président », *Le Monde*, 1er avril 2008.
3. Entretien avec l'auteur, Paris, février 2010.

ses oncles, par ailleurs, dirigeait le quotidien *Combat* jusqu'en 1974.

En copiant les méthodes musclées en usage au Parti communiste, Patrick Balkany est élu conseiller général de Levallois-Sud en 1982. Charles Pasqua le nomme vice-président du conseil général, chargé… des affaires culturelles. L'année suivante, il enlève la mairie dès le premier tour. Cette même année, un autre poulain de Charles Pasqua, Patrick Devedjian, arrache la ville d'Antony à la gauche. Un peu plus tard, à la suite du décès soudain d'Achille Peretti, Nicolas Sarkozy souffle le poste de maire de Neuilly au nez et à la barbe de Charles Pasqua. En 1988 enfin, Patrick Balkany entre à l'Assemblée nationale.

Bien avant que Nicolas Sarkozy ne s'affiche sur un yacht de milliardaire, dans l'élan de sa victoire à l'élection présidentielle de 2007, les Balkany ont toujours incarné la droite la plus décomplexée. « Avec sa femme, il pose sur un *quad* dans leur somptueuse propriété de Giverny, fait la bringue à Saint-Trop' et passe ses vacances aux Antilles, fréquentant les stars du showbiz, un éternel havane au bec. Il invite huit cents personnes pour son anniversaire, une fête au cours de laquelle un avion survole l'assemblée en traînant une banderole marquée "Bon anniversaire, Patrick!" », racontent Hélène Constanty et Pierre-Yves Lautrou[1]. Si Patrick Balkany ne parvient pas à se défaire d'une image médiatique négative – « un peu comme le sparadrap du capitaine Haddock, dans Tintin! », reconnaît-il dans son livre de souvenirs –, le maire de Levallois-Perret le doit surtout à ses déboires judiciaires, et notamment à la fameuse affaire Schuller-Maréchal qui a plombé la campagne électorale d'Édouard Balladur en 1995.

Rappelons rapidement les faits. Didier Schuller, né en 1947, ancien élève de l'Éna, a longtemps travaillé dans

1. H. Constanty et P.-Y. Lautrou, *op. cit.*, p. 210.

des cabinets ministériels et au ministère de l'Équipement. En septembre 1986, Patrick Balkany, président de l'office HLM des Hauts-de-Seine, le nomme directeur général. Avec Charles Pasqua, le député-maire de Levallois cultive d'autres ambitions pour son protégé, notamment celle de l'aider à conquérir la ville voisine de Clichy, tenue par les socialistes. Didier Schuller ne va manquer ni de moyens ni de fonds. Rapidement, il édite un journal électoral, *Le Clichois*, qui sera à l'origine de certains de ses ennuis judiciaires. Franc-maçon à la Grande Loge nationale française (GNLF), la poignée de main facile, amateur de bons vins, de cigares et de chasse, le candidat RPR de Clichy essuie deux défaites : aux cantonales de 1988, puis aux municipales de 1989. En revanche, il est élu conseiller régional en 1992 et, l'année suivante, devient le suppléant de Patrick Balkany. Enfin, il arrache en 1994 le siège de conseiller général de Clichy, battant le maire socialiste Gilles Catoire. Un boulevard s'ouvre alors pour Didier Schuller aux municipales de 1995[1].

Seulement voilà, l'office des HLM des Hauts-de-Seine (qui gère vingt-sept mille logements pour un budget d'un milliard et demi de francs) est soupçonné, à l'instar de l'office de Paris, d'être lié à un système de fausses facturations au profit du RPR. L'enquête est menée par Éric Halphen, un magistrat particulièrement pugnace. Ce dernier s'intéresse en particulier au *Clichois*, un petit journal qui propose des tarifs publicitaires aussi élevés que les grands quotidiens nationaux – jusqu'à 100 000 francs la page. La Société d'application et de revêtement (Sar) est un annonceur très régulier du *Clichois*, dont la directrice, Christel Delaval, est la compagne de Didier Schuller. « Quand on sait que Patrick Balkany est le président de l'office HLM des Hauts-de-Seine, lequel a donné de nombreux marchés à la Sar, on ne peut pas ne pas

1. Jean-Claude Pierrette, « Didier Schuller, le protégé de M. Balkany », *Le Monde*, 24 décembre 1994.

penser à une éventuelle corruption », raconte le juge d'instruction[1], qui perquisitionne les locaux du journal le 13 décembre 1994.

La suite des faits ne ferait pas tache dans un roman policier de bonne facture. Le 15 décembre, Didier Schuller contacte le directeur central de la police judiciaire, Jacques Franquet. Il lui affirme que le docteur Jean-Pierre Maréchal, beau-père du juge Halphen, lui propose d'intervenir auprès de son gendre dans le dossier des fausses factures, moyennant un « dédommagement ». Deux jours plus tard, les policiers enregistrent une conversation entre Schuller et Maréchal. Le 20 décembre, Didier Schuller attend à Roissy le docteur Jean-Pierre Maréchal, revenant d'un séjour à Anguilla dans les Caraïbes, et lui remet une boîte de cigares contenant un million de francs en billets, dont les numéros, à la demande des policiers, ont été préalablement répertoriés par la Banque de France. Aussitôt interpellé en flagrant délit par des enquêteurs, le médecin est mis en examen pour « trafic d'influence » et « extorsion de fonds ». Il est soupçonné d'avoir proposé de « neutraliser » son gendre en échange d'un « biscuit » à plusieurs zéros.

Il s'agit en fait d'un coup monté par Charles Pasqua, Patrick Balkany et Didier Schuller afin de provoquer le dessaisissement du juge Halphen de l'embarrassant dossier des HLM des Hauts-de-Seine. L'enquête démontre qu'un adjoint du maire de Levallois a tenté le premier d'appâter Jean-Pierre Maréchal, jouant sur son goût pour l'argent. Ensuite, « les écoutes qui ont servi à confondre Jean-Pierre Maréchal ont été effectuées depuis le bureau du directeur de cabinet de Balkany, à la mairie de Levallois. Et c'est également dans son hôtel de ville que Didier Schuller, quand l'étau se resserre autour des conjurés, donne une conférence de presse pour se défendre.[2] »

---

1. Éric Halphen, *Sept ans de solitude*, Folio, 2002, p. 132.
2. H. Constanty et P.-Y. Lautrou, *op. cit.*, p. 215.

L'élu de Clichy assure qu'il a placé lui-même l'opération Maréchal sous le parrainage de Charles Pasqua…

Au motif que la police a prêté son « assistance à une provocation organisée par le plaignant », la procédure judiciaire concernant cette affaire est annulée. Ni Jean-Pierre Maréchal ni Didier Schuller ne seront poursuivis dans ce dossier. « Nul juge ne sera désigné pour rechercher les commanditaires de cette manipulation ayant pour seul but de me porter atteinte », rappelle Éric Halphen[1].

Mais très vite, la presse s'empare de cette rocambolesque histoire. Didier Schuller n'est finalement qu'un second couteau, un modeste conseiller général dont la notoriété ne dépasse pas les frontières départementales. « Schuller de rien », ironise-t-on. Les médias s'intéressent davantage à Patrick Balkany, et surtout à Charles Pasqua, président du conseil général des Hauts-de-Seine et ministre de l'Intérieur d'Édouard Balladur, lui-même candidat à l'élection présidentielle. « Mitterrand veut empêcher le dessaisissement du juge Halphen », titre *Le Monde* du 24 décembre 1994. *Libération* évoque quant à lui « L'ombre persistante des réseaux Pasqua sur l'affaire Schuller-Maréchal » le 1er février 1995. Enfin, *Le Nouvel Observateur* consacre le 16 février 1995 un plein dossier à Charles Pasqua, « L'homme qui peut faire perdre Balladur ». Dans son autobiographie, Patrick Balkany reconnaît qu'il partage avec Édouard Balladur « la conviction que l'affaire Schuller, habilement utilisée par le fin tacticien qu'était François Mitterrand, a pesé lourdement et négativement sur sa campagne et sur le résultat du premier tour de l'élection présidentielle. C'est en effet à cet instant que, clairement, François Mitterrand a décidé de jouer Chirac contre Balladur[2]. »

1. É. Halphen, *op. cit.*, p. 139.
2. P. Balkany, *op. cit.*, p. 209.

Ennuis judiciaires pour Patrick et Isabelle

La fuite précipitée de Didier Schuller, amorcée le 9 février 1995 lors d'une escale à Genève, a été abordée au chapitre précédent. À partir du 23 juin 1995, le conseiller général RPR de Clichy fait l'objet d'un mandat d'arrêt international pour « trafic d'influence » lié aux marchés publics de l'office HLM des Hauts-de-Seine. Retrouvé aux Bahamas par le journal *Le Monde* en décembre 1997, le fuyard vide son sac. Didier Schuller assure que Patrick Balkany l'a encouragé à quitter la France. « Tout le monde m'a toujours dissuadé de revenir. Patrick et Isabelle Balkany les premiers. [...] Je sais : ils disent qu'ils ont tout fait pour me retenir ! C'est un gros, gros mensonge », lâche-t-il[1]. Le fuyard rappelle que « dans un office départemental, c'est le président qui a tous les pouvoirs » – Patrick Balkany en l'occurrence. Et ce dernier s'impliquait dans deux domaines essentiels : « Il voulait savoir à quelles entreprises étaient attribués les marchés et il supervisait en personne l'attribution des logements et le recrutement du personnel. Moi, je ne siégeais pas à la commission des marchés. » Didier Schuller s'étonne d'être le seul à qui l'on demande des comptes. Il est surpris également que rien n'ait changé à l'office HLM des Hauts-de-Seine depuis son départ, et que l'établissement soit toujours présidé par Patrick Balkany. Pour mémoire, de 1986 à 1991, le secrétaire général de la préfecture de Nanterre était un certain Claude Guéant, l'actuel ministre de l'Intérieur. « Claude Guéant a travaillé pendant cette période avec Didier Schuller, quand celui-ci dirigeait l'office HLM des Hauts-de-Seine. Sa mission était de surveiller la légalité des marchés passés par l'office[2]. »

---

1. Hervé Gattegno, « Didier Schuller, l'homme qui en sait trop », *Le Monde*, 21 décembre 1997.
2. Karl Laske, « L'ombre persistante des réseaux Pasqua sur l'affaire Schuller-Maréchal », *Libération*, 1er février 1995.

Didier Schuller précise enfin ne pas être lui-même l'instigateur des aides perçues durant sa campagne à Clichy, spécialement « quand on travaille sous les ordres d'un président qui s'appelle Patrick Balkany et dans un département qui s'appelle les Hauts-de-Seine. Les choses y sont un peu plus hiérarchisées »... Coup de pied de l'âne, Didier Schuller révèle que le maire de Levallois-Perret a fait entretenir son yacht *Venysse II*, ancré à Saint-Tropez, par un agent rétribué par l'office HLM de 1994 à 1995. Curieusement, la justice n'a jamais pris le temps de vérifier cette information.

La fin de la cavale de l'ancien élu RPR a occupé les unes de toute la presse. Un feuilleton « abracadabrantesque ». Piégé par son fils Antoine, lui-même hébergé à Genève par l'ancienne chanteuse et comédienne Marie Laforêt, Didier Schuller décide de rentrer en France en février 2002, en plein milieu de la campagne pour l'élection présidentielle. Son pouvoir de nuisance est-il intact? Incarcéré pendant vingt-quatre jours, il publie à sa sortie de prison un livre[1] dans lequel il met en cause un « cabinet noir » de Jacques Chirac à l'origine de tous ses maux. Dirigée par Dominique de Villepin, cette mystérieuse structure aurait été chargée de monter en 1995 un certain nombre de coups politiques, ainsi que de parer les frappes émanant du camp Balladur.

Interrogé par la justice, le fuyard confirme l'existence d'un système de financement politique occulte fonctionnant au profit « des caisses du RPR national » et de « la fédération des Hauts-de-Seine » – alors sous l'autorité de Charles Pasqua et de Patrick Balkany. Didier Schuller explique qu'il est allé lui-même « chercher les valises chez un notaire à Genève » – 4 millions de francs en espèces « emballés dans du papier journal » –, qu'il confia par la suite au gérant de fortune genevois

1. *Je reviens*, Flammarion, 2002.

Jacques Heyer[1]. *Le Monde* révèle que Didier Schuller utilisa trois comptes ouverts par sa mère au Credit Suisse à Zurich. Entre mai 1992 et septembre 1994, ces comptes enregistrèrent « des encaissements pour un total de 6 825 000 francs » et des « décaissements pour un total de 7 137 000 francs », correspondant « à des opérations dont la nature n'a pu être identifiée ».

1. Hervé Gattegno et Fabrice Lhomme, « M. Schuller a confirmé l'existence d'un financement occulte du RPR », *Le Monde*, 3 mars 2002.

8

La chute annoncée de la maison Balkany

La victoire de Jacques Chirac sur Édouard Balladur sonne le glas des ambitions des époux Balkany. Jusque-là, le couple levalloisien échafaudait les plans les plus fous : Balladur à l'Élysée, Sarkozy à Matignon et lui, Patrick, dans un ministère. Quant à son épouse, Isabelle, ne serait-elle pas « sénateur et, pourquoi pas, présidente du conseil général[1] ? » Longtemps surnommé dans le parti gaulliste le « chiraquillon », Patrick Balkany a retourné sa veste aussi vite que son ami Nicolas. Devenu un balladurien compulsif, il ose désormais traiter Chirac et Giscard de « Plic et Ploc ». Il ira même jusqu'à refuser une salle au candidat Chirac, qui ne manquera pas de s'en souvenir lors des élections municipales de 1995, lorsqu'il le fera battre – de moins de mille voix – par Olivier de Chazeaux, un jeune avocat de trente-quatre ans.

Fellation sous la contrainte

En épluchant les comptes, le nouvel élu découvre que trois employés municipaux sont occupés chez les Balkany. La justice est saisie. D'une part, un couple de sexagénaires, affecté de 1986 à 1995 au service d'information de la mairie de Levallois (dirigé par Isabelle

1. Joseph Macé-Scaron et François Bazin, « La folie des grandeurs », *Le Point*, 2 décembre 1995.

Balkany), travaillait en réalité dans la résidence secondaire des Balkany – le moulin de Giverny, dans l'Eure. D'autre part, un agent d'entretien embauché par la ville en 1983 officiait à plein temps, « en tant qu'homme à tout faire, dans l'appartement levalloisien de la famille Balkany, un somptueux duplex de 500 mètres carrés[1] ». Pour avoir confondu agents municipaux et domestiques, Patrick Balkany écope de quinze mois de prison avec sursis et de deux ans d'inéligibilité. Reconnue coupable de « recel de prise illégale d'intérêts », son épouse, alors en instance de divorce, est condamnée à la même peine d'emprisonnement, mais échappe à l'inéligibilité. Au titre des dommages et intérêts, le couple s'en tire plutôt bien puisqu'il ne doit verser que 771 000 francs, soit l'équivalent de trois années de salaires.

L'ancien maître flamboyant de Levallois-Perret paraît au fond du trou quand, en 1996, sa nouvelle compagne porte plainte contre lui, l'accusant de l'avoir contrainte à lui faire une fellation sous la menace d'un 357 Magnum… La jeune femme, conseillère municipale de Boulogne-Billancourt, « s'est rendue la nuit même à la première division de police judiciaire, dont l'immeuble avoisine le sien », déposant une plainte pour « viol et menace avec armes[2] ».

Patrick Balkany annonce alors qu'il se recycle dans le négoce de vins. Il part s'installer dans l'île de Saint-Martin, dans les Caraïbes. En mars 2000, l'ancien maire de Levallois-Perret est (enfin) rattrapé dans l'affaire des HLM des Hauts-de-Seine, et mis en examen pour complicité de trafic d'influence. Nicolas Sarkozy n'abandonne pas pour autant les pestiférés. Il pousse la délicatesse jusqu'à loger leur fils Alexandre dans une HLM de Neuilly.

---

1. Alain Auffray, « Les Balkany aux petits fours et au moulin », *Libération*, 20 mars 1996.
2. Philippe Lançon, « Une plainte très privée contre le député Balkany », *Libération*, 1er juillet 1996.

Mais le ciel va bientôt s'éclaircir pour les Balkany. L'ancienne maîtresse retire finalement sa plainte pour viol. « J'avais été subjugué par une sirène de dix-sept ans ma cadette », confesse Patrick Balkany[1]. Le meilleur ami de Nicolas Sarkozy retrouve le domicile familial – ou du moins le prétend-il – et Isabelle conclut l'escapade de son mari en lâchant, dans son style fleuri : « Patrick n'a jamais eu besoin d'un flingue pour se faire tailler une p…[2] » Contre toute attente, les Balkany reviennent en politique et gagnent le scrutin municipal de 2001 avec 43 % des voix. L'élection est annulée, mais l'année suivante, les Levalloisiens gratifient les Balkany de 54 % des suffrages. En 2002, Patrick Balkany retrouve son siège à l'Assemblée nationale. Depuis, le couple sulfureux a toujours été réélu – du moins jusqu'aux cantonales de mars 2011. Leur recette ? Hélène Constanty et Pierre-Yves Lautrou la résument ainsi : « Rendre service aux habitants de Levallois, les traiter en consommateurs et non plus en citoyens ; technique franchement contestable, mais terriblement efficace[3]. » À Patrick le devant de la scène, la représentation, les tournées en ville et l'immobilier. À sa femme les coulisses, les dossiers et la machine à rendre service – qui tourne à plein régime. Aux élections régionales de mars 2010, alors que le parti du président essuie presque partout des revers – y compris dans les Hauts-de-Seine (48,94 % contre 51,06 % en faveur de la gauche) –, les Balkany paradent : l'UMP réalise un beau score à Levallois-Perret (60,22 %). Patrick Devedjian, le président du conseil général – qui les déteste –, les définit ainsi : « L'ambition, c'est lui ; les moyens, c'est elle. »

1. P. Balkany, *op. cit.*, p. 211.

2. Anna Cabana, « Quand le couple Balkany se raconte », *Le Point*, 14 janvier 2010.

3. H. Constanty et P.-Y. Lautrou, *op. cit.*, p. 211.

« Isabelle Balkany connaît bien les dossiers et travaille beaucoup. Mais, comme elle ne cesse d'engueuler les gens, elle n'est pas aimée. Lui, en revanche, se montre, serre les mains et embrasse les vieilles dames. Mais ce sont des gens sans vergogne, d'un cynisme absolu, capables de dire n'importe quoi avec aplomb. Patrick Balkany n'hésite pas à couper les micros à l'opposition pendant le conseil municipal », raconte Catherine Le Guernec, conseillère socialiste de Levallois-Perret et présidente de l'association Anticor[1]. Le MoDem n'est pas mieux traité que le PS. Lorsque l'un de ses élus prend la parole, Patrick Balkany s'écrie : « Mais vous représentez quoi ? Vous ne représentez rien. Vous représentez à peine vous-même. On pourrait chanter "Mais il est où, mais il est où, mais il est où le MoDem, lalalalalala[2]". »

Apparemment, le couple Balkany n'a pas perdu ses bonnes habitudes, malgré leurs condamnations de 1996. En avril 2008, ils invitent quatre cent cinquante personnes, dont le président de la République, dans les salons d'honneur de la mairie pour le mariage de leur fille Vanessa. À cette occasion, les services municipaux avaient été mis en partie à disposition pour l'organisation de la fête – la note interne avait d'ailleurs fait l'objet d'une publication dans *Le Canard enchaîné*. Pour Patrick Balkany, rien de plus normal, « l'hôtel de ville est la maison de tous les Levalloisiens », et donc logiquement la sienne. « Nous avons eu, mon épouse et moi-même, le bonheur de marier notre fille. C'est une émotion intense pour un père », déclamait le maire dans un éditorial du journal municipal *Info-Levallois*[3]. « Quand j'ai demandé à connaître le coût en temps passé

1. Entretien avec l'auteur, Paris, février 2010.
2. « Chez les Balkany, le conseil municipal est animé », www.lexpress.fr, 30 mars 2010.
3. « Balkany en lune de fiel après le mariage de sa fille », *Bakchich*, 8 mai 2008.

par les services, Patrick Balkany s'est mis à m'insulter : "Vous êtes nulle, même pas digne d'être élue" », se souvient Catherine Le Guernec[1].

Les Balkany ne sont pas les seuls à profiter du système. Jean-Yves Cavallini, adjoint délégué au développement, à l'économie et aux affaires juridiques, bénéficie depuis plus de vingt ans d'un logement social – un duplex de 180 mètres carrés, en l'occurrence –, alors même que l'élu est avocat de profession, vice-président de la Semarelp (la société d'aménagement de Levallois) et que sa femme Béatrice, employée à la mairie, dirige le bulletin municipal *Levallois Information.* « C'est un scandale de plus après l'affaire du duplex HLM attribué à la fiancée d'Henri Leconte[2] », souligne le socialiste Thierry David. Enfin, *Le Canard enchaîné* a découvert que Patrick Balkany faisait payer son journal électoral par des entreprises travaillant pour la municipalité. Jusqu'à 2700 euros le quart de page. « Cette performance devrait rendre vert de jalousie Didier Schuller, vieux complice de Balkany et ancien directeur général de l'office HLM des Hauts-de-Seine. » Celui-ci n'a-t-il pas été condamné à un an ferme pour avoir financé son journal électoral à Clichy « en vendant des espaces publicitaires à des entreprises sous contrat avec son office HLM[3] » ?

Un habitué des voyages présidentiels

Jusqu'aux élections cantonales de mars 2011, Patrick et Isabelle Balkany paraissaient insubmersibles. « Les informations judiciaires tombent dans l'oubli, les enquêtes s'enlisent… Mieux : Patrick Balkany a bénéficié d'un

1. Entretien avec l'auteur, Paris, février 2010.
2. Marisa Faion, « Le bras droit de Balkany dans un duplex HLM depuis plus de vingt ans », *Le Parisien*, 16 juin 2008.
3. Hervé Liffran, « Le nouveau filon en or de Patrick Balkany », *Le Canard enchaîné*, 15 décembre 2010.

non-lieu dans l'affaire des œuvres sociales de Levallois en 2000. Et il a été relaxé, faute de preuves, lors du procès des HLM des Hauts-de-Seine en octobre 2005 ! », résument Hélène Constanty et Pierre-Yves Lautrou[1]. Didier Schuller, en revanche, a été condamné à trois ans de prison – dont deux avec sursis –, à 150 000 euros d'amende et à cinq ans d'inéligibilité pour « trafic d'influence » et « recel d'abus de biens sociaux ». Quant à Isabelle Balkany, vice-présidente du conseil général des Hauts-de-Seine chargée des collèges, elle n'a pas été mise en cause dans le dossier des fausses factures découvertes, précisément, à la direction des collèges du conseil général des Hauts-de-Seine ! Les enquêtes portaient sur les marchés de construction et de rénovation des collèges du département, ainsi que sur les conditions d'achat des ordinateurs destinés aux élèves. Les dossiers dorment sous la poussière depuis le printemps 2007, époque à laquelle le nouveau procureur de Nanterre, l'ami de Nicolas Sarkozy Philippe Courroye, a pris ses fonctions. Lors d'une affaire de favoritisme dans l'attribution d'un marché de rénovation d'un collège en 2009, « avec acidité, la juge Isabelle Prévost-Desprez avait alors déploré l'indigence des investigations menées par le parquet, ainsi que l'étrange disparition de plusieurs contrats litigieux dans les archives du conseil général des Hauts-de-Seine », raconte la journaliste Dorothée Moisan[2].

Cependant, en dépit des liens qui unissent le président de la République et le député-maire de Levallois-Perret, ce dernier n'entrera jamais au gouvernement. Il est trop visible, trop compromettant. Patrick Balkany le sait et explique sa mise à l'écart des plus hautes fonctions de l'État à sa manière. Il affirme ainsi qu'en décembre 2006 le candidat à l'élection présidentielle lui aurait demandé

1. H. Constanty et P.-Y. Lautrou, *op. cit.*, p. 220.
2. D. Moisan, *op. cit.*, p. 172.

quel ministère il souhaiterait obtenir. Conscient de son image médiatique déplorable, il aurait répondu à Nicolas Sarkozy en ces termes : « Je ne veux rien du tout. Si tu me nommes à un poste, quel qu'il soit, "ils" t'attaqueront à travers moi et cela, je ne le supporterai pas[1]... » Petite consolation, Patrick Balkany est de (presque) toutes les visites présidentielles à l'étranger. En raison de sa grande taille, il ne passe guère inaperçu sur les photos. D'ailleurs, le maire de Levallois est l'un des hommes de l'ombre qui s'agite dans la Françafrique. Nous y reviendrons dans un prochain chapitre.

Et enfin, le président n'oublie pas de gâter la ville de son meilleur ami. Levallois-Perret a ainsi bénéficié d'un prêt de 100 millions d'euros de la Caisse des dépôts et consignations en 2008. Un montant dépassant de très loin les sommes habituellement accordées aux collectivités locales. « Ce prêt concerne le projet pharaonique, porté par Balkany, de construction sur le Front de Seine de deux tours de cent soixante-quatre mètres de haut, abritant un hôtel de luxe de quatre cents chambres, quarante boutiques haut de gamme... On est très loin des missions d'intérêt général de la Caisse des dépôts », constatent les sociologues Michel Pinçon et Monique Pinçon-Charlot[2]. Or, la somme de 100 millions d'euros suffirait pour financer mille logements sociaux... Faut-il enfin rappeler que Levallois-Perret est la ville la plus endettée de France ? Sa dette atteint 725 millions d'emprunts pour une population de 65 000 âmes. « Ce qui fait 11 153 euros de dette par tête d'habitant, nourrissons compris. La moyenne pour les communes de taille semblable est de 1 405 euros[3]. »

---

1. P. Balkany, *op. cit.*, p. 186.
2. M. Pinçon et M. Pinçon-Charlot, *Le Président des riches, op. cit.*, p. 60.
3. Tonino Serafini, « Levallois-Perret, la dette haute », *Libération*, 18 mai 2011.

Quant à Isabelle Balkany, l'ancienne vice-présidente du conseil général des Hauts-de-Seine s'était fixé deux objectifs. D'une part, celui de pourrir la vie du président du conseil, Patrick Devedjian, à défaut de pouvoir lui subtiliser la place – elle n'a obtenu que quatre voix contre quinze lors de l'élection de novembre 2007. D'autre part, celui de veiller à l'éducation politique de Jean Sarkozy, longtemps patron des élus de droite au conseil général. Les faux mémoires du prince Jean font dire au conseiller général de Neuilly : « Elle sait toujours tout, tatie Zabelle. Elle est comme mon avocat de la défense, sauf que je ne la paye pas : "Elle n'accepterait jamais, elle est trop honnête", dit tonton Patrick pour se moquer un peu d'elle[1]. »

Échec aux élections cantonales

Le 3 février 2011, Isabelle Balkany lance la campagne des élections cantonales dans les Hauts-de-Seine. À cet instant commence alors, réclamée par Nicolas Sarkozy, la mise à mort de Patrick Devedjian. Parmi le millier de participants à la course des cantonales figurent les ministres Valérie Pécresse et Frédéric Lefebvre, Charles Pasqua, Roger Karoutchi, André Santini et Jean Sarkozy, mais pas le président du conseil général ! Isabelle Balkany, « l'amie du président », ne cache pas qu'elle veut la place. Dès lors, Patrick Devedjian ne se fait plus guère d'illusions. D'abord, il sait qu'il aura du mal à conserver son canton d'Antony – il avait remporté la précédente élection avec moins de quatre cents voix d'avance. Ensuite, sa personnalité complexe et sa réputation d'écorché vif gênent les autres élus de droite. Il ne dispose d'aucun fan-club dans les Hauts-de-Seine. Il sait enfin que Nicolas Sarkozy ne lui pardonnera jamais de ne pas avoir

1. *Jean Sarkozy, ma vie, mon œuvre, mon scooter*, Nova éditions, 2009, p. 18.

déroulé le tapis rouge à son fils Jean dans ce département. Alors, n'ayant à soixante-six ans plus grand-chose à perdre politiquement, Patrick Devedjian multiplie les petites phrases assassines. « Si je suis élu, oui, Nicolas Sarkozy y sera certainement pour quelque chose », lâche-t-il[1]. Coup de pied de l'âne, Patrick Devedjian laisse entendre que les marchés publics du département, lorsque le conseil général fut présidé par Charles Pasqua et Nicolas Sarkozy, n'étaient pas transparents. « Nos procédures n'étaient pas fiables. Nous avons d'ailleurs eu des problèmes contentieux à caractère administratif sur plusieurs marchés. Il fallait professionnaliser au maximum le conseil général. » Une façon de rappeler qu'il possède peut-être des dossiers compromettants. Interviewé par le site Mediapart, il susurre : « On a changé d'époque. Et certains s'y résolvent mal. Les Balkany ont sans doute la nostalgie de ce temps de la facilité » où « l'argent coulait à flots[2] ».

La conspiration contre Devedjian souffrait cependant d'une faille de taille : Isabelle Balkany elle-même. Élue du canton Nord de Levallois-Perret, elle préfère se présenter dans le canton Sud, plus acquis à la droite et normalement renouvelable en 2014 seulement. Pour convaincre l'élue du canton Sud, Danièle Dussaussois, d'abandonner son poste, celle-ci est nommée au Conseil économique et social et se voit gratifier d'une Légion d'honneur ! La République n'est pas chiche. Malgré cela, cette manœuvre ne suffit pas à sauver le trône de la première adjointe de Levallois-Perret. Au premier tour, Isabelle Balkany n'obtient que 37,38 % des suffrages. Au second tour, elle est confrontée à un candidat rival de droite nettement plus présentable : Arnaud de Courson.

1. Roberto Cristofoli, « Si je suis élu, Nicolas Sarkozy y sera pour quelque chose », *Le Parisien*, 7 mars 2011.

2. Marine Turchi, « Patrick Devedjian : "Je suis l'homme à abattre" dans les Hauts-de-Seine », www.mediapart.fr, 7 mars 2011.

Contrairement à Nicolas Sarkozy, qui n'a jamais lâché les Balkany dans la détresse, Jean Sarkozy n'attend même pas la défaite de sa « marraine » pour l'abandonner en rase campagne. Alors qu'Isabelle Balkany va sur ses soixante-quatre ans, le fils du président lance un appel au « "sang neuf" dans le département ». Devant l'affront, la vice-présidente du conseil général traite en retour Jean Sarkozy de « polytraumatisé de l'Épad[1] ». Ainsi lâchée, elle s'incline largement au second tour : les électeurs « lui ont botté le cul », reconnaît-elle avec sa fraîcheur habituelle. Si le vainqueur est un inconnu, il se réclame cependant de Jean-Christophe Fromantin, le maire de Neuilly, devenu en peu de temps le porte-drapeau dans les Hauts-de-Seine d'une droite différente – c'est-à-dire une droite honnête. Nicolas Sarkozy a appelé sa grande amie cinq jours seulement après sa défaite. « Tout ça, c'est de ma faute, tu as payé ta proximité avec moi », lui aurait assuré le chef de l'État. Triste consolation. « Nous avons été victimes d'une balle perdue », assure Patrick Balkany. « "La Balkany" qui chute, c'est un pilier de la maison Sarkozy qui s'écroule », écrit Béatrice Jérôme[2]. Une photo montre le couple, tétanisé dans un nuage de fumée de cigarette[3].

En revanche, Patrick Devedjian, en ballottage délicat à Bourg-la-Reine, a finalement été réélu. Et puisque le ridicule ne tue plus, Nicolas Sarkozy et son fils changent leur fusil d'épaule et imposent à la droite des Hauts-de-Seine de plébisciter le « maudit » : Patrick Devedjian est réélu président du conseil général, tandis que Jean Sarkozy devient vice-président chargé de l'économie sociale et solidaire. « J'ai appris avec déception que tout s'était joué en quelques minutes à l'Élysée et que Patrick

1. Sophie de Ravinel, « Sept départements à la loupe. Hauts-de-Seine », *Le Monde*, 28 mars 2011.
2. « Ainsi chuta "la Balkany" », *Le Monde*, 1er avril 2011.
3. Photo de Bruno Lévy, « Ainsi chuta "la Balkany" », *ibid.*

Devedjian et Jean Sarkozy, ennemis depuis des mois et amis depuis hier, s'étaient alliés pour la présidence dans la perspective de l'élection présidentielle », constate Jean-Christophe Fromantin, sans étiquette, élu conseiller général de Neuilly avec un peu plus de 70 % des voix[1].

Cette pantalonnade démontre une fois de plus que les Hauts-de-Seine, le département historique du président, n'a peut-être pas l'exclusivité de la droite la plus bête du monde, mais incontestablement de la plus veule. Nous y reviendrons. Jean-François Probst ne cesse de répéter ce que le gaulliste Roger Romani, ancien ministre aux Relations avec le Parlement, dit un jour à Charles Pasqua : « Je te plains. Dans ton département des Hauts-de-Seine, tu n'as enfanté que des monstres : Balkany, Sarkozy, Devedjian[2]. »

Quittons le climat malsain des Hauts-de-Seine pour nous intéresser aux conflits d'intérêts du quinquennat Sarkozy, à commencer par le plus grossier, celui qui permit à Bernard Tapie, ancien ministre socialiste, de devenir à nouveau un homme riche, et de se révéler un chaud partisan du candidat à la présidence de la République.

---

1. Laure Equy, « Hauts-de-Seine : l'UMP se rabiboche à la hâte autour de Devedjian », www.liberation.fr, 30 mars 2011.
2. Entretien avec l'auteur, Neuilly, décembre 2009.

9

Le fossoyeur de Terraillon

Dans cette nouvelle République des copains, Bernard Tapie apparaît, de très loin, comme le plus médiatique. Tour à tour vendeur, P-DG, député, ministre, président de club de foot, acteur, il a tout fait. Menteur, tricheur, sans scrupule, et surtout piètre entrepreneur, il a toujours gagné, tout au long de ses multiples carrières, beaucoup d'argent. Beaucoup trop. En cela, il représente sans doute l'homme ayant le plus profité du quinquennat de Nicolas Sarkozy. Grâce à un tour de passe-passe invraisemblable, dénoncé par la Cour des comptes, le chef de l'État lui a permis de percevoir près de 400 millions d'euros. Comment? En suspendant le cours de la justice ordinaire, qui tournait à l'avantage de l'État, dans le conflit qui opposait Bernard Tapie au Crédit lyonnais ; et enfin en confiant le litige à des arbitres privés.

Sans oublier que l'ancien ministre de François Mitterrand a encaissé la somme de 45 millions d'euros au titre d'un « préjudice moral » exorbitant. À titre de comparaison, Patrick Dils, qui a passé à tort quinze ans de sa vie en prison, n'a reçu que 700 000 euros d'indemnisation[1]... Quant aux victimes de l'amiante, elles doivent se contenter de 30 000 euros. Au bout du compte, chaque foyer fiscal français aura déboursé 11 euros pour "indemniser" Bernard Tapie. Cela représente l'équivalent des

1. Sophie Fay et Thierry Philippon, « Affaire Tapie : le dernier round », *Le Nouvel Observateur*, 24-30 mars 2011.

salaires annuels de onze mille postes d'enseignant ! Pour François Bayrou, il ne s'agit pas d'une affaire Tapie, mais d'une affaire d'État : « La question est que l'État, pour la première fois dans notre pays, s'est placé volontairement, ouvertement, par une décision politique au plus haut niveau, en connivence avec lui ! Et on est arrivé à cette incroyable spoliation de l'argent public, de l'argent du contribuable. Deux cent vingt millions ![1] »

Terraillon, tout bien pesé

Bien évidemment, l'argent n'est pas resté en France. Le chèque du Trésor public a été aussitôt délocalisé dans les filiales de la Société générale au Luxembourg et à Monaco[2]. Avant de plonger dans l'un des plus grands scandales de l'ère Sarkozy, intéressons-nous d'abord au personnage de Bernard Tapie. Les aspects les plus révélateurs du personnage peuvent être évoqués par le biais de l'histoire calamiteuse du rachat de Terraillon.

Créée en 1946, la marque championne du pèse-personne en France est issue d'une entreprise familiale installée à Juvigny, petite commune de Haute-Savoie proche de Genève. La société est plutôt saine, mais doit pourtant déposer son bilan en juin 1981, quelques semaines après l'accession de François Mitterrand à l'Élysée. En août, Bernard Tapie, encore peu connu du grand public, rachète 60 % du capital de la société pour un franc symbolique. « Il n'arrêtait pas de répéter qu'il avait appartenu aux Jeunesses communistes et qu'il entretenait les meilleures relations avec René Le Guen et Henri Krasucki. Cela a forcément impressionné certains camarades », raconte Guy Pol, un

1. Vanessa Schneider, « Ce n'est pas une affaire Tapie, c'est une affaire d'État », *Marianne*, 18 au 24 septembre 2010.
2. Laurent Léger, « Les millions de Tapie envolés dans les paradis fiscaux », *Charlie Hebdo*, 30 mars 2011.

dirigeant de l'Union départementale CGT de la Haute-Savoie[1]. D'autant que Bernard Tapie promet de conserver les postes des cinq cent quatre-vingt-deux salariés. La reprise du fabricant savoyard est la première opération industrielle d'envergure du futur ministre de la Ville. Cornaqué par un jeune avocat trentenaire encore inconnu, Jean-Louis Borloo – spécialisé dans le rachat à peu de frais de sociétés en difficulté –, cette opération peut lui permettre de se faire reconnaître comme un manager dynamique, un meneur d'hommes et un gestionnaire exemplaire. Terraillon sera l'outil de sa respectabilité. La méthode Tapie-Borloo est connue : « On dépose le bilan, le passif est gelé ; entre dettes et fonds propres, les boîtes cherchent l'équilibre, on licencie et, pour relancer la machine, on emprunte, de préférence auprès des banques publiques, sans que les acquéreurs soient contraints de mettre eux-mêmes beaucoup d'argent sur la table[2]. »

Or, ni la « méthode Borloo » ni le « système Tapie » ne font œuvre de sauvetage. « Face aux entreprises que Tapie reprend, restructure, revend, d'autres parlent de dépeçage. Les sociétés sont en effet souvent rachetées pour un franc symbolique, les stocks et les biens sont revendus pour honorer les créances que Tapie a, au préalable, finement rachetées au dixième ou au quart de leur valeur. Et le personnel licencié[3]. » Nicolas Sarkozy a renfloué financièrement Bernard Tapie et a fait de Jean-Louis Borloo un ministre d'État, envisageant même un temps de le nommer à Matignon…

---

1. Propos recueillis par l'auteur lors d'une enquête journalistique sur l'entreprise Terraillon réalisée à Annecy en 1996.

2. Denis Demonpion et Laurent Léger, *Tapie-Sarkozy, les clés d'un scandale*, Pygmalion, 2009, p. 61.

3. Vincent Quivy, *L'Impossible Monsieur Borloo*, L'Archipel, 2006, p. 35.

Chez Terraillon, les employés déchantent très vite. Quelques jours seulement après la reprise, quarante-neuf d'entre eux se retrouvent déjà sans emploi. En janvier 1982, ils ne sont déjà plus que quatre cent vingt-cinq. Peu à peu, Bernard Tapie se met à dépecer Terraillon. Bientôt, d'autres sociétés subissent le même sort : Adams – une filiale spécialisée dans la fabrication des home-trainers –, les Ateliers d'études et de fabrication de capteurs de force, ou encore la Franco-Genevoise de mécanique. Afin de faciliter son entrée en Bourse en 1985, Bernard Tapie maquille les chiffres comptables, que des commissaires aux comptes certifient pourtant les yeux fermés. Alors que le chiffre d'affaires est tombé à 244 millions de francs, il annonce pour bientôt un chiffre d'affaires d'un milliard de francs et un bénéfice de 120 millions en 1988. Or, l'entreprise de pesage perd cette année-là 37 millions. Rien ne va plus. L'homme d'affaires se lance alors dans une énumération ininterrompue de promesses jamais tenues : un jour une usine d'assemblage en Italie, le lendemain une agence à Calcutta, une autre fois encore le rachat d'un puissant concurrent allemand, puis américain... Enfin, en novembre 1988, Bernard Tapie annonce que « tout ce qui ne concerne pas le sport sera bientôt à vendre ». « Il ne venait plus qu'en coups de vent, en général pour virer un directeur. C'était horrible. Il insultait ses cadres, mangeait devant eux, et leur jetait ses trognons de pomme à la figure », se remémore la déléguée syndicale Élisabeth Lavy[1].

Finalement, Bernard Tapie décide en 1989 de délocaliser la fabrication des balances électriques en Irlande. Le site de Juvigny ne conserve que l'électronique. Pendant ce temps, les filiales de Terraillon en Italie, en Espagne et au Benelux ferment les unes après les autres.

1. Propos recueillis lors d'une enquête journalistique sur Terraillon en 1996.

« Le mois où Bernard Tapie a acheté Adidas, il n'avait pas assez d'argent pour faire la paye chez Terraillon. Encore une fois, la SDBO (Société de banque occidentale), filiale du Crédit lyonnais, l'a dépanné », se souvient un ancien comptable[1]. C'est la descente aux enfers. Sans oublier les malversations. Le 20 avril 1991, l'hebdomadaire haut-savoyard *Le Faucigny* révèle que trois bâtiments de Terraillon – grevés d'hypothèques – ont été vendus en 1989 et 1990 à des sociétés du groupe Tapie sans l'autorisation du commissaire au concordat, et sans purger les hypothèques. L'argent n'est pas allé aux créanciers, mais à la société Terraillon pour en améliorer le bilan…

L'alliance Tapie-Borloo

Pour le commissaire au concordat, Olivier Descloux, il y a eu « au minimum un concert frauduleux » : infraction au droit des sociétés, fausses déclarations sur actes authentiques de vente et infraction au traité de concordat. N'importe quel autre chef d'entreprise qui pratiquerait des ventes illicites d'immeubles éviterait difficilement un séjour en prison. Pas Bernard Tapie.

La solution irlandaise ayant échoué, la production de balances est délocalisée en 1992, de manière quasi clandestine, à Taiwan, à Hong-Kong et en Malaisie, sans même que le comité d'entreprise en soit informé… Le 1er juin, Terraillon annonce dans un communiqué que cent quarante des cent soixante-huit salariés de Juvigny vont perdre leur emploi. Les rescapés seront chargés de déballer les balances fabriquées en Asie, de les contrôler, de leur rajouter une petite pièce afin de leur offrir un label « Made in France », puis de les réemballer.

---

1. *Ibid.*

Bernard Tapie, devenu entre-temps ministre de la Ville, se garde dorénavant de remettre les pieds en Haute-Savoie. Le 15 novembre 1993, les vingt et un derniers salariés de Terraillon apprennent la disparition définitive à Juvigny du fleuron du pesage domestique français. « Nous n'avons même pas bénéficié de l'ébauche d'un plan social. Il manquait parfois un à deux mois à certaines personnes pour obtenir une préretraite. Terraillon n'a même pas fait un geste », se rappelle une ancienne salariée[1]. Malgré cet invraisemblable gâchis, la liste conduite par Bernard Tapie aux élections européennes de 1994 obtient 10,8 % des suffrages dans la région d'Annemasse.

Il n'est pas nécessaire d'énumérer les multiples entreprises dont s'est emparé Bernard Tapie, souvent avec la complicité de l'avocat Jean-Louis Borloo. Des sociétés qui ont été systématiquement pillées, dépecées, anéanties, alors qu'elles possédaient un réel savoir-faire. Des milliers de salariés se sont retrouvés à la rue, certains se sont suicidés[2]. Cela n'a pas empêché le président Mitterrand, une bonne partie du Parti socialiste (mais non sa totalité), ainsi que la plupart des radicaux de gauche de le soutenir et de fermer les yeux sur ses agissements scandaleux. Faut-il rappeler que Dominique Strauss-Kahn, alors ministre de l'Industrie et du Commerce

1. Propos recueillis lors d'une enquête journalistique sur Terraillon en 1996.

2. Pour une vue plus complète du triste parcours de Bernard Tapie, voir, par ordre alphabétique : Philippe Belin, *Le Menteur de Marseille ?*, Jacques Grancher, 1995 ; Christophe Bouchet, *L'Aventure Tapie*, Seuil, 1992 et *Tapie, l'homme d'affaires*, Seuil, 1994 ; Antoine Casubolo, *L'Affaire OM-Valenciennes*, Olivier Orban, 1994 ; Valéry Lecasble et Airy Routier, *La Vraie Vie de Bernard Tapie*, Grasset, 1994 ; Philippe Reinhard, *Bernard Tapie ou la politique du culot,* France-Empire, 1991 ; Jean-Michel Verne, *Vingt milliards sous l'OM, Tapie, l'argent, le foot,* Plein Sud, 1995 ; Jeanne Villeneuve, *Le Mythe Tapie. Chronique des années quatre-vingt*, La Découverte, 1988.

extérieur, a défendu la délocalisation de Terraillon en Asie à l'Assemblée nationale. Interpellé par Claude Birraux, député démocrate-chrétien de Haute-Savoie, il répondit qu'il n'était « pas possible de maintenir tous les types de production sur le sol national ». En clair, il s'agissait d'une délocalisation nécessaire. Le futur patron du FMI avait tout simplement oublié que le concurrent de Terraillon, Tefal, parvenait toujours à produire des pèse-personnes à Rumilly, à moins d'une heure de voiture de Juvigny…

Toutefois, aucun élu de gauche n'a jamais mouillé sa chemise pour que Bernard Tapie puisse s'enrichir indûment. Faisant fi de toutes les convenances, Nicolas Sarkozy, lui, a osé. Denis Demonpion et Laurent Léger analysent les raisons du rapprochement entre ces deux animaux politiques. Nulle question de sympathie entre les deux hommes, dont les talents de bonimenteurs sont pourtant égaux. Ils partagent, plus simplement, le même goût du pouvoir, de l'argent et des médias. « Ils se sont trouvés, prospérant comme des champignons sur le terreau d'une société française en état de déliquescence par un phénomène biologique bien connu. Ce qui procède des mêmes facteurs finit par se rassembler[1] ». Les deux hommes cultivent le même goût pour la transgression. Ce sont des parvenus, sans beaucoup de vernis.

Bernard Tapie et Nicolas Sarkozy se sont reniflés dès l'élection du second à la mairie de Neuilly en 1983. C'est le publicitaire Jacques Séguéla, domicilié dans cette commune, qui les met en contact. Quelques mois plus tard, Bernard Tapie transfère le siège de l'une de ses sociétés, Orama – qui fabrique des balances pour les commerçants –, de Noisy-le-Grand à Neuilly-sur-Seine. Homme de gauche quand la gauche est au pouvoir, Bernard Tapie passe à droite de 1986 à 1988 lorsque Jacques

1. D. Demonpion et L. Léger, *op. cit.*, p. 12.

Chirac devient le Premier ministre de François Mitterrand. Il est surtout très proche des hommes les moins regardants en matière de déontologie, tels Alain Madelin ou Gérard Longuet. Le fossoyeur de Terraillon repasse à gauche dès la réélection de Mitterrand. De toute façon, il ne vote pas et ne possède pas de carte d'électeur.

10

Bernard Tapie, l'obligé du « château »

En 1990, Bernard Tapie jette son dévolu sur un nouveau jouet : Adidas, l'une des plus grandes marques de sport au monde. Qu'importe si Adidas est un groupe quinze fois plus grand que le sien. Qu'importe si l'homme d'affaires ne compte pas mettre un seul centime dans l'opération. Le Crédit lyonnais sera là pour répondre aux désirs de Bernard Tapie, symbole de la « réussite » financière des années Mitterrand. « Une banque nationalisée a prodigué inconsidérément de l'argent public, au service d'intérêts privés d'un homme d'affaires. Lancée dans une fuite en avant, la banque, hors de tout contrôle, a déboursé des milliards au profit de Tapie[1]. » Ce dernier emprunte 1,6 milliard de francs auprès des banques, notamment la SDBO – filiale du Crédit lyonnais –, dans le but d'acquérir 80 % de la firme aux trois bandes. « C'est l'affaire de ma vie », proclame-t-il. Sauf qu'il ne s'est jamais investi personnellement dans cette société, dont le siège est en Allemagne.

Le conflit Tapie-Crédit lyonnais

Bernard Tapie doit rembourser les prêts contractés en deux échéances : la première en 1991 et la seconde, plus importante, en 1992. Cette deuxième échéance ne

1. *Ibid.*, p. 108.

sera jamais honorée. En avril 1992, il entre dans l'équipe de Pierre Bérégovoy en tant que ministre de la Ville. Or, la présence au gouvernement d'un homme d'affaires en faillite fait désordre. On charge donc la SDBO de vendre Adidas en décembre 1992 pour la somme de 2,085 milliards de francs. Encore une fois, les entreprises nationalisées sont appelées à la rescousse du patron de Terraillon. Le Crédit lyonnais acquiert 19,9 % via deux filiales, la SDBO et Clinvest. Les AGF prennent à leur charge 17,20 % et l'UAP 5 %. Les autres acquéreurs sont l'homme d'affaires Robert-Louis Dreyfus (15 %), ainsi que deux étranges sociétés offshore installées à Jersey et dans les îles Vierges britanniques : Omega (19,9 %) et Coatbrudge (15 %).

On apprendra par la suite qu'Omega et Coatbrudge étaient en réalité des faux-nez du Crédit lyonnais qui devint, sans le révéler, propriétaire d'Adidas à 54,8 %. Peut-on accuser la banque nationalisée de ne pas avoir joué franc-jeu avec Bernard Tapie ? « Nanard » n'a cessé de répéter qu'il a été roulé dans la farine. Pour preuve, dit-il, le Crédit lyonnais cède finalement Adidas à Robert-Louis Dreyfus en 1994 pour 4,4 milliards de francs. *Le Canard enchaîné* donne une autre version. Bernard Tapie était bien évidemment au courant de l'existence des deux sociétés-écrans opaques, puisque c'est sur ordre de Pierre Bérégovoy, alors Premier ministre, que « le Crédit lyonnais va se dévouer pour sauver le protégé de Mitterrand » et que, par souci de discrétion, il fut décidé de faire usage de faux-nez dans des paradis fiscaux. « En 1996, Adidas redressé, Nanard se réveille et fait mine de découvrir le montage secret[1]. »

Malgré ses déboires financiers, Bernard Tapie réussit un beau score aux élections européennes : 12 % des voix

1. Hervé Martin, « Gauche et droite ont bien déroulé le Tapie », *Le Canard enchaîné*, 6 avril 2011.

en juin 1994 à la tête d'une liste baptisée Énergie radicale, alors que Michel Rocard et les socialistes plafonnent péniblement à 14,5 % des suffrages. L'homme pèse un poids non négligeable dans le paysage politique, spécialement à l'aube de l'élection présidentielle de 1995. « Impavide de nature, Édouard Balladur est impressionné par le phénomène. Non sans quelque arrière-pensée, il l'invite à le rencontrer en cachette, sur les conseils de Nicolas Sarkozy », racontent Denis Demonpion et Laurent Léger[1]. Alors que Pierre Méhaignerie, ministre de la Justice, est bien décidé à faire la peau à cet affairiste infréquentable, il constate que Nicolas Sarkozy se montre « très actif » dans le sauvetage de Bernard Tapie. Malgré cela, le groupe Tapie est placé en redressement judiciaire et mis en liquidation en novembre 1994. Bernard Tapie perd ses mandats de député français, de député européen et de conseiller général des Bouches-du-Rhône. En 1996, les liquidateurs du groupe Tapie assignent le Crédit lyonnais pour faute.

Le conflit opposant Bernard Tapie à son ancienne vache à lait durera des années. En septembre 2005, l'homme d'affaires déchu obtient une première victoire. La cour d'appel de Paris juge que la SDBO et le Crédit lyonnais « ont failli à leurs obligations de mandataires en se portant acquéreurs, par personnes interposées, des participations qu'ils étaient chargés de vendre » dans Adidas[2]. Le Consortium de réalisation (CDR), chargé de gérer le passif du Crédit lyonnais, est condamné à verser une indemnité de 135 millions d'euros. Toutefois, la Cour de cassation juge en octobre 2006 que la responsabilité contractuelle du Crédit lyonnais ne peut être engagée. En conséquence, il n'y a plus d'indemnités. L'affaire

1. D. Demonpion et L. Léger, *op. cit.*, p. 182.

2. Patrick Roger, « Le PS saisit la Cour de justice de la République dans l'affaire Tapie. Un feuilleton qui remonte à juillet 1990 », *Le Monde*, 3 avril 2011.

est renvoyée devant la cour d'appel de Paris. Elle peut encore durer des années.

Dès son arrivée en 2004 au ministère de l'Économie et des Finances, Nicolas Sarkozy cherche une issue au contentieux de l'État avec Bernard Tapie. Ce sont plus particulièrement son ami fidèle, Brice Hortefeux, et Claude Guéant, son directeur de cabinet, qui prennent en main le dossier. Le président du CDR reçoit l'ordre de trouver une médiation avec l'ancien patron de Terraillon. Ce dernier n'est pas ingrat et, à l'approche de la présidentielle, commence à multiplier les déclarations favorables au candidat Nicolas Sarkozy. « Aujourd'hui, il n'y a pas photo : Sarkozy et Borloo ont mes faveurs », lâche l'ancien ministre de François Mitterrand[1]. L'homme d'affaires, très ami avec un autre homme de gauche – Bernard Kouchner –, va jouer un rôle majeur pour que le *French doctor* rejoigne le candidat de l'UMP et obtienne le Quai d'Orsay[2].

Après l'élection présidentielle, Bernard Tapie devient un habitué de l'Élysée. Même si, sentant toujours le soufre, il y entre de préférence par une porte dérobée, à l'abri du regard des journalistes et de l'objectif des photographes. Le 10 octobre 2007, le conseil d'administration de l'Établissement public de financement et de restructuration (EPFR) est saisi d'une demande de recours à l'arbitrage entre le Consortium de réalisation (CDR) et les mandataires de Bernard Tapie. En d'autres termes, la justice traditionnelle est écartée au profit d'un arbitrage privé qui va se montrer très généreux vis-à-vis du nouveau copain de Nicolas Sarkozy. Les trois arbitres sont trois vénérables vieillards, respectivement âgés de soixante-dix-huit ans pour Pierre Mazeaud, ancien président du Conseil constitutionnel, soixante-dix-neuf

1. *Le Point*, 5 avril 2007.
2. D. Demonpion et L. Léger, *op. cit.*, p. 260.

ans pour l'avocat Jean-Denis Bredin, et quatre-vingt-un ans pour l'ancien magistrat Pierre Estoup. On observe, à cette occasion, que Jean-Denis Bredin a milité au Mouvement des radicaux de gauche, comme Bernard Tapie.

Le 7 juillet 2008, ce tribunal arbitral condamne le CDR à verser 240 millions d'euros, hors intérêts, au groupe Bernard Tapie. Il alloue très généreusement aux époux Tapie 45 millions d'euros supplémentaires au titre du préjudice moral, auxquels se sont ajoutés 118 millions d'intérêts. « Combien toucheront les sinistrés de Xynthia pour avoir perdu à jamais leur maison ? », s'interroge Christophe Barbier[1]. Christine Lagarde, ministre des Finances, interdit aux fonctionnaires siégeant à l'EPFR, la maison-mère du CDR, d'engager un recours contre cette sentence ! Au total, l'ancien homme de gauche empoche ainsi 390 millions d'euros. Après avoir payé ses dettes, il redevient un homme riche. « Outre Brice Hortefeux, il semble que dès vendredi soir le président de la République l'a personnellement appelé pour le féliciter, assurant qu'il n'avait "jamais douté" de son succès. Mais surtout, durant le week-end du 14 juillet, il aurait eu un long tête-à-tête avec Claude Guéant, le secrétaire général de l'Élysée. Plus que de la sentence du tribunal arbitral, c'est bien de politique dont se sont entretenus les deux hommes », affirme Éric Decouty[2]. Petite parenthèse, les trois arbitres ont empoché 300 000 euros d'honoraires chacun.

Charles de Courson, député du Nouveau Centre, est l'un des meilleurs connaisseurs du dossier Adidas. Farouche adversaire de Bernard Tapie, il a déposé un recours contre la procédure d'arbitrage devant le tribunal administratif. Il a été débouté. Il a également perdu devant la cour d'appel administrative. Après ses échecs,

1. Christophe Barbier, « Le siècle de Nanard », *L'Express*, 15 septembre 2010.

2. « Le jackpot pour Tapie, merci qui? », *Marianne*, 19 juillet 2008.

Charles de Courson croise Nicolas Sarkozy lors d'une réception à l'Élysée. Il a la surprise d'entendre le chef de l'État, le doigt pointé vers lui, lancer, ironique : « Tu vois, j'ai gagné, j'ai gagné ! », racontent Sophie Fay et Thierry Philippon[1]. Charles de Courson a donc persévéré, cette fois devant le Conseil d'État.

« Nanard » lorgne sur la Suisse

« Il y a eu en outre des cascades de mensonges et d'entraves au bon fonctionnement de la République : la même Christine Lagarde a ainsi juré ses grands dieux qu'après avoir payé ses dettes fiscales et sociales Bernard Tapie ne conserverait en net pour lui que 30 millions d'euros. On sait maintenant que l'obligé du « château » s'est mis dans la poche environ 220 millions d'euros », dénonce Laurent Mauduit[2]. L'homme d'affaires-politicien-dirigeant de club de foot reconverti comédien a bien empoché l'argent, qu'il s'est empressé d'évacuer sous des cieux plus cléments pour éviter le fisc, au Luxembourg et à Monaco. Lui-même a rapidement cherché à s'exiler en Suisse. Son ami André Guelfi, intermédiaire immobilier, confiait ainsi : « Nous sommes tous les deux en quête de villas sur les bords du lac Léman. Moi, je pense m'installer dans le canton de Genève. Bernard Tapie regarde plutôt du côté de Gland, de Begnins, dans le canton de Vaud[3]. » Les deux hommes se sont connus en 1997 à la Santé, alors qu'ils se trouvaient au même moment derrière les barreaux. André Guelfi était mis en cause dans l'affaire Elf, Bernard

1. « Affaire Tapie : le dernier round », *op. cit.*
2. Laurent Mauduit, « L'affaire Tapie bientôt devant le Conseil d'État », www.mediapart.fr, 2 mars 2011.
3. Ian Hamel, « Bernard Tapie cherche bien une villa en Suisse, selon son ami André Guelfi », www.bakchich.info, 24 novembre 2008.

Tapie dans celle du match truqué entre l'OM et Valenciennes. Ils ont sympathisé. En raison de cette révélation dans la presse, « Nanard » préfère renoncer à son projet de s'établir en Suisse.

L'affaire Tapie-Crédit lyonnais n'est pas terminée pour autant. La Cour des comptes pointe des « dysfonctionnements caractérisés », estimant que la procédure d'arbitrage n'est pas conforme au droit puisqu'elle a été négociée secrètement. Il y a eu « défaut d'autorisation législative en l'espèce ». « Avant d'accepter cette procédure de règlement privé, alors même que la justice ordinaire était saisie, le gouvernement de François Fillon aurait dû en soumettre l'approbation aux parlementaires », note Denis Demonpion[1]. Si la décision d'arbitrage est certes définitive, il est en revanche possible de saisir la Cour de discipline budgétaire, dépendant de la Cour des comptes. Or, celle-ci peut uniquement mettre en cause des hauts fonctionnaires, tels que le président du CDR ou celui de l'Établissement public de financement et de restructuration (EPFR), mais en aucun cas des ministres, notamment Christine Lagarde, et *a fortiori* le chef de l'État. « S'agissant d'un dossier susceptible d'illustrer un copinage au plus haut sommet de l'État (Tapie ayant son rond de serviette à l'Élysée), il serait paradoxal que la foudre s'abatte sur quelques exécutants[2]. »

En avril 2011, des députés socialistes saisissent la Cour de justice de la République. Ils estiment qu'« un faisceau d'indices » tend à montrer que les décisions arbitrales « avaient pour objet de favoriser des intérêts particuliers au détriment de l'intérêt public ». La Cour de cassation ne s'est-elle pas précédemment prononcée sur le litige Tapie-Crédit lyonnais, écartant la responsabilité de la banque? La décision prise par Christine Lagarde

1. « Tapie, la procédure épinglée », *Le Point*, 17 février 2011.
2. Renaud Lecadre, « Affaire Tapie: recours toujours », *Libération*, 21 février 2011.

ne vise-t-elle pas à « préférer une solution, l'arbitrage, plus favorable à M. Tapie, et donc moins favorable aux intérêts financiers de l'État que la décision judiciaire déjà prononcée[1] »? Les députés socialistes considèrent que la commission d'instruction de la Cour de justice de la République devra se prononcer sur une éventuelle « complicité de détournements de fonds publics ».

En ce qui concerne Bernard Tapie et Nicolas Sarkozy, l'imbrication semble permanente entre intérêts particuliers et soutiens politiques. Ce n'est pas forcément un hasard si le 7 juillet 2008 le tribunal arbitral rend une décision très favorable à Bernard Tapie, membre des radicaux de gauche, et si le 23 juillet les parlementaires de ce petit parti (six députés et huit sénateurs) ont apporté un soutien décisif pour l'adoption de la réforme constitutionnelle chère à Nicolas Sarkozy. Peu avant, le Conseil des ministres nommait « conseiller d'État à titre extraordinaire » Jean-François Hory, ancien député radical de gauche de Mayotte, l'un des meilleurs amis de Bernard Tapie. Ce qui n'empêche pas Bernard Tapie de jurer : « Les radicaux de gauche, pour moi, c'est une autre planète ! Je me contrefiche de tout ce qu'ils peuvent faire[2]. » Comme « Nanard » n'est pas à une contradiction près, on apprend qu'il a repris peu de temps ensuite sa carte dans le groupuscule de Jean-Michel Baylet. « Il est normal que je revienne chez les radicaux de gauche, qui m'ont toujours soutenu. Il y a un décalage entre l'importance des valeurs qu'ils défendent et le fait qu'on ne les entende pas. Je veux le combler », affirme-t-il[3].

---

1. Patrick Roger, « Le PS saisit la Cour de justice de la République dans l'affaire Tapie », *Le Monde*, 3 avril 2011.
2. Pascale Robert-Diard, « M. Tapie : "J'ai rapporté beaucoup plus d'argent au contribuable que je ne lui en ai coûté" », *Le Monde*, 22 juillet 2008.
3. Lilian Alemagna, « 2012 : Tapie dans l'ombre », *Libération*, 9 juin 2010.

Les retours d'ascenseur tiennent parfois à peu de choses. Après la défaite d'Édouard Balladur en 1995, Nicolas Sarkozy renfile sa robe d'avocat. « Plusieurs témoins de premier plan assurent que Bernard Tapie a rémunéré Nicolas Sarkozy comme avocat lors de sa traversée du désert », assure Laurent Mauduit[1]. Parfois, les échanges de bons procédés volent au ras des pâquerettes. *Le Canard enchaîné* dévoile ainsi que Claude Guéant, secrétaire général de l'Élysée, est intervenu personnellement pour que Stéphane, le fils de Bernard Tapie, domicilié dans un 220 mètres carrés à Neuilly, ne soit pas expulsé alors qu'il avait omis de payer ses loyers entre 2005 et 2007[2]... On est fort loin de l'intérêt général.

On peut imaginer que le fossoyeur de Terraillon sera mis à contribution en 2012 pour favoriser la réélection de son bienfaiteur à l'Élysée. À moins que ce ne soit pour torpiller le futur candidat socialiste, en favorisant par exemple un adversaire de centre-gauche proche de la mouvance des radicaux de gauche, lequel reporterait ensuite ses voix sur Nicolas Sarkozy. Quelle attitude adopterait cependant Bernard Tapie si son ancien complice Jean-Louis Borloo, leader des radicaux de droite, posait sa candidature à l'élection présidentielle ?

Mise en cause personnellement, Christine Lagarde a menacé le PS de poursuites et a réaffirmé que « l'ensemble des décisions prises l'a été dans le seul objectif de limiter le risque et le coût pour les finances publiques »... De son côté, Bernard Tapie a rappelé qu'il avait encaissé l'argent « depuis plus de deux ans ». Il ne risque pas, de toute façon, de le rendre. « Christine Lagarde, c'est un peu ma Liliane Bettencourt à moi », commentait, goguenard, Bernard Tapie dans un dessin satirique signé Pakman[3].

---

1. Laurent Mauduit, *Sous le Tapie,* Stock, 2008.
2. *Le Canard enchaîné,* 14 novembre 2007.
3. *Bakchich Hebdo,* 17 septembre 2010.

Jean-Louis Nadal, procureur général près la Cour de cassation, a transmis le 10 mai 2011 le dossier Tapie à la commission des requêtes de la Cour de justice de la République (CJR).

Celle-ci a autorisé le 4 août l'ouverture d'une enquête sur le rôle de Christine Lagarde, ancienne ministre de l'Économie, des Finances et de l'Industrie, dans le règlement du litige entre Bernard Tapie et le Crédit Lyonnais au sujet de la vente d'Adidas. « Les juges devront dire si oui ou non elle a favorisé la procédure d'arbitrage qui a permis à Tapie d'empocher, en juillet 2008, près de 200 millions d'euros. » La procédure ne porte pas sur un simple « abus d'autorité », mais sur d'éventuelles « complicité de détournement de biens publics » et « complicité de faux[1] ». *L'Express*, qui fait sa une sur « Le boulet Tapie », rappelle que les deux délits sont passibles de dix ans de prison et de 150 000 euros d'amende, et ajoute que « Nicolas Sarkozy lui-même pourrait être mis en cause après la présidentielle de 2012. S'il n'est pas réélu[2]... » Cerise sur le gâteau, *Charlie Hebdo* révèle que Bernard Tapie n'a pas laissé longtemps son trésor de guerre en France. Dès le 14 octobre 2010, il a créé à Bruxelles une société, Groupe Bernard Tapie (GBT) Holding. « Selon le document du registre du commerce de Bruxelles, le groupe GBT est valorisé à 215 421 000 euros. Bref, 215 millions et des broutilles[3]. »

Après Bernard Tapie, faisons la connaissance d'un personnage moins connu mais autrement plus riche que l'ancien propriétaire d'Adidas, il s'agit du fils du marchand d'art Daniel Wildenstein. Ce milliardaire

1. Éric Decouty, « La patronne du FMI rattrapée par l'affaire Tapie », *Libération*, 5 août 2011.
2. François Koch, « Lagarde Privilèges de Cour », *L'Express*, 10 août 2011.
3. Laurent Léger, « Exil fiscal : et si Tapie visait la Belgique... », *Charlie Hebdo*, 27 juillet 2011.

appartient au premier cercle des généreux donateurs de l'UMP. Il est aussi délégué de ce parti pour la côte Est des États-Unis. Pendant plusieurs années, les responsables du ministère du Budget, Éric Woerth puis François Baroin, n'ont pas voulu savoir que Guy Wildenstein dissimulait son immense fortune et ses œuvres d'art dans des paradis fiscaux.

11

Une veuve pas très joyeuse

Pour goûter toute la saveur de l'affaire Wildenstein, plongeons-nous brièvement dans l'histoire de cette famille juive de marchands d'art. En commençant par Nathan Wildenstein, né en 1851 à Fegersheim, en Alsace. De son vivant, Nathan a toujours prétendu que son propre père était mort à sa naissance et qu'il était un rabbin sépharade. En réalité, son père, qui s'appelait Lazare, était ashkénaze, et « vendait des chevaux de poste et des bestiaux », comme le révèle son petit-fils Daniel Wildenstein dans son autobiographie[1]. De plus, Lazare Wildenstein n'aurait disparu qu'en 1879. Cela fait beaucoup de mensonges. En 1870, contrairement au reste de sa famille, Nathan Wildenstein a fui l'Alsace, refusant de devenir allemand. Il se réfugia à Vitry-le-François, travaillant d'abord chez un tailleur. « Employé d'un tailleur... Dans l'échelle des juifs, cela se situait juste avant vagabond. Il a dû en baver. Il vendait des tissus. C'est le même homme qui vendra un jour au milliardaire américain John D. Rockefeller le *Portrait d'Antoine Laurent Lavoisier et sa femme*, l'un des chefs-d'œuvre de David... il a toujours été un vendeur exceptionnel », raconte son petit-fils[2].

1. Daniel Wildenstein et Yves Stavridès, *Marchands d'art*, Plon, 1999, p. 12.
2. *Ibid.*, p. 15.

Par hasard, une voisine demande un jour à Nathan de négocier pour elle quelques tableaux dont elle veut se débarrasser. Quoique totalement ignorant en peinture, il se débrouille fort bien et en tire un bon prix. Cette vocation de marchand d'art serait née ce jour-là. Nathan s'enferme dix jours au Louvre pour tout regarder, tout observer. « Il n'y a que deux choses qui comptent vraiment. Aimer la France. Et aller au Louvre », répétera-t-il ensuite tout au long de sa vie. Un amour de la France que ne partage pas totalement son arrière-petit-fils, Guy Wildenstein, domicilié aux États-Unis et dont les œuvres d'art prennent plutôt le chemin des Ports Francs de Genève et de Zurich, tandis que son immense fortune se dissimule dans des paradis fiscaux, à Guernesey et aux Bahamas.

Nathan Wildenstein remet au goût du jour Fragonard et Watteau, fait fortune en vendant à de riches Américains les peintres du XVIIIe siècle, puis s'installe à Paris dans un hôtel particulier rue La Boétie. Il meurt en 1934, laissant l'héritage à son fils Georges (1892-1963), qui le transmettra à son tour à Daniel. Ce dernier, né en 1917 et mort en 2001, a été l'un des plus grands marchands de tableaux au monde, sinon le plus grand. Historien d'art, il dirige *La Gazette des Beaux-Arts* et crée une fondation d'histoire de l'art, le Wildenstein Institute. C'est également un passionné de sport hippique. Ses écuries de courses à casaque bleue ont gagné quatre fois le Prix de l'Arc de Triomphe et deux fois le Prix d'Amérique.

Seule ombre au tableau : des familles juives dépossédées de leurs œuvres d'art par les Allemands pendant la guerre ont accusé la famille Wildenstein, bien que juive, d'avoir collaboré à leurs dépens avec le régime nazi[1]. Les biens des « W » (comme on les appelle) n'auraient pas été saisis, grâce à la complicité du marchand d'art Karl

1. Selon la biographie de Daniel Wildenstein publiée sur Wikipedia.

Haberstock, proche conseiller de Hitler. Le livre *Le Musée disparu*, d'Hector Feliciano[1], consacré au pillage des œuvres d'art pendant la guerre, évoque l'hypothèse que Georges Wildenstein ait pu exploiter de discrètes entrées auprès des nazis « pour mener nombre d'opérations avec les occupants allemands[2] ». Un rapport des services américains fait également figurer Georges Wildenstein dans une liste de marchands suspectés de collaboration avec les Allemands. Dans son livre, Daniel Wildenstein reconnaît que son père a rencontré Karl Haberstock à Aix-en-Provence en novembre 1940, ajoutant que « cette rencontre nous vaut aujourd'hui des petits sous-entendus ignobles sur mon père, qui se régleront désormais en justice[3] ».

« Monsieur Daniel » a eu deux fils, Alec, né en 1940 et décédé en 2008, et Guy, né en 1945 et ami intime de Nicolas Sarkozy, qui lui a remis la cravate de commandeur de la Légion d'honneur. Il est aujourd'hui membre du Premier cercle des donateurs de l'UMP.

Dans les années 1950, Daniel Wildenstein tombe amoureux d'un jeune mannequin d'origine ukrainienne, Sylvia Roth, qui va devenir sa seconde épouse. Elle ne s'est jamais occupée des affaires de son mari, se contentant de vivre dans le luxe. « Chaque hiver, les Wildenstein migrent de leur appartement de l'avenue Montaigne vers leur ranch au Kenya. Une propriété de 30000 hectares entretenue par quatre cents employés qui a servi de décor au film *Out of Africa*. Sylvia peut tout demander à son mari[4]. » À la mort de son mari, le 23 octobre 2001,

1. Gallimard, 2009.
2. Vincent Noce, « La famille Wildenstein déboutée. Elle attaquait un historien ayant suggéré des liens entre le marchand d'art et les nazis », *Libération*, 24 juin 1999.
3. D. Wildenstein et Y. Stavridès, *op. cit.*, p. 111.
4. Jean-Michel Decugis, Mélanie Delattre et Christophe Labbé, « L'incroyable saga des Wildenstein. L'affaire qui fait trembler les riches », *Le Point*, 3 février 2011.

après dix jours de coma, ses deux beaux-fils, Alec et Guy, assurent à Sylvia que Daniel Wildenstein, loin d'être milliardaire, est au contraire totalement ruiné. Afin d'éviter les saisies et un douloureux redressement fiscal, ils lui conseillent de renoncer à son héritage. Les deux enfants de Daniel Wildenstein la consolent aussitôt en lui proposant une rente de 30 000 euros par mois, ainsi que la jouissance d'un appartement à Paris de près de 600 mètres carrés. Affolée, Sylvia accepte.

Ports Francs de Zurich

« Le 19 novembre 2001, Alec et Guy Wildenstein, appuyés par huit professionnels du droit américain, français, suisse, ont convaincu ma cliente, Sylvia Wildenstein, de renoncer à la succession. On lui a même fait croire qu'elle risquait d'être convoquée par le juge d'instruction », déclare l'avocate Claude Dumont-Beghi, qui défend les intérêts de la veuve du marchand d'art[1]. Parmi les avocats qui participaient à cette réunion figurait le Suisse Adrian Hinderling, dont l'étude est installée à Zurich. Son nom est mentionné dans des documents (en l'occurrence un tableau de distribution) publiés sur le site Mediapart évoquant le Delta Trust, propriété d'Alec et Guy Wildenstein. À côté de sommes substantielles, on peut lire : « Transfered to UBS Zurich for Credit to Dr A. Hinderling "Custodian" account. » En clair, des centaines de tableaux déposés dans les Ports Francs de Zurich ont été transférés dans des trusts au bénéfice des deux fils, et 22 millions d'euros sont passés sur un compte au nom d'Adrian Hinderling. Embarrassé, l'avocat suisse accepte malgré tout de nous prendre au téléphone. « Une clause du Code pénal suisse m'interdit de faire le moindre commentaire sur cette affaire.

1. Entretien avec l'auteur, Paris, novembre 2010.

Mme Claude Dumont-Beghi dit beaucoup de choses. Mais je ne rectifierai pas », nous répond maître Adrian Hinderling avant de raccrocher[1].

Revenons à 2001, juste après le décès de Daniel Wildenstein. On fait signer à toute vitesse à sa veuve des masses de documents, dont certains sont écrits en japonais ! Sylvia Wildenstein commence peu à peu à émettre des doutes sur la ruine si subite du Howard Hughes des arts. Surtout quand elle découvre que les quatre chevaux de course que son mari lui avait offerts ne sont plus à son nom. Ils appartiennent dorénavant à la société Dayton Invest, dont elle ignore tout. Elle décide alors de s'adresser en 2003 à une avocate particulièrement pugnace, Claude Dumont-Beghi, installée dans le XVIe arrondissement. « J'ai rapidement découvert qu'Alec et Guy Wildenstein avaient voulu faire croire que leur père était résident suisse, à Lachen, une bourgade sur le lac de Zurich, dans le canton de Schwyz. C'était une domiciliation fictive », confirme Claude Dumont-Beghi.

Une lecture de la presse et des magazines spécialisés lui fait rapidement comprendre que sa cliente a été roulée dans la farine. Selon Sophie Fay et Bernard Géniès, « le marchand d'art ne jurait que par son stock de tableaux, des milliers de toiles dont plusieurs Rembrandt, des Watteau, de nombreux Bonnard, quelques Picasso, et "pas des plus mauvais", précise Daniel Wildenstein dans ses mémoires. La fortune familiale est estimée à plus de 5 milliards de dollars par la presse américaine[2]. » Devant le manque de coopération d'Alec et de Guy, une seule solution : engager des procédures judiciaires. Première victoire le 14 avril 2005, la cour d'appel de Paris annule la déclaration de succession établie par les deux frères et, dans le même temps, la renonciation

1. Entretien avec l'auteur, novembre 2010.

2. « La vengeance d'une veuve », *Le Nouvel Observateur*, 9 juillet 2009.

à succession de Sylvia Wildenstein. On découvre que des opérations financières ont été engagées au nom de Daniel Wildenstein quelques jours avant sa mort, alors qu'il était déjà dans le coma. « Il est ainsi procédé le 19 octobre 2001, quatre jours avant son décès, à la vente de soixante-neuf chevaux de pur-sang lui appartenant au profit de la société Écurie Wildenstein, dans laquelle Guy et Alec sont seuls associés avec leur père[1]. » Alec et Guy sont condamnés à verser 15 millions d'euros à leur belle-mère en guise de provision.

Écurie Wildenstein à Chantilly

Maître Claude Dumont-Beghi parvient à modifier le régime matrimonial de Sylvia Wildenstein. Certes, cette dernière s'est mariée sans contrat à New York, mais dans la mesure où le couple résidait à Paris, ce n'est pas la séparation de biens qui s'applique, mais le droit commun, à savoir la communauté réduite aux acquêts. Elle aurait donc dû hériter de la moitié de la fortune acquise par son mari depuis leur mariage en 1978. Encore aurait-il fallu connaître le montant exact de cette fortune. Or, Alec et Guy jurent qu'ils n'ont aucune activité commerciale en France. Quant à leurs avoirs, ils sont dissimulés dans des paradis fiscaux, dont les justices ne cultivent pas la réputation d'être particulièrement coopératives. La chasse au trésor s'annonce particulièrement périlleuse.

« Mais à partir de 2007, nous avons commencé à tourner en rond », constate l'avocate. 2007, n'est-ce pas l'année de la victoire de Nicolas Sarkozy à l'élection présidentielle? « La coïncidence interpelle », ajoute Claude Dumont-Beghi. Ainsi que l'a rappelé le député socialiste Alain Vidalies à l'Assemblée nationale le 6 juillet

1. Laurent Mauduit, « L'affaire Wildenstein rebondit », www.mediapart.fr, 10 septembre 2010.

2010: « Comme dans l'affaire Bettencourt, il est établi que M. Guy Wildenstein est membre du fameux Premier cercle de collecteurs de fonds pour l'UMP, que le 7 janvier 2007, il se trouvait à New York aux côtés de M. Woerth, trésorier de l'UMP, pour récolter des fonds pour la campagne présidentielle de Nicolas Sarkozy. » Guy Wildenstein a aussi accueilli Patrick Devedjian et Michel Barnier. Chaque fois qu'un micro se tend, il répète que Nicolas Sarkozy est « un homme extraordinaire, qui a une vraie passion pour la France ». De son côté, Harry Bellet rappelle qu'Éric Woerth est maire de Chantilly, où courent les chevaux de l'écurie Wildenstein. « Et où l'épouse du ministre fait aussi trotter les siens. Florence Woerth a créé en mai 2006 l'écurie Dam's, qui compte une quinzaine d'associées, toutes des femmes[1]. »

1. Harry Bellet, « Wildenstein, l'autre affaire », *Le Monde*, 10 juillet 2010.

12
Légion d'honneur pour un fraudeur

Le Premier cercle Premium est une idée propre à Nicolas Sarkozy, inspirée des *charity dinners* américains. Il s'agit de réunir plusieurs fois dans l'année de riches donateurs et de leur en donner pour leur argent. Pendant une soirée très privée, ils peuvent approcher, parler et même toucher le président de la République. À cette occasion, ce dernier leur laisse entendre qu'il va leur livrer des secrets d'État. « Je vous donne des infos qui ne sont pas dans le journal », leur promet Nicolas Sarkozy lors d'une réception à l'hôtel Bristol en juin 2009. « Les invités sont ravis, sûrs d'être au premier rang de l'Histoire », raconte un journaliste, qui reconnaît dans l'assistance Olivier et Laurent Dassault, Sydney Ohana – le chirurgien des stars –, ou encore Guillaume Dard – P-DG de Montpensier Finance[1]. En 2007, l'UMP a recueilli 9,1 millions d'euros ; le PS, à peine 743 432 euros. Le grand manitou du Premier cercle était Éric Woerth, avant qu'il ne soit emporté par la vague de l'affaire Bettencourt. Pour rejoindre les amis fortunés de Nicolas Sarkozy, il faut débourser au minimum 3 000 euros par an.

1. Saïd Mahrane, « Qui veut donner des millions? », *Le Point*, 6 août 2008.

Ami de Sarkozy depuis 1995

Durant la première partie de l'année 2010, Guy Wildenstein a notamment reçu à New York Jean-Pierre Raffarin, Éric Besson et Rachida Dati. Rien d'étonnant, puisqu'il n'est pas seulement membre de ce Premier cercle, il est également conseiller à l'Assemblée des Français de l'étranger, délégué de l'UMP pour la côte Est des États-Unis et, surtout, proche de Nicolas Sarkozy, qui l'a élevé au grade de commandeur de la Légion d'honneur. *Le Canard enchaîné* a repris une photo publiée dans le bulletin trimestriel de l'American Society of The French Legion of Honor, dirigé par Guy Wildenstein, montrant le chef de l'État décorant son « ami Guy », le 5 mars 2009[1].

Nicolas Sarkozy et Guy Wildenstein sont amis depuis 1995. « C'est Cécilia qui est à l'origine de leur rencontre. [...] Guy et Cécilia se connaissent de longue date. [...] Ils fréquentaient les planches de Deauville, où leurs deux familles passaient tous leurs étés. [...] Quand Cécilia a proposé à Guy de rencontrer Nicolas – c'était après la défaite d'Édouard Balladur en 1995, alors que son mari entamait sa traversée du désert –, "ils se sont tout de suite entendus" », relate Romain Gubert[2]. À bien des égards, l'affaire Wildenstein rappelle l'affaire Bettencourt, mais si « les Bettencourt passent leurs vacances sur l'île paradisiaque d'Arros aux Seychelles, les Wildenstein préfèrent Xanadu, aux îles Vierges, dans les Caraïbes[3] ».

Ayant découvert plusieurs trusts à l'étranger abritant le patrimoine non déclaré des Wildenstein, Claude Dumont-Beghi alerte l'administration fiscale le 7 avril 2009. Pas de réponse. Ses courriers du 4 mai puis

1. Jean-François Julliard, « Quand Sarko décorait l'un de ses grands mécènes », *Le Canard enchaîné*, 22 septembre 2010.

2. « Guy Wildenstein, l'ami du président », *Le Point*, 3 février 2011.

3. Ian Hamel, « Des airs d'affaire Bettencourt », *L'Agefi*, 15 novembre 2011.

du 12 juin n'ont pas davantage de succès auprès d'Éric Woerth, alors ministre du Budget. L'avocate a adressé un courrier presque identique à Philippe Parini, le Directeur général des finances publiques (DGFP). Sans résultat. « Le 7 septembre suivant, l'avocate reprend donc sa plume et, dans deux courriers distincts, rappelle au ministre et au patron de la DGFP qu'elle aimerait obtenir une réponse d'eux. Et, cette fois, que répondent-ils? Toujours rien. Motus et bouche cousue », écrit Laurent Mauduit[1], rappelant que l'article 40 du Code de procédure pénale fait obligation à tout détenteur de l'autorité publique de saisir le parquet de tout crime ou délit dont il aurait connaissance. Ni le David Trust, ni le Sylvia Trust, ni le Delta Trust ou le Sons Trust (dont Sylvia Wildenstein ignorait l'existence), cachés dans les Caraïbes ou dans les îles anglo-normandes et constitués de Bonnard, de Fragonard ou de Picasso, n'éveillent l'intérêt de Bercy ! Ce silence assourdissant est à opposer aux déclarations d'Éric Woerth jurant dans *L'Express* qu'il luttait « contre tous les fraudeurs ». Le ministre du Budget ajoutait : « Quand je lutte contre l'évasion fiscale, on me dit : vous ne touchez que les petits évadés. À un moment, il faut arrêter ! Notre dispositif touche tous les fraudeurs, du premier euro au premier milliard[2]. »

Non seulement le fisc ne veut pas savoir que Guy Wildenstein planque sa fortune dans des trusts et des sociétés offshore, mais la justice se désintéresse, elle aussi, du dossier. Une plainte déposée par Claude Dumont-Beghi le 22 juin 2009 est classée sans suite le 5 juillet par le procureur Jean-Claude Marin, passé en 2007 du chiraquisme au sarkozysme. Pire, la justice se retourne contre la victime. Le 16 juin 2010, la première chambre

1. « Wildenstein : Bercy ferme les yeux sur une vaste fraude fiscale », www.mediapart.fr, 12 septembre 2010.
2. Corinne Lhaïk et Benjamin Masse-Stamberger, « Éric Woerth : "Je lutte contre tous les fraudeurs" », *L'Express*, 14 janvier 2010.

de la cour d'appel du tribunal de Paris condamne Sylvia Wildenstein pour procédure abusive à l'encontre de son beau-fils ! Elle doit payer 175 000 euros et la cour dénonce son « battage médiatique ». Un précédent jugement de la cour d'appel, confirmé en cassation, contient un attendu pour le moins étonnant, pour ne pas dire surréaliste : « L'évasion du patrimoine dans des sociétés étrangères et des trusts est conforme à la tradition familiale de transmission des biens aux héritiers directs », et n'est pas le fait de Guy Wildenstein, mais de son père. L'honnête garçon n'est donc pas coupable, il n'a fait que perpétuer la tradition familiale !

« Optimiser » ne veut pas dire frauder, comme l'a déclaré Éric Woerth en 2009 dans l'émission « Pièces à conviction » : « La personne qui a plus de moyens d'avoir des avocats peut se permettre éventuellement d'"optimiser", comme on dit, sa fiscalité. [...] Moi, je pense que vous pouvez optimiser, comme dans tous les pays du monde, c'est-à-dire utiliser toutes les règles[1]. » Le signal est clair : il n'est pas question de toucher à l'ami du président. François Baroin, le successeur d'Éric Woerth au ministère du Budget, ne déroge pas à la règle. Interpellé en juillet 2010 sur cette affaire à l'Assemblée nationale, il se défausse en « conjurant » l'opposition de ne pas faire « le jeu de l'extrême droite »...

« Contrairement à l'affaire Bettencourt, où selon les déclarations faites à la presse une partie minime de la fortune de Mme Bettencourt aurait été localisée offshore, dans l'affaire Wildenstein, la situation est bien plus compliquée puisque c'est par un système de trusts établis dans les paradis fiscaux que toute la fortune de cet empire a été maintenue. La stratégie adoptée par les Wildenstein a été de gagner du temps, d'épuiser leurs

1. « Comment les riches paient aussi peu d'impôts ? », France 3, 16 novembre 2009.

adversaires et surtout de les ruiner. Ils ont réussi avec Mme Sylvia Wildenstein. Ils connaissaient ses graves problèmes de santé puisqu'il a été plaidé à de nombreuses reprises sur cette malheureuse réalité », indique maître Claude Dumont-Beghi[1]. Quelques jours plus tard, le 13 novembre 2010, Sylvia Wildenstein s'éteignait à l'âge de soixante-dix-sept ans.

Plainte pour corruption

La situation s'éclaircit toutefois. Le régime, éclaboussé par l'affaire Bettencourt, mettant gravement en cause le ministre Éric Woerth mais également le procureur de Nanterre Philippe Courroye, comprend que l'opinion publique ne tolérerait pas un second scandale. Claude Dumont-Beghi s'engouffre dans la brèche. Le 22 juillet 2010, à la suite d'une plainte avec constitution de partie civile, une information judiciaire est ouverte par le parquet de Paris pour « abus de confiance ». Elle est confiée au juge d'instruction Guillaume Daieff.

Le 8 septembre 2010, l'avocate dépose une plainte, au pénal cette fois, pour « abus de confiance, recel, blanchiment, organisation frauduleuse d'insolvabilité et recel de faux ». Le 20 septembre suivant, elle dépose une seconde plainte pour « trafic d'influence, corruption active et passive, et recel de blanchiment d'argent ». Comme le souligne Laurent Mauduit, cette plainte pour trafic d'influence ne vise pas uniquement Guy Wildenstein. « Implicitement, elle vise tout autant les deux ministres successifs du Budget, Éric Woerth et François Baroin, qui ont été informés d'une présomption de vaste fraude fiscale et qui n'ont pas diligenté l'enquête[2]. »

---

1. Entretien avec l'auteur, novembre 2010.
2. Laurent Mauduit, « Affaire Wildenstein : une plainte embarrasse Woerth et Baroin », www.mediapart.fr, 20 septembre 2010.

La justice s'est mise en branle. Le 26 octobre 2010, le parquet ouvre une enquête préliminaire, confiée à la Brigade de répression de la délinquance économique (BRDE), portant sur une présomption de corruption. Le 17 novembre, deux jours avant l'enterrement de Sylvia Wildenstein, le juge Guillaume Daieff fait perquisitionner l'Institut Wildenstein, voisin immédiat du siège de l'UMP, rue La Boétie. Il cherche des preuves démontrant que les enfants de Daniel Wildenstein auraient dissimulé la plus grande partie de l'héritage. Et, presque par hasard, les policiers mettent la main sur des œuvres volées ou disparues… « Pêle-mêle, plusieurs bronzes de Rembrandt Bugatti, une huile de Berthe Morisot et deux dessins de Degas. Depuis longtemps une sale rumeur courait sur les W, comme on les surnomme. La colossale fortune de ces marchands d'art, qui se chiffre en milliards, aurait été accumulée grâce à des pratiques douteuses[1]. »

En clair, Guy Wildenstein est également soupçonné de recel. Une nouvelle perquisition a lieu les 11 et 12 janvier 2011 à l'Institut Wildenstein. On retrouve dans un coffre la « Chaumière en Normandie », une huile de Berthe Morisot évaluée à 800 000 euros, disparue lors de la succession d'Anne-Marie Rouart en 1993. Or, Guy Wildenstein était l'exécuteur testamentaire désigné par Anne-Marie Rouart. Pour se défendre, le marchand d'art assure que « la présence de cette œuvre dans la chambre forte de l'Institut ne pourrait résulter que d'une erreur ou d'un oubli[2] ». « Ce que je reproche aujourd'hui à Guy Wildenstein, c'est de ne pas donner un inventaire complet de tout ce qu'il y a dans les coffres de la famille, dans les trusts en réalité contrôlés par les Wildenstein. […] Il y a des œuvres, chez eux, de provenance encore

1. Jean-Michel Decugis, Mélanie Delattre et Christophe Labbé, « Le trésor sulfureux des Wildenstein », *Le Point*, 3 février 2011.
2. Droit de réponse de Guy Wildenstein, *Le Point*, 10 février 2011.

plus douteuse. Cette découverte est un point de départ pour une commission rogatoire plus large, à l'international », commente Yves Rouart[1], le neveu d'Anne-Marie Rouart, qui a déposé une plainte pour « recel ». Dans la même interview, il souligne cependant qu'une telle perquisition n'était pas prévisible « compte tenu de la personnalité de Guy Wildenstein ». « Est-ce en raison de son amitié avec le président de la République ? », interroge le journaliste. Yves Rouart ne répond pas.

Cerise sur le gâteau, après la belle-mère, la belle-fille. C'est au tour de Liouba Wildenstein, la veuve d'Alec Wildenstein, une artiste franco-russe de trente-neuf ans, de porter plainte contre X pour « abus de confiance » auprès du parquet de Paris. « Depuis le début, le fils d'Alec fait pression sur moi avec son oncle Guy pour que je renonce à la succession de mon mari, ou que j'hérite du moins possible », explique-t-elle aux enquêteurs, évoquant deux autres trusts, Louve Trust à Guernesey et Drawdale Trust aux îles Vierges britanniques[2]. « Guy Wildenstein a été entendu par la police judiciaire parisienne dans ce nouveau dossier. Même le *New York Times* a publié en 2011 un article à charge contre cette famille[3]. »

Rien ne va plus pour le marchand d'art. Nicolas Sarkozy, tétanisé par sa réélection, l'a abandonné. Pour preuve, le marchand d'art devait se présenter aux prochaines élections législatives de 2012 dans la nouvelle circonscription d'Amérique du Nord, créée pour les Français résidant à l'étranger. Une circonscription acquise à l'UMP sur laquelle Christine Largarde a, un

1. Thomas Pignot, « Yves Rouart : "Le tableau de ma tante dans le coffre des Wildenstein !" », *Point de vue*, 15 février 2011.
2. Mélanie Delattre, Jean-Michel Decugis et Christophe Labbé, « Affaire Wildenstein, la belle-fille porte plainte », www.lepoint.fr, 15 février 2011.
3. Pascal Ceaux, « Wildenstein, désordre dans la maison », *L'Express*, 11 mai 2011.

temps, lorgnée, avant de rejoindre le FMI. Guy Wildenstein s'est finalement retiré, très discrètement.

Et quid du fisc? Le site Mediapart a appris que les deux juges chargés de l'affaire Wildenstein ont transmis à la Direction générale des finances publiques, qui supervise l'ensemble de l'administration fiscale, « la note récapitulant tous les biens ayant vraisemblablement échappé au fisc et la liste des "trusts" en cause ». Les magistrats apportent la précision suivante: « le patrimoine évadé dans les trusts apparaissant être d'un montant très significatif ». Mais voilà, il convient de faire vite, car « cette fraude fiscale sera prescrite au plus tôt le 31 décembre 2011[1] »…

Le 6 juillet 2011, au terme de trente-six heures de garde-à-vue, « l'héritier de la célèbre dynastie de marchands d'art a été mis en examen pour "recel d'abus de confiance", après la découverte d'une trentaine d'œuvres signalées volées ou disparues[2] ».

Un détour s'impose à présent vers la principauté du Liechtenstein, minuscule territoire coincé entre la Suisse et l'Autriche. C'est là que tout a commencé, quand l'employé d'une banque a vendu la liste des clients au fisc allemand.

---

1. Laurent Mauduit, « Guy Wildenstein dans l'étau de la justice et du fisc », www.mediapart.fr, 13 avril 2011.

2. Jean-Michel Decugis, Mélanie Delattre et Christophe Labbé, « Ce que Guy Wildenstein a dit au juge », www.lepoint.fr, 12 juillet 2011.

13
Le Liechtenstein,
ses comptes, ses fondations

L'Allemagne fait une fixation sur la principauté du Liechtenstein. Elle soupçonne ce confetti de tous les maux. Il y a une décennie, le Bundesnachrichtendienst (BND) – les services de renseignements extérieurs allemands – l'accusait d'accueillir « des clans sud-américains de la drogue, des mafieux italiens et la criminalité organisée russe ». Et tous ces tristes sires traiteraient avec « des hauts fonctionnaires, des juges, des hommes politiques, des directeurs de banque et des conseillers en investissement », ajoutait le BND. Le fisc allemand ne s'est donc pas gêné pour offrir en 2007 quatre millions d'euros à Heinrich Kieber, un employé indélicat qui a soustrait les listings des clients de son employeur, LTG Group. Il s'agit de la première banque de ce minuscule territoire de 160 kilomètres carrés, coincé entre le Rhin et les montagnes du Vorarlberg autrichien. Elle appartient au prince régnant Hans-Adam II « von und zu » Liechtenstein.

Contrôle fiscal pour François-Marie Banier

Bonne pioche pour Berlin, qui réussit à coincer sept cents gros contribuables coupables de dissimuler leurs économies dans ce petit paradis fiscal alpin. L'enquête pour fraude fiscale prend vite une dimension internationale, l'Allemagne décidant de faire profiter de son « butin » d'autres pays, dont l'Italie, l'Espagne, la Suède, les États-Unis et la France. « Nous avons une liste de quelques centaines de noms. Nous l'avons depuis le début de l'année, nous l'expertisons », annonce Éric Woerth, ministre du Budget[1]. Une question mérite d'être posée : la France a-t-elle effectivement reçu cette liste début 2008, ou quelques mois avant, en 2007 ? Comme nous allons le voir rapidement, le *timing* joue un rôle essentiel dans cette affaire, symbole des conflits d'intérêts.

La liste contient deux cents noms, mais l'identité de ces contribuables « distraits » n'est pas connue. Quelques jours plus tard, le site Bakchich.info, s'appuyant sur deux sources proches de la Direction générale des impôts (DGI) et de Bercy, livre trois noms de « personnalités » françaises, notamment celui de François-Marie Banier, présenté comme « photographe de mode »[2]. Ce dernier va effectivement faire l'objet d'un contrôle fiscal. À ce moment-là, l'affaire Bettencourt n'a pas encore été mise sur la place publique. Une question mérite pourtant d'être posée : comment, en épluchant les comptes cachés de François-Marie Banier, les agents du fisc n'ont-ils pas découvert que l'essentiel de sa fortune provenait de la générosité de Liliane Bettencourt, l'héritière de L'Oréal ? Or, cette dernière, qui possède par l'intermédiaire d'une fondation liechtensteinoise un bien non déclaré aux impôts, à savoir l'île d'Arros aux Seychelles, ne va subir aucun contrôle fiscal.

Pour rappel, François-Marie Banier a reçu sa première donation de la part de Liliane Bettencourt en 1996 « au moyen d'un transfert de titres de sociétés immobilières ».

---

1. Marie de Vergès, Philippe Ricard et Élise Vincent, « Deux cents Français sont concernés par la fraude fiscale au Liechtenstein », *Les Échos*, 28 février 2008.
2. Xavier Monnier et Nicolas Beau, « Douillet, Houellebecq et François-Marie Banier, touristes fiscaux du Liechtenstein », www.bakchich.info, 15 mars 2008.

En 2002, le photographe a récupéré 11 millions d'euros, en 2003, 250 millions, en 2004, 6 millions, en 2005, 56 millions, et en 2006, 250 millions[1].

Interrogé sur le contrôle fiscal subi par le protégé de Liliane Bettencourt, Éric Woerth multiplie les contre-vérités. D'abord, il le situe en 2009, alors qu'il a bien eu lieu en 2008. Dans l'annexe 3 du rapport de l'Inspection des finances (remis durant l'été 2010), « les inspecteurs notent que le contrôle de Banier démarre bien en 2008 et non en 2009[2] ». En 2009, le ministre du Budget n'a cessé de communiquer sur cette fraude découverte au Liechtenstein, qui a permis à Bercy de récupérer 5,2 millions d'euros. On apprend qu'une enquête pour « blanchiment de fraude fiscale » vise trois grands groupes français, Michelin, Adidas et Elf, séduits par les charmes de la principauté[3].

Mais l'année suivante, éclaboussé par l'affaire Bettencourt, Éric Woerth semble déboussolé. Le 28 juin 2010, lors d'une interview sur RTL par Jean-Michel Aphatie, le ministre se perd dans ses contradictions :

« — Connaissiez-vous les noms des personnes qui avaient un compte au Liechtenstein? demande Jean-Michel Aphatie.

— Nous avions... Je ne connaissais pas... Je n'en sais rien. Je n'ai jamais regardé les listes, cela ne m'intéresse pas, répond le ministre en bredouillant.

— Mais vous avez vu les noms?

— J'ai vu les noms, bien sûr, répond alors le ministre, en contradiction avec ses propos précédents.

---

1. Fabrice Arfi et Fabrice Lhomme, *L'Affaire Bettencourt, un scandale d'État*, Don Quichotte, 2010.

2. Nicolas Beau, « Les comptes de Banier, de la Suisse au Liechtenstein », www.bakchich.info, 27 décembre 2010.

3. Éric Decouty et Élisabeth Fleury, « Michelin, Elf, Adidas dans le collimateur de la justice », *Le Parisien*, 31 mars 2009. Également : Lucie Robequain, « Fraude au Liechtenstein : 5 millions d'euros d'impôts restitués », *Les Échos*, 23 juillet 2009.

— Et Banier y était ?

— Je n'ai pas à répondre à cela.

— Votre position est impossible, souligne Jean-Michel Aphatie.

— Non, elle n'est pas impossible », conclut Éric Woerth[1].

Pourquoi cette gêne, de la part d'un ministre réputé pour son sérieux ? Si la liste des mauvais contribuables français – contenant le nom de François-Marie Banier – fournie par l'Allemagne, est arrivée sur le bureau d'Éric Woerth avant novembre 2007, comme l'assure le site Bakchich.info, comment ne pas faire le rapprochement avec l'embauche de Florence Woerth en novembre 2007 par la société Clymène, l'une des structures financières qui gèrent la fortune de Liliane Bettencourt ? Suivie de la remise de la Légion d'honneur à Patrice de Maistre, patron de Clymène, en janvier 2008 par Éric Woerth. Pour notre part, nous confirmons que les documents livrés par Heinrich Kieber au fisc allemand ont circulé bien avant l'annonce officielle de leur remise en France en février 2008. En effet, l'ancien employé de LGT Group a pris contact avec la BND dès le début de l'année 2006. Florence Woerth percevait 13 000 euros par mois, et bénéficiait d'une prime de fin d'année de l'ordre de 50 000 euros.

Le Liechtenstein, petit paradis fiscal

À quoi ressemble le Liechtenstein, ce trou noir capable d'accueillir un argent tellement sale qu'il dégoûterait le moindre banquier suisse ? La Suisse et le Liechtenstein entretiennent une relation symbiotique, comparable à celle qui unit la France à Monaco. Ils partagent la même

1. Le compte rendu est paru dans l'article de Nicolas Beau, « Banier, le compte secret qui plombe Woerth », *Bakchich Hebdo*, 4 septembre 2010.

monnaie – le franc suisse – et le même espace douanier, étant tous deux signataires de la convention de Schengen. « Mais le Liechtenstein n'a pas l'éclat de Monaco. Ici, point de Rallye de Monte-Carlo. Les princesses ne chantent qu'à la messe. La seule attraction culturelle réside dans le musée du Timbre-poste. Et, le soir, on s'ennuie ferme dans les rares petits restaurants proprets de Vaduz ou de Schaan, le bourg voisin. La principauté n'a ni aéroport ni gare. Zurich est à 112 kilomètres, et Innsbruck, presque deux fois plus loin[1]. »

Le principal avantage de cette langue de terre de vingt-cinq kilomètres de long sur six de large consiste à dissimuler derrière soixante-dix mille sociétés-écrans – soit plus de deux par habitant – des fortunes, pas forcément très honnêtement gagnées, et de toute manière non déclarées au fisc. Les fondations garantissent une discrétion absolue à leurs propriétaires. Elles sont enregistrées par des sociétés fiduciaires et la liste des ayants droit ne figure dans aucun registre public. La création d'une fondation ne nécessite qu'une mise minimale de 23 000 euros. Elle est à la portée du premier petit fraudeur venu. Malgré les menaces du G20 en 2009, en particulier celles de Nicolas Sarkozy annonçant la fin des paradis fiscaux, LGT Group est toujours en excellente santé, avec un total d'actifs sous gestion de 67,2 milliards d'euros. Et surtout, un afflux d'argent frais de 2,4 milliards en 2010 ! Finalement, Genève, Zurich et Vaduz restent des observatoires de premier plan pour étudier les conflits d'intérêts qui gangrènent la vie politique française.

Revenons à l'affaire Bettencourt. En novembre 2007, à la mort de l'ancien ministre André Bettencourt, sa fille unique, Françoise Bettencourt-Meyers, estime que sa mère Liliane, dont la fortune est estimée à 17 milliards

1. Ian Hamel, « Liechtenstein, un paradis fiscal au-dessus de tout soupçon », *Le Point*, 25 février 2000.

d'euros environ, est sous le joug du photographe François-Marie Banier. Le 19 décembre 2008, elle porte plainte contre ce dernier pour « abus de faiblesse ». Ce conflit familial n'aurait jamais dû parvenir aux oreilles du public. D'autant que, le 3 septembre 2009, le parquet de Nanterre juge irrecevable la plainte de Françoise Bettencourt-Meyers. Curieusement, Liliane Bettencourt, alors âgée de quatre-vingt-sept ans, n'a même pas été examinée par un neuropsychiatre.

Seulement voilà, le site Mediapart révèle le 10 juin 2010 que Françoise Bettencourt-Meyers a remis à la brigade financière des enregistrements réalisés clandestinement par le maître d'hôtel de Liliane Bettencourt entre mai 2009 et mai 2010. « Ces enregistrements (d'une durée totale de vingt et une heures) dévoilent l'évasion fiscale de Mme Bettencourt en Suisse, et l'intervention de l'Élysée dans la procédure judiciaire[1]. » Comparées à la fortune de Liliane Bettencourt, les sommes dissimulées en Suisse ne sont pas significatives (elles représentent moins de 100 millions d'euros). En revanche, les liens qui unissent la femme la plus riche de France à la classe politique, notamment à Nicolas Sarkozy et à Éric Woerth, le trésorier de l'UMP, sont éloquents. En exagérant à peine, « Les Guignols » sur Canal+ vont croquer, semaine après semaine, des individus sans scrupule venant piocher goulûment dans le coffre-fort de l'actionnaire majoritaire de L'Oréal (avec 30,8 % du capital).

Plus grave encore, ces enregistrements nous apprennent que Philippe Courroye, le procureur de Nanterre, est mis à contribution pour étouffer l'affaire... Ainsi, Patrice de Maistre, l'homme de confiance de Liliane Bettencourt, lui assure le 21 juillet 2009 qu'il parle régulièrement au conseiller juridique de Nicolas Sarkozy à l'Élysée. « Il m'a dit que le procureur Courroye allait annoncer le 3 sep-

1. F. Arfi et F. Lhomme, *op. cit.*, p. 373.

tembre, normalement, que la demande de votre fille était irrecevable. Donc, classer l'affaire. Donc voilà. Mais il ne faut le dire à personne[1] », dit-il à Liliane Bettencourt. Effectivement, le 3 septembre, le parquet de Nanterre a jugé irrecevable la plainte de Françoise Bettencourt-Meyers…

Le 29 octobre 2009, Patrice de Maistre parle d'Éric Woerth à Liliane Bettencourt. « Qui c'est celui-là ? » demande la vieille dame. « C'est le mari de Mme Woerth que vous employez, l'une de mes collaboratrices, qui n'est pas très grande… Mais lui est très sympathique, c'est notre ministre du Budget. […] et, en plus, c'est lui qui s'occupe de vos impôts, donc je trouve que ce n'était pas idiot. C'est un homme très sympathique, c'est un ami[2] », déclare Patrice de Maistre. Le 4 mars 2010, Patrice de Maistre suggère à l'actionnaire principale de L'Oréal d'aider financièrement Valérie Pécresse, candidate aux élections régionales en Ile-de-France.

« — Elle va perdre, mais il faut que vous la souteniez, dit Patrice de Maistre. […] Il faut quand même lui montrer votre soutien. Le deuxième, c'est le ministre du Budget…

— Ça me dit quelque chose… répond Liliane Bettencourt

— Oui, c'est le ministre du Budget. Il faut aussi l'aider. Et le troisième, c'est Nicolas Sarkozy.

— Bon, alors, je vais donner pour Pécresse…

— En ce moment, il faut qu'on ait des amis, déclare Patrice de Maistre, en faisant signer des documents ou des chèques à Liliane Bettencourt. Ça, c'est Valérie Pécresse. Ça, c'est Éric Woerth, le ministre du Budget. Je pense que c'est bien, c'est pas cher et ils apprécient.

---

1. « Affaire Bettencourt, les enregistrements secrets », retranscrits sur le site du *Point*, 5 juillet 2010, www.lepoint.fr

2. *Ibid.*

— Et Nicolas Sarkozy? demande Liliane Bettencourt.

— C'est fait, c'est dedans, conclut Patrice de Maistre[1]. »

Enfin, le 23 avril 2010, Patrice de Maistre reconnaît que c'est une erreur d'avoir embauché Florence Woerth. « Elle est trop dans les journaux. Je me suis trompé quand je l'ai engagée. C'est-à-dire qu'en fait, avoir la femme d'un ministre comme ça, ça n'est pas un plus, c'est un moins. [...] J'avoue que, quand je l'ai fait, son mari était ministre des Finances. Il m'a demandé de le faire », puis il ajoute : « Je l'ai fait pour lui faire plaisir [...] avec le procès et avec Nestlé, il faut qu'on soit manœuvrants et on ne peut plus avoir sa femme. On lui donnera de l'argent, et puis voilà. Parce que c'est trop dangereux[2]. » Florence Woerth n'a quitté son poste qu'en juin 2010, assurant dans *Le Monde* qu'elle avait « sous-estimé ce conflit d'intérêts »... Pour mémoire, elle siège depuis juin 2010 au conseil de surveillance du groupe Hermès. Elle attaque son ancien employeur Clymène aux prud'hommes et lui réclame un peu plus d'un million d'euros...

Avant d'être englouti par l'affaire Bettencourt, Éric Woerth est considéré comme une personnalité solide de la droite, susceptible de devenir un jour Premier ministre. Député-maire de Chantilly, dans l'Oise, ce diplômé d'HEC, passé par Arthur Andersen, tient en main depuis 1993 les finances du mouvement néo-gaulliste, le RPR, devenu l'UMP en 2002. Chiraquien puis sarkozyste, Éric Woerth devient ministre du Budget, des Comptes publics et de la Fonction publique en mai 2007. Il assure déclarer la guerre aux évadés fiscaux. Son titre de gloire? Avoir récupéré une liste de trois mille clients de la banque HSBC en Suisse, possédant des avoirs pour près de 3 milliards d'euros. Le ministre encourage fortement les détenteurs de comptes

1. *Ibid.*

2. « Affaire Bettencourt, les enregistrements secrets », transcription dans *Le Point* du 8 juillet 2010. Le dossier totalise seize pages.

dans les banques suisses à venir se dénoncer à Bercy. Interrogé en janvier 2010 par *L'Express*, Éric Woerth assure qu'il n'y a aucune incompatibilité entre ses fonctions de ministre du Budget et de trésorier de l'UMP. « Je ne vais pas me justifier sur la base d'insinuations. Qu'on me dise concrètement ce que l'on me reproche ! Peut-être que le PS confond les genres, moi pas. Je suis trésorier de l'UMP depuis 2002, et j'ai aussi été trésorier de campagne de Nicolas Sarkozy[1] », dit-il. Bref, avant que n'éclate l'affaire, le maire de Chantilly est un poids lourd du gouvernement Fillon, discret et efficace.

Pire encore, la curiosité du ministre du Budget ne s'est pas seulement arrêtée aux portes de l'hôtel particulier de Liliane Bettencourt à Neuilly-sur-Seine. Il ne s'est pas non plus posé de questions concernant la profession des principaux dirigeants de l'UMP en Suisse, en particulier les membres du Premier cercle. Or, beaucoup d'entre eux s'épanouissent dans la gestion de fortune. Comme Serge Vinet, un temps délégué pour la Suisse au Conseil supérieur des Français de l'étranger. En 2005, *Le Monde* révélait que cet intermédiaire financier gérait des fonds appartenant à Christian Poncelet. Par le plus grand des hasards, le président du Sénat avait remis à Serge Vinet l'ordre national du Mérite en 2004[2].

Ces exilés fiscaux sont systématiquement sollicités par l'UMP à l'approche des grandes échéances électorales. Le 23 mars 2007 au soir, en pleine campagne présidentielle, Éric Woerth, Patrick Devedjian et leur épouse débarquent à Genève à bord d'un jet privé, mis à leur disposition par un riche Français bénéficiant d'un forfait fiscal en Suisse. Selon une enquête du magazine *L'Hebdo* de Lausanne, les deux ténors de l'UMP auraient récolté

1. Corinne Lhaïk et Benjamin Masse-Stamberger, « Éric Woerth : "Je lutte contre tous les fraudeurs" », *op. cit.*
2. Hervé Gattegno, « M. Poncelet, actionnaire masqué d'une banque en Floride », *Le Monde*, 14 juillet 2005.

des promesses de dons frôlant le demi-million de francs suisses. Après une réception à l'hôtel Crowne Plaza, les deux « Parisiens » reçoivent au Caviar House une trentaine de convives membres du Premier cercle. « Le soutien des proches de l'UMP en Suisse a été substantiel », assure Pierre Condamin-Gerbier, gérant de *Family office* et patron local du parti du président en 2007 et 2008. Depuis, il a rendu son tablier avec mauvaise humeur. « Je suis ravi de n'être plus au cœur de ces relations politique-affaires qui reviennent si souvent. Genève, de façon générale, est un vrai panier de crabes », confie-t-il en 2010 dans *La Tribune de Genève*.

Les militants UMP domiciliés en Suisse ont commencé à voir rouge lorsque Nicolas Sarkozy a proclamé la mort des paradis fiscaux, tandis qu'Éric Woerth donnait le signal du départ d'une traque sans merci aux évadés fiscaux. L'auteur, qui travaille à Genève, peut témoigner de l'indignation qu'ont suscitée les propos du président français et de son ministre du Budget. « Non seulement ils n'ont pas la reconnaissance du ventre, mais ce sont des hypocrites. Des amis de Nicolas Sarkozy investissent dans l'immobilier au bord du lac Léman. Le font-ils tous avec de l'argent déclaré? », interroge un haut fonctionnaire de l'État de Genève.

La liste des trois mille évadés fiscaux, brandie triomphalement par Éric Woerth le 30 août 2009, a provoqué un violent clash entre Berne et Paris. Car, quelques mois plus tard, *Le Parisien* révèle qu'un informaticien, Hervé Falciani, employé à la banque HSBC à Genève, avait dérobé une liste de plusieurs milliers de noms et s'était réfugié dans le sud de la France. Le ministre du Budget a donc exhibé une liste volée[1]! Or, une administration fiscale peut-elle s'appuyer sur des données dérobées?

1. Élisabeth Fleury, « La liste secrète volée à la Suisse », *Le Parisien*, 9 décembre 2009.

Éric Woerth peine à se défendre. Tout en admettant que des documents « ont certainement été volés », il ajoute que « ce n'est pas le problème du fisc français », et que « la vraie question, ce n'est pas de savoir comment on obtient les informations, c'est de savoir au fond qui vole qui ». Eh bien, non. Le ministre a tout faux. La fin ne justifie pas les moyens. La cour d'appel de Paris a considéré, dans une ordonnance du 8 février 2011 que cette liste, établie à partir de « pièces illicites », ne peut pas servir de base pour des poursuites fiscales. « Dans son élan, la cour accuse le fisc d'avoir constitué, avec la fameuse liste, un "fichier nominatif clandestin, en violation de la loi Informatique et Libertés[1]" », souligne Hervé Martin.

---

1. « La fraude de Woerth pour piéger les fraudeurs », *Le Canard enchaîné*, 23 mars 2011.

14
Nicolas, Éric et Mamie Zinzin

Intraitable avec les présumés fraudeurs du fisc, Éric Woerth se montre en revanche très conciliant vis-à-vis de la femme la plus riche de France, comme ses prédécesseurs au ministère du Budget. Claire Thibout, comptable de Liliane Bettencourt de mai 1995 à novembre 2007, assure que sa patronne n'a pas subi de contrôle fiscal « depuis au moins 1995. Je n'ai jamais vu le moindre inspecteur des impôts[1]. » Pourtant, François Baroin, le successeur d'Éric Woerth, a assuré sur Europe 1 que les patrimoines supérieurs à 3 millions d'euros étaient contrôlés tous les trois ans. Même quand sa déclaration d'impôt sur le revenu arrive en retard, on omet de faire payer une pénalité de 10 % à la principale actionnaire de L'Oréal[2].

Les mensonges d'Éric Woerth

Interrogée par la police, l'ancienne comptable raconte que les hommes politiques, plus particulièrement ceux de droite, ont défilé de tout temps chez les Bettencourt. André, décédé en novembre 2007, a longtemps été

1. Fabrice Arfi et Fabrice Lhomme, « L'Affaire Bettencourt, un scandale d'État », *op. cit.*, p. 66.
2. Fabrice Arfi et Fabrice Lhomme, « L'ex-comptable parle d'enveloppes d'argent à Woerth et à Sarkozy », www.mediapart.fr, 6 juillet 2010.

député et fut ministre à plusieurs reprises. « Ils venaient surtout au moment des élections. Dédé “arrosait” large. Chacun venait toucher son enveloppe. Certaines atteignaient même parfois 100 000, voire 200 000 euros », déclare Claire Thibout. Le 26 mars 2007, elle retire 50 000 euros pour la campagne de Nicolas Sarkozy. « Comme les 50 000 euros ne suffisaient pas, Maistre s'est rendu – ou a envoyé quelqu'un, je ne sais pas – en Suisse, pour prélever en urgence le complément, à savoir 100 000 euros[1]. » Patrice de Maistre déjeune avec Éric Woerth et lui remet l'argent, assure l'ex-comptable. Les lecteurs de Mediapart apprennent que Nicolas Sarkozy est également un habitué de la maison. Il empochait son enveloppe dans un petit salon situé au rez-de-chaussée, près de la salle à manger.

En perquisitionnant chez le photographe François-Marie Banier, les policiers découvrent de nombreuses notes dans lesquelles Liliane Bettencourt parle de son argent et des multiples solliciteurs, en particulier de Nicolas Sarkozy. « Elle ne m'a pas dit si c'était pour Neuilly, pour sa campagne ou pour autre chose. [...] Il est très rare qu'elle me parle d'argent, elle me disait juste que, quand on a de l'argent, on vous en demande tout le temps », déclare François-Marie Banier[2], qui fait remonter cette conversation avec Liliane Bettencourt au 26 avril 2007, entre les deux tours de la campagne présidentielle. À l'occasion de l'affaire Bettencourt, le public découvre que la classe politique se joue de la législation qui empêche une personne physique de verser plus de 7 500 euros à un parti politique. Comment ? En créant de petites trésoreries satellites, des micropartis, tels que l'« Association de soutien à l'action de Nicolas Sarkozy »

1. Fabrice Arfi et Fabrice Lhomme, « L'ex-comptable parle d'enveloppes d'argent à Woerth et à Sarkozy », *ibid.*
2. Gérard Davet, « François-Marie Banier s'explique devant les policiers sur ses carnets de notes », *Le Monde*, 3 septembre 2010.

présidée par Christian Estrosi, le maire de Nice, et dont la trésorerie a longtemps été confiée à Brice Hortefeux. Éric Woerth possède également le sien, dans l'Oise, l'« Association de soutien à l'action d'Éric Woerth ». Mediapart constate que ce parti intégralement voué à sa seule personne n'a touché aucune cotisation en 2008. Faut-il en déduire qu'il ne compte aucun adhérent ? En revanche, son microparti est subventionné par l'UMP. « En clair, Éric Woerth, trésorier du parti présidentiel, s'arrange pour que l'UMP finance un parti local à son service... Le ministre est à l'origine, en même temps qu'à l'arrivée, des subventions, se mettant lui-même sous perfusion. Sacrée confusion des genres[1]... »

La façade respectable du maire de Chantilly se lézarde en quelques semaines. Éric Woerth multiplie les mensonges. Ne jure-t-il pas qu'il connaît à peine Patrice de Maistre ? Alors que ce dernier s'est rendu à trois reprises à Bercy, en 2007 et 2009, à la demande du ministre du Budget. Dans l'agenda du gestionnaire de fortune de Liliane Bettencourt, les policiers notent trois rencontres entre les deux hommes pour les deux premiers mois de janvier 2008 : 23 janvier, 31 janvier et 11 février. Alors que des révélations de plus en plus embarrassantes s'accumulent, Éric Woerth tient tête, répétant qu'il n'a rien à se reprocher. Quelques mois plus tard, Michèle Alliot-Marie adoptera la même attitude après son voyage en Tunisie au moment des émeutes. Elle subira le même sort que son collègue du gouvernement. En juillet 2010, sur *France 2*, Nicolas Sarkozy assure qu'Éric Woerth est « lavé de tout soupçon », et que sa dignité fait « honneur à la classe politique ». Ce qui n'empêche pas le chef de l'État de le contraindre de démissionner de son poste de trésorier

1. Mathilde Mathieu, « Dans l'Oise, Éric Woerth a son parti de poche », www.mediapart.fr, 29 juin 2010.

de l'UMP le 30 juillet. Puis de l'écarter du gouvernement en novembre 2010.

Les services secrets en embuscade

L'affaire Bettencourt sera-t-elle un jour enseignée dans les facultés de droit et à Sciences Po? Il s'agit en effet d'un modèle du genre, qui met à la fois en évidence les très graves dysfonctionnements de la justice (ce qui fera l'objet d'un autre chapitre) et l'utilisation des services secrets à des fins partisanes. Bernard Squarcini, le patron du renseignement intérieur – nommé par Nicolas Sarkozy –, a reconnu qu'il s'intéressait aux sources des journalistes! Une façon de couper la presse de tous ses informateurs. Un nouveau mot a fait son apparition dans les médias français à l'occasion de ce scandale: la « fadet » (prononcez « fadette »), pour « facturation détaillée ». Grâce à ce document, on n'ignore plus rien de la liste des appels, des SMS et des courriels émis ou reçus par votre téléphone. La facture détaillée livre les numéros de vos correspondants, l'heure exacte et la durée de toutes les conversations. Contrairement à une écoute, le contenu n'apparaît pas. Mais est-ce le plus important? Grâce à une « fadet », la Direction centrale du renseignement intérieur (DCRI) a inquiété un haut fonctionnaire au sein du ministère de la Justice, soupçonné de renseigner *Le Monde.*

Comment justifier l'utilisation d'un service secret pour espionner une publication? Sa mission n'est-elle pas de lutter prioritairement contre le terrorisme, le crime organisé, l'espionnage économique? Rien de tout cela, évidemment, dans l'affaire Bettencourt, qui se résume à un conflit entre une mère et sa fille. « On assiste à une privatisation des services de l'État. Ils sont mis au service d'un clan, au service de Nicolas Sarkozy », déplorent Fabrice

Arfi et Fabrice Lhomme[1]. « Certes, Nicolas Sarkozy n'est pas le premier président à faire espionner des journalistes. Avant lui, il y a eu le précédent Mitterrand. Mais ce dernier avait créé une structure particulière, en dehors du ministère de l'Intérieur. Cette utilisation des services secrets à des fins privées révolte beaucoup de fonctionnaires… qui n'hésitent pas à nous le faire savoir », sourient les deux journalistes[2].

Dans la nuit du 7 au 8 octobre, les locaux de Mediapart, installés dans le XIIe arrondissement de Paris, reçoivent de la visite. Parmi les objets volés : les deux cédéroms contenant l'intégralité des enregistrements effectués clandestinement au domicile de Liliane Bettencourt par son ancien majordome et dont la diffusion a lancé l'affaire, le 16 juin 2010. Le 21 octobre, le domicile de Gérard Davet, journaliste au *Monde* et également en charge de l'affaire Bettencourt, est à son tour fouillé. On lui dérobe son ordinateur portable et son GPS. « Rien d'autre ne manquait, alors qu'il y avait des objets de valeur, une chaîne hi-fi… », explique-t-il. Enfin, le même soir, l'ordinateur portable d'Hervé Gattegno, rédacteur en chef au *Point*, disparaît de son bureau au journal. Est-ce un hasard? Il travaillait lui aussi sur l'affaire Bettencourt. Les cambrioleurs étaient apparemment fort bien renseignés : Hervé Gattegno venait tout juste de changer de bureau.

Le 3 novembre 2010, Claude Angeli, le rédacteur en chef du *Canard enchaîné*, lance que le président de la République « supervise l'espionnage des journalistes ». L'accusation est particulièrement grave. Selon l'hebdomadaire satirique, Nicolas Sarkozy aurait personnellement demandé à Bernard Squarcini, le patron des renseignements intérieurs, de mettre sous sur-

1. Entretien avec les auteurs, Paris, novembre 2010.
2. *Idem.*

veillance les journalistes fouineurs. Cette tâche aurait été confiée à plusieurs anciens policiers des Renseignements généraux (RG). Un cabinet noir en quelque sorte. Bernard Squarcini porte plainte pour diffamation, affirmant qu'il « ne dirige pas une officine de barbouzes ». Il lâche toutefois ce demi-aveu : « Je n'ai pas volé d'ordinateurs ; je ne m'intéresse pas aux journalistes, mais aux sources lorsqu'elles sont haut placées dans les cabinets ministériels[1]. » En d'autres termes, le pouvoir n'espionnerait pas la presse, mais seulement ses sources... Ce qui fait dire à Pascal Riché, rédacteur en chef de Rue89 : « Des journalistes sans secret des sources, ce sont des journalistes sans sources. Et donc sans informations[2]. »

Ces pratiques provoquent des remous au plus haut niveau de l'État, si l'on en croit la note confidentielle envoyée par le directeur de cabinet de François Fillon au ministère de l'Intérieur (et dont dépendent les services intérieurs) : « La loi interdit aux services de renseignement de se procurer directement les factures détaillées auprès des opérateurs de téléphones. » « Oui, les services secrets font espionner les journalistes. Quant aux cambriolages, ils sont sans doute l'œuvre d'officines privées chargées de nous faire peur, de nous décourager de poursuivre nos investigations », concluent Fabrice Arfi et Fabrice Lhomme[3].

Au niveau judiciaire, le dossier Bettencourt a été « dépaysé » à Bordeaux. Le 5 mai 2010, la chambre de l'instruction de la cour d'appel de Bordeaux désavoue Philippe Courroye, le procureur de Nanterre. Ce dernier

1. Patricia Tourancheau, « Espionnage de journalistes : Squarcini dément, le doute subsiste », *Libération*, 4 novembre 2010.
2. Pascal Riché, « Mépris de la protection des sources, mépris de la démocratie », Rue89, 27 octobre 2010.
3. Sur cette affaire, voir également Ian Hamel, « Les services secrets soupçonnés d'espionner les journalistes », *Édito*, n° 6, 2010.

avait demandé aux services de police de se procurer les fadets de deux journalistes du *Monde*, « puis de recenser les appels entrants et sortants, incluant les SMS échangés, dans la période allant du 23 juillet au 2 septembre. Consigne était aussi donnée d'identifier les titulaires des lignes des correspondants des journalistes[1]. » Or, la loi du 4 janvier 2010 prévoit que l'on ne peut porter atteinte au secret des sources d'un journaliste, à moins d'alléguer d'un impératif prépondérant d'intérêt public.

Face à cette accumulation de révélations de plus en plus gênantes, le pouvoir sort l'artillerie lourde. Xavier Bertrand, alors secrétaire général de l'UMP, accuse Mediapart de « méthodes fascistes », tandis que Nadine Morano, secrétaire d'État à la famille, évoque un « site de ragots ». Pour Christian Estrosi, ministre de l'Industrie, Mediapart rappellerait « dans son comportement une certaine presse des années 1930 ». Enfin, Éric Raoult, député-maire du Raincy, dénonce des « méthodes collaborationnistes ». Un conseiller du président aurait même suggéré de comparer Edwy Plenel, le patron de Mediapart, à Goebbels ! Le palais de l'Élysée tente de faire croire qu'il serait la victime innocente d'une bande de journalistes fascisants et mal intentionnés. Il évoque une « espèce de collusion médiatico-politico-trotskyste ». La ficelle est décidément très grosse. Edwy Plenel, le fondateur de Mediapart, n'est pourtant pas n'importe qui. Il a dirigé la rédaction du *Monde* de 1996 à 2004. Le site compte de nombreux journalistes de renom comme François Bonnet, Laurent Mauduit, Érich Inciyan ou Martine Orange, qui ont fait leurs preuves dans la presse écrite. Résultat, Nicolas Sarkozy est désavoué par les Français. Sa cote de popularité poursuit sa chute, tandis que Mediapart ne cesse de conquérir de

1. Gérard Davet et Fabrice Lhomme, « Secret des sources du Monde : l'enquête du procureur Courroye invalidée », *Le Monde*, 7 mai 2011.

nouveaux abonnés. L'affaire Bettencourt a permis à ce journal d'information en ligne, lancé en mars 2008, de commencer à équilibrer ses comptes.

Comment Edwy Plenel, auteur de *La Part d'ombre* et de *Un temps de chien*, réagit-il à ce tombereau d'insultes déversé sur sa personne par le chef de l'État ? « Avec la Ve République, nous avons des institutions déjà dangereuses, car déséquilibrées. De plus, depuis 2007, la France se retrouve avec au sommet un personnage qui n'a pas de sens de la limite. Résultat, des institutions dangereuses + Nicolas Sarkozy, cela donne un cocktail particulièrement explosif. Nous avons à notre tête un irresponsable qui n'a pas de culture démocratique dans sa relation avec la presse. Sa seule sanction, c'est le vote des Français. Malheureusement, la présidence dispose de moyens très puissants pour organiser sa réélection, rappelons-nous Mitterrand et Chirac. L'affaire Bettencourt est une vraie leçon de choses : elle montre que le pouvoir et l'argent fonctionnent ensemble », souligne Edwy Plenel[1]. Un sketch des « Guignols » sur Canal+ illustre cette compromission. De sales garnements, sous les traits de Nicolas Sarkozy et d'Éric Woerth, parfois accompagnés de Xavier Bertrand et de Jean-Louis Borloo, rackettent Mamie Zinzin, une pauvre milliardaire dépassée par les événements. Sauf que, dans la réalité, c'est le contraire qui se produit : Liliane Bettencourt ne distribue que des pourboires aux hommes politiques. Et ce sont eux qui, en retour, lui permettent de payer finalement très peu d'impôts en comparaison de sa fortune – comme nous allons le découvrir dans le chapitre suivant.

1. Entretien avec l'auteur, Paris, décembre 2010.

À qui profite le crime ?

L'aspect le plus machiavélique de l'affaire Bettencourt n'a toutefois pas été véritablement mis en lumière. En effet, l'Élysée a tenté de faire croire à Liliane Bettencourt, quatre-vingt-huit ans, que sa fille unique Françoise Bettencourt-Meyers et surtout son mari, Jean-Pierre Meyers, voulaient faire tomber L'Oréal dans l'escarcelle du géant suisse Nestlé, qui possède déjà 29,8 % des actions. Nicolas Sarkozy pensait ainsi affoler la vieille dame… et la jeter dans les bras du milliardaire Bernard Arnault, patron de LVMH, numéro un mondial du luxe, l'un des invités du Fouquet's. L'opération n'a pas fonctionné, dans la mesure où ce dernier lorgne sur une autre proie, la société Hermès. L'enquête approfondie menée par *L'Agefi*, le quotidien suisse de la finance, montre que même si Nestlé possède un droit de préemption sur L'Oréal, le géant suisse de l'agroalimentaire n'a jamais considéré comme sa priorité de mettre la main sur le champion des cosmétiques. L'Oréal est une entreprise juteuse, qui rapporte du *cash*, mais elle n'est pas stratégique pour le géant de Vevey, sur les bords du lac Léman.

« La menace d'une attaque étrangère a permis de nombreux coups fourrés dans le capitalisme français ces dernières années. Ainsi une simple rumeur – jamais identifiée – d'une OPA sur l'UAP en 1996 servit de prétexte à Axa pour s'emparer du groupe d'assurances, avec l'assentiment général. Claude Bébéar, alors P-DG d'Axa, devenait le chevalier blanc, défenseur d'un champion national, héros du patriotisme économique », rappelle Martine Orange[1]. La journaliste de Mediapart évoque dans l'affaire Bettencourt une mise en scène qui pourrait permettre « à des intérêts très particuliers » de mettre la main

1. « L'Oréal : à qui profite le crime ? », www.mediapart.fr, 24 octobre 2010.

sur un groupe jusqu'alors verrouillé juridiquement. Il faut attendre la sortie du *Point* du 11 novembre 2010 pour connaître le nom du chevalier blanc en cas d'OPA de Nestlé sur L'Oréal : Bernard Arnault, un ami de Nicolas Sarkozy. « Faiblement endetté, le groupe de Bernard Arnault, qui pèse 58 milliards d'euros en Bourse, a les moyens de s'offrir le numéro un mondial des cosmétiques, qui en vaut 51. » L'auteur, s'appuyant sur une source interne de L'Oréal, en tire les mêmes conclusions, soulignant que « L'État français a entretenu des rumeurs pour que LVMH intervienne préventivement et prenne le contrôle du groupe de cosmétiques[1] ». Invité du Fouquet's, Bernard Arnault a été élevé à la dignité de grand officier de la Légion d'honneur en juillet 2011.

Faut-il rappeler que Patrice de Maistre a été introduit auprès de Liliane Bettencourt par Lindsay Owen-Jones, directeur de L'Oréal (et adversaire de Nestlé). Patrice de Maistre fait embaucher Florence Woerth, l'épouse du ministre du Budget. Parallèlement, il tente de convaincre sa patronne que sa fille et son gendre sont les chevaux de Troie de Nestlé. François-Marie Banier joue également sa partition. Il ne se contente pas de réclamer de l'argent et des œuvres d'art à sa bienfaitrice. Il est, lui aussi, très proche de Lindsay Owen-Jones (*Le Monde* évoque pudiquement « l'étroitesse » de leurs relations[2]). Dès le décès d'André Bettencourt, il exige un siège au conseil d'administration de L'Oréal et, plus curieusement, que Liliane Bettencourt lui cède 1,26 % du groupe de cosmétiques. « Ce pourcentage n'est pas innocent. En retranchant 1,26 % de 30,9 %, on fait tomber le capital de la famille Bettencourt dans L'Oréal à 29,64 % contre 29,8 % pour Nestlé, et l'on peut crier au loup ! », lâche

1. Mélanie Delattre, « Le plan secret de l'Élysée pour que LVMH rachète L'Oréal », *Le Point*, 11 novembre 2010.
2. Raphaëlle Bacqué et Pascal Robert-Diard, « Les dessous de la réconciliation des Bettencourt », *Le Monde*, 8 décembre 2010.

un cadre de l'entreprise[1]. Seulement voilà, le chevalier blanc était attiré par une autre danseuse, Hermès. Faute de combattants, Liliane et sa fille Françoise ont pu, un court moment, se réconcilier.

L'affaire n'est pas pour autant terminée. Trois juges d'instruction à Bordeaux travaillent sur huit instructions distinctes, portant notamment sur le « financement illicite de parti politique ou de campagne électorale », sur des faits de « trafic d'influence » et sur des cas « d'abus de confiance, d'escroquerie et d'abus de biens sociaux[2] ». Les trois magistrats ont conduit des perquisitions au domicile d'Éric Woerth, dans ses bureaux, dans les locaux de ses associations de soutien et au siège de l'UMP. L'ancien ministre doit se défendre d'une double accusation, portant sur un éventuel trafic d'influence et sur un financement politique[3]. Pour se défendre, Éric Woerth a publié *Dans la tourmente* (Plon) en mai 2011, affirmant qu'il a été « livré aux chiens ». Six mois après la signature d'un protocole d'accord entre Liliane Bettencourt et sa fille, la guérilla judiciaire familiale a repris de plus belle. Françoise Bettencourt-Meyers reste convaincue que des profiteurs sont toujours au chevet de sa mère. Dans un rapport daté du 27 mai 2011, trois médecins évoquent une « altération conjointe des facultés mentales et physiques » de l'héritière de L'Oréal. Elle serait atteinte d'une « maladie cérébrale[4] ».

---

1. Ian Hamel, « L'épouvante d'une OPA de Nestlé », *L'Agefi*, 13 décembre 2010.
2. Gérard Davet et Fabrice Lhomme, « Affaire Bettencourt : les juges d'instruction se donnent les moyens d'enquêter », *Le Monde*, 21 avril 2011.
3. E.P. et J.-M.P., « Des Bettencourt à Woerth. Woerth six mois plus tard », *L'Express*, 11 mai 2011.
4. Gérard Davet et Fabrice Lhomme, « Les médecins prônent une curatelle renforcée pour Liliane Bettencourt », *Le Monde*, 15 juin 2011.

Place à présent au chanteur le plus célèbre de France, Johnny Hallyday. Il est parti en Suisse, dans la station de Gstaad, pour échapper au fisc français qui ne cessait de le tondre, explique-t-il. Le rocker, fan de Nicolas Sarkozy après avoir été celui de Valéry Giscard d'Estaing puis de Jacques Chirac, avait promis de revenir dans l'Hexagone si son champion gagnait en 2007. Promesse non tenue. Quoique… Histoire d'un vrai-faux évadé fiscal.

15
Johnny, des montagnes, des forêts et des îles au trésor

Le bouclier fiscal était le symbole du sarkozysme triomphant. Par ce dispositif, l'ancien maire de Neuilly répondait sans se cacher aux attentes de ses copains du Fouquet's : il plafonnait les impôts directs, y compris les contributions sociales, à 50 % des revenus. « Moyennant quoi, les mille cent soixante-neuf bénéficiaires qui possèdent plus de 16 millions d'euros de patrimoine ont reçu chacun en moyenne 362 126 euros du fisc l'an dernier, à peu de chose près la moitié du total des impôts qu'ils avaient acquittés », calcule Guillaume Duval[1]. Quant à Liliane Bettencourt, c'est un chèque de 30 millions d'euros que lui a envoyé le fisc en 2008 ! Nicolas Sarkozy avait fait de cette mesure le marqueur de sa politique. Grâce à elle, il pensait toucher le jackpot : il servait à la fois les riches vivant dans l'Hexagone et persuadait dans le même temps les expatriés fortunés de rapatrier leurs économies en France. « Depuis 2007, la bande du Fouquet's s'est échangée beaucoup de choses : des politesses, des avions, des yachts, des hommes, des coups de main, des coups fourrés… tout a circulé, comme dans une économie de troc d'un pays arriéré[2]. »

Pour preuve, Johnny Hallyday, installé depuis décembre 2006 à Gstaad, une station huppée du canton

1. « La saga de l'ISF et du bouclier fiscal », *Alternatives économiques*, avril 2011.
2. Grégoire Biseau, « Fouquet's party », *Libération*, 23-24 juillet 2011.

de Berne, jurait que si Nicolas Sarkozy était élu président il reviendrait illico s'installer et payer ses impôts en France. L'interprète de « Je suis né dans la rue » a menti et dit la vérité à la fois. Quatre ans plus tard, il bénéficie toujours d'un forfait fiscal suisse. Cette installation dans un canton de langue allemande est cependant fictive, puisqu'il réside bien à Marnes-la-Coquette, la commune la plus paisible et la moins peuplée du département des Hauts-de-Seine. Selon Bercy, six cents Français redevables de l'impôt sur la fortune (ISF) quittaient la France chaque année avant l'élection de Sarkozy à la tête de l'État. Depuis, leur nombre a grimpé à huit cents.

De Liz Taylor au prince Charles

« Je ne veux plus être un mouton qui se fait tondre », explique le chanteur. Il assure que le fisc français lui prend 70 % de ses revenus[1]. « Je veux que mes enfants soient protégés pour le reste de leur vie. [...] Je suis d'accord pour payer des impôts, mais les droits de succession et tout ça, je ne suis pas d'accord », répète Johnny Hallyday dans les médias. En Suisse, il a négocié un forfait fiscal, calculé sur un minimum de cinq fois la valeur locative de ses biens. En prime, il échappe à l'impôt sur la fortune, et surtout aux droits de succession. Il existe toutefois une contrainte: l'heureux bénéficiaire doit normalement vivre six mois et un jour par an en Suisse. En 2009, Jean-Philippe Smet a déclaré dans la presse locale qu'il payait 900 000 francs suisses par an, soit, à l'époque, autour de 600 000 euros.

Gstaad (prononcer « Kchhhtaaat ») est un lieu de villégiature pour vedettes depuis un demi-siècle, élégant et classique. On a pu y croiser Roger Moore, Julie Andrews,

1. « Exclusif Johnny: "Oui, je pars et j'ai de bonnes raisons" », *Paris Match*, 21 décembre 2006.

ou encore le prince Charles. Le prince Victor-Emmanuel de Savoie y réside à l'année depuis un quart de siècle, et Roman Polanski a été contraint par la justice suisse d'y effectuer un séjour prolongé en 2009 et 2010. Autrement, on s'y ennuie, surtout quand il pleut. D'autant qu'avec ses problèmes de hanches Johnny Hallyday ne peut guère pratiquer le ski. Lors de son installation dans la station en décembre 2006, un journaliste lui demande quelle fut la réaction de son ami Nicolas Sarkozy en apprenant son départ pour la Suisse. L'artiste répond, toujours aussi diplomate : « Il m'a dit : "Écoute, coco, t'avais envie de le faire, tu l'as fait, t'as bien fait"[1]. » Le chanteur remet les pieds dans le plat en février 2007, peu avant l'élection présidentielle, en assurant que Nicolas Sarkozy approuvait son choix. « Entre nous, il était content que je choisisse la Suisse plutôt que la Belgique », assure l'exilé fiscal, ajoutant : « Sarkozy, je le connais, il nous a unis Laeticia et moi, à la mairie de Neuilly-sur-Seine en 1996, il tiendra parole et fera ce qu'il a dit[2]. » Le chanteur est propriétaire à Gstaad d'un chalet baptisé Jade, du nom de l'une de ses petites filles, acheté deux millions d'euros, auxquels s'ajoutent 800 000 euros de travaux. La bâtisse est proche de celle de la famille royale de Savoie.

Le 21 février 2007, l'avocat marseillais Renaud Belnet, représentant Jean-Philippe Smet, fait un apport de 19 000 francs suisses pour créer la société Artistes et Promotion à Genève. La financière Dourthe, représentée par Chantal Dubois, contribue à hauteur de 1 000 francs. Le but de cette société ? La fourniture de services sous forme de conseils et de logistique pour la conception, l'organisation et la production de concerts,

1. Yves Lassueur et Sylvie Freda, « Johnny : "Oui, je serai à Gstaad six mois et un jour par an !" », *Le Matin Dimanche*, 24 décembre 2006.
2. Didier Dana, « Johnny Hallyday : "Je veux mettre ma famille à l'abri !" », *Le Matin*, 24 février 2007.

d'événements et de spectacles. Quelques semaines plus tard, Pierric Carbonneaux Le Perdriel, domicilié dans les Hauts-de-Seine, devient directeur administratif et financier d'Artistes et Promotion.

Le quotidien populaire *Le Matin* titre à sa une: « Johnny Hallyday. Exclusif: il transfère ses affaires en Suisse[1] ! » Un conseil du chanteur, dont le nom n'est pas cité, déclare: « Il ne s'agit pas d'une création, mais d'un transfert. Artistes et Promotion est basée en France. Cette entité gère son back-office, l'administratif autour de lui, son secrétariat, sa comptabilité et, moi-même, son conseil. Même si, physiquement, je ne viens pas vivre en Suisse[2]. » Renaud Belnet a été le conseiller fiscal de Johnny jusqu'en 2009, Pierric Carbonneaux Le Perdriel est aujourd'hui encore le fondé de pouvoir de l'artiste. C'est un déménagement normal: l'expatrié ne doit pas seulement résider cent quatre-vingt-trois jours par an à l'étranger et y scolariser ses enfants, il lui faut aussi transférer la gestion de plus de la moitié de son patrimoine à l'étranger. La Suisse doit devenir le centre des intérêts vitaux de l'ancienne idole des jeunes.

Société fantôme à Genève

Apparemment, le transfert est très long à se mettre en place, puisqu'en 2011 la société française Artistes et Promotion existe toujours. Elle est domiciliée à Vaucresson, dans les Hauts-de-Seine. Au téléphone, la standardiste « n'a rien à dire » et raccroche aussitôt. En revanche, la société suisse Artistes et Promotion n'a toujours pas ouvert de ligne. Pour tenter d'en savoir plus, il n'y a pas

1. Didier Dana, « Johnny à Saint-Barth? C'est n'importe quoi », *Le Matin*, 7 avril 2007.
2. Didier Dana, « Johnny Hallyday. Exclusif: il transfère ses affaires en Suisse! », *Le Matin*, 7 avril 2007.

d'autre solution que de se rendre au siège de l'entreprise, rue du Général-Dufour à Genève, dans le quartier des banques. Curieusement, aucune plaque à l'extérieur n'indique que les affaires du plus célèbre chanteur français se traitent dans cet immeuble. Il faut scruter les boîtes aux lettres, dans le hall d'entrée, pour découvrir qu'Artistes et Promotion est domiciliée chez Posadas & Vecino Consultores Internationales, Inc. Il s'agit de la filiale genevoise d'une société installée à Tortola, dans les îles Vierges britanniques. Cette dernière dépend elle-même d'une société uruguayenne… Au premier étage, une secrétaire fait patienter quelques instants le visiteur dans des locaux cossus. Elle revient rapidement assez désolée : les salariés qui gèrent les concerts et spectacles de l'interprète de « Gabrielle » ne sont pas là. Elle ignore quand ils pourront bien venir. L'unique moyen de les contacter reste « de leur écrire ». La société du chanteur en Suisse n'est qu'une boîte aux lettres.

Alors qu'Éric Woerth, ministre du Budget, n'a cessé de répéter qu'il traquait les fraudeurs du fisc et que personne ne devait faire exception, aucune enquête n'a été diligentée pendant des années concernant le plus médiatique des chanteurs français. Pourtant, Johnny Hallyday ne fait pas mystère de ses fréquentes escapades hors des montagnes suisses. Dès le mois d'avril 2007, soit à peine quatre mois après son arrivée dans le canton de Berne, l'hebdomadaire people de Lausanne *L'Illustré* annonce à sa une que Johnny pourrait quitter Gstaad pour l'île française de Saint-Barthélemy[1]. Il est difficile de s'y retrouver entre les multiples déclarations et démentis de celui qui chante « J'ai oublié de vivre ». Dans *Le Matin Dimanche*, il annonce en octobre 2008 : « Je vis à Los Angeles, j'y passe beau-

1. Blaise Calame, « Les errances fiscales de Johnny », *L'Illustré*, 4 avril 2007.

coup de temps. C'est pratique pour moi d'enregistrer là-bas. Et puis je peux y travailler tranquille, car je suis moins sollicité qu'à Paris », puis il ajoute « À Gstaad, je fais surtout du ski[1] ! » Interrogé un peu plus tard par la même publication qui lui demandait : « Pourquoi n'êtes-vous jamais en Suisse ? », le chanteur répond : « Je suis en Suisse, mon chez moi, quand je ne travaille pas. Or, je travaille beaucoup. Je prépare ma tournée à Los Angeles. J'ai là-bas une maison pour mes activités professionnelles[2]. » Or, en 2010, l'artiste n'habite plus à L.A., mais à Saint-Barth. Recevant *Paris Match* dans sa villa au bord de la plage du Petit-Cul-de-Sac, il explique que ses filles Jade et Joy « sont en train de planter leurs racines » dans cette petite île, et qu'une institutrice vient chaque matin « à domicile donner deux heures de cours à Jade[3] ». L'enfant n'est donc pas scolarisée à Gstaad en langue allemande. Enfin, racontant les dernières vacances du chanteur durant l'été 2011, *VSD* évoque Los Angeles et Saint-Barth, mais jamais les Alpes Bernaises[4].

Le problème, c'est que les déclarations à géométrie variable du chanteur indisposent la Suisse, en butte aux attaques des grandes puissances, qui lui reprochent autant son secret bancaire que ses méthodes pour aspirer les milliardaires sur son territoire. Rappelons que l'octroi du très avantageux forfait fiscal exige en contrepartie que le centre des intérêts vitaux de l'heureux bénéficiaire se situe en Suisse. Or, le chanteur n'y habite que très épisodiquement et ne gère nullement son business à l'ombre

---

1. Karine Vouillamoz, « Johnny Hallyday : "Je veux voir ma fille grandir" », *Le Matin Dimanche*, 26 octobre 2008.
2. « Johnny Hallyday : "Je n'ai rien volé" », www.lematin.ch, 1er mars 2009.
3. « La journée ne serait pas parfaite si Jade et Joy n'était pas de la fête », *Paris Match*, 25 mars 2010.
4. François Julien, « Mais où était Jonnhy ? » *VSD*, 11 au 17 août 2011.

des sapins de l'Oberland bernois. « Johnny, fossoyeur du forfait fiscal? », titre le magazine économique *Bilan*. Pourtant, ne serait-ce pas d'abord à la France de mettre en doute la domiciliation de Johnny Hallyday en Suisse[1] ? Une opinion partagée par Aldo Kropf, le président de la commune de Saanen (dont dépend Gstaad) : « On ne peut pas contrôler sa présence. Nous ne sommes pas un État policier[2]. »

Malgré cela, le président de la République ne lèvera pas le petit doigt contre le chanteur. Il a apprécié le soutien public sans faille que lui a apporté Johnny Hallyday tout au long de sa campagne pour l'élection présidentielle. Lui, mais également sa femme Laetitia et son fils David, ont pris leurs cartes à l'UMP. Nicolas Sarkozy, pour renvoyer l'ascenseur, est même intervenu personnellement à de multiples reprises auprès de France Télévisions pour que l'on offre un talk-show le samedi après-midi à David Hallyday, dont la carrière musicale patine depuis des années. « Johnny Hallyday a téléphoné à Sarkozy pour obtenir un rendez-vous pour son fils David, explique Pascal Rostain – photographe du couple présidentiel et ami de longue date de Carla Bruni. David voulait un créneau pour une émission sur France Télévisions. Sarkozy a reçu David. Puis en a parlé à Patrice Duhamel : "Il faut faire un geste pour Johnny" », racontent Renaud Saint-Cricq et Frédéric Gerschel[3].

Pour le président de la République, le coup de main aux copains passe toujours avant l'intérêt général. Quand des nationalistes corses occupent pendant une

1. Jean-Raphaël Fontannaz, « Johnny, fossoyeur du forfait fiscal? », *Bilan*, 10 mars 2010.
2. Jean-Claude Péclet, « Gstaad, retour de fortune sur l'Alpe », *Le Temps*, 7 mars 2009.
3. Renaud Saint-Cricq et Frédéric Gerschel, *Canal Sarkozy, le président et la télé. Deux ans d'histoires secrètes*, Flammarion, 2009, p. 185.

heure le jardin de la villa de l'acteur Christian Clavier, dans le lotissement privé de Punta d'Oro, afin de protester symboliquement contre la « spoliation foncière » des Corses sur leur île, Nicolas Sarkozy demande à Michèle Alliot-Marie, alors ministre de l'Intérieur, de démettre de ses fonctions Dominique Rossi, contrôleur général, chef de l'ensemble des forces de sécurité dans l'île – police et gendarmerie[1]. Pourtant, il n'y a pas eu d'incident. En l'absence sur les lieux de l'acteur des *Visiteurs*, le couple de gardiens de la villa a servi des jus de fruit aux militants. Les gendarmes n'étaient pas intervenus, tout simplement pour éviter que la situation ne dégénère. Quelques mois plus tard, *Le Canard enchaîné* révélait que la surveillance en permanence de la résidence de Christian Clavier par des gendarmes mobiles avait déjà coûté 400 000 euros au contribuable.

---

1. Chloé Durand-Parenti, « Corse : la villa de Christian Clavier occupée, "M. Sécurité" remplacé », www.lepoint.fr, 2 septembre 2008.

16
Comment ne pas trop imposer les riches

Nicolas Sarkozy a longtemps veillé à ce que l'on n'indispose pas son copain Johnny. Mais ce soutien ne va pas jusqu'à compromettre ses chances de réélection en 2012. Avec la multiplication des scandales, et surtout la calamiteuse affaire Woerth-Bettencourt, le président de la République est contraint de lâcher du lest. Et de laisser travailler la Direction nationale des enquêtes fiscales. Celle-ci aimerait s'y retrouver dans la galaxie Hallyday et sa multitude de sociétés, dont la particularité est d'afficher « un chiffre d'affaires égal ou proche de zéro, tout en accumulant les dépenses[1] ». C'est notamment le cas d'Artistes et Promotion, domiciliée à Vaucresson, avec zéro euro de chiffre d'affaires en 2008 et 201 000 euros de dettes financières. *Le Canard enchaîné* révèle que deux perquisitions fiscales ont concerné, fin décembre 2010, deux proches du rocker, son ancien avocat Renaud Belnet à Marseille et Pierric Carbonneaux Le Perdriel à Vaucresson, que l'on retrouve dans la société fantôme Artistes et Promotion à Genève.

Fin du bouclier fiscal

Le Trésor public soupçonnerait-il Johnny d'évasion fiscale ? Deux sociétés l'intriguent : Artistes et Promotion en

1. Hervé Liffran, « Ah que le fisc il embête Johnny ! », *Le Canard enchaîné*, 26 janvier 2011.

Suisse, et surtout Nerthus Invest, créée au Luxembourg le 15 février 2007 – pratiquement au même moment qu'Artistes et Promotion à Genève. Le principal actionnaire (998 actions sur 1000) est cette fois la société Gedar SA, domiciliée à Monrovia au Liberia, un pays guère réputé pour sa collaboration en matière fiscale. Parmi les administrateurs, l'avocat Renaud Belnet, et Chantal Dubois, la gérante d'Artistes et Promotion[1]. Cette dernière, domiciliée dans la cité de Calvin, n'a pas souhaité répondre à nos questions. « Il est évident qu'à l'approche de l'élection présidentielle Nicolas Sarkozy pense avant tout à sa réélection. Il ne peut plus se permettre de perdre des voix en couvrant certains de ses amis qui auraient fraudé le fisc. Je constate que les perquisitions fiscales ont eu lieu en décembre 2010, pour tenir compte de la prescription au bout de trois ans », analyse Patrick Michaud[2], ancien inspecteur des impôts et avocat fiscaliste international établi à Paris. Opinion partagée par *Le Canard enchaîné*, qui écrit que le président évite désormais de s'afficher avec le rocker. Longtemps épargné par le ministère du Budget, le marchand d'art Guy Wildenstein, dont nous avons parlé dans un chapitre précédent, vient lui aussi d'être rattrapé par les enquêtes. Gageons que l'ancien maire de Neuilly s'arrangera dorénavant pour ne plus le croiser.

Revenons au fameux bouclier fiscal. Après avoir juré pendant quatre ans qu'il n'était pas question de revenir sur ce dispositif, qui représentait un pilier entier de sa politique, Nicolas Sarkozy a fini par se débarrasser de cet indécent boulet qui l'entraînait vers le fond. Ce qui fait dire à Hervé Gattegno, rédacteur en chef du *Point*, que Sarkozy enterre le sarkozysme. « C'est presque aussi spectaculaire que si Lionel Jospin avait lui-même

1. Ian Hamel, « Jean-Philippe Smet en cas d'école fiscal », *L'Agefi*, 10 février 2011.
2. Entretien avec l'auteur, Paris, février 2011.

abrogé les trente-cinq heures », persifle-t-il[1]. En 2009, le bouclier fiscal a coûté à l'État 679 millions d'euros, alors qu'il ne concernait que 18764 contribuables. Puisqu'en politique on ne parle jamais de recul, et encore moins d'échec, le chef de l'État évoque la réforme des prélèvements. Dans un premier temps, il pense accompagner la disparition du bouclier fiscal de la suppression de l'impôt de solidarité sur la fortune (ISF), que ne cessent de lui réclamer ses amis riches. Le problème, c'est que l'ISF rapporte 4,2 milliards d'euros par an à l'État. Où trouver d'autres ressources? Surtout, la droite n'a pas oublié que Jacques Chirac avait perdu l'élection présidentielle de 1988 en partie pour avoir tordu le cou à l'ancêtre de l'ISF, l'IGF (impôt sur les grandes fortunes). L'une des premières décisions de la gauche, lors de la réélection de François Mitterrand, fut de le rétablir.

Que faire? Pour ne pas désespérer Liliane Bettencourt et ses pairs, l'Élysée choisit l'option allégement de l'ISF. D'une part, le seuil d'entrée de l'impôt passe de 800000 euros à 1,3 million d'euros, ce qui a pour effet d'exonérer d'emblée trois cent mille contribuables. D'autre part, les tranches et les taux d'imposition sont réduits. La taxation n'est plus que de 0,25 % pour un patrimoine compris entre 1,3 et 3 millions d'euros. Elle est de 0,5 % au-delà. « Un contribuable à la tête d'une fortune de 10 millions verrait son ISF passer de 110000 euros à 42000 euros. Les moins fortunés ne seraient pas oubliés. Un capital de 3 millions d'euros ne serait plus imposé que de 7500 euros contre 16500 euros aujourd'hui », calcule Hervé Nathan[2]. Alors que le barème d'imposition pour 2011 s'étale de 0,55 % à 1,80 %. Ce qui fait dire au député socialiste Michel Sapin, ancien ministre de l'Économie, que « la plus grande fortune de France paie moins de

1. « Nicolas Sarkozy enterre le "sarkozysme" », *Le Point*, 4 mars 2011.
2. « ISF, ne pas désespérer Bettencourt », *Marianne*, 12 mars 2011.

20 % d'impôts alors qu'un cadre moyen ou supérieur paie en proportion beaucoup plus ».

En réalité, les riches, qui peuvent s'offrir des conseillers fiscaux très pointus, déboursent bien moins. Le budget de la France est mité par quatre cent quatre-vingt-six niches fiscales. De quoi économiser 75 milliards d'euros. Connaissez-vous, par exemple, l'exonération d'impôt des gains rapportés par un cheval de course confié à un entraîneur et des plus-values en cas de vente? Un dossier de *L'Express* sur les impôts révèle ainsi que, grâce à des montages juridiques complexes – mais légaux – « sur les 10 milliards de capital de L'Oréal qu'elle détient, Liliane Bettencourt a pu n'en déclarer que deux au titre de l'ISF[1]. » On connaît la rengaine des riches: si vous continuez à m'embêter pour des histoires de gros sous, je file à l'étranger dépenser ma fortune.

Les paradis fiscaux, c'est ter-mi-né

Ce qu'économisent les riches n'est qu'une goutte d'eau comparé aux exonérations dont profitent les grandes entreprises. Le phénomène ne date certes pas de la présidence de Nicolas Sarkozy, mais ce dernier n'a rien entrepris pour combler les immenses disparités qui séparent les artisans, les commerçants et les petits patrons, des supermanagers. Alors que le taux moyen d'imposition pour une PME de moins de vingt salariés tourne autour de 30 %, les multinationales du CAC 40 ne sont imposées en moyenne qu'à 8 %. « Car enfin, si EADS ou Renault-Nissan ont installé leur siège social aux Pays-Bas, ce n'est pas par amour des tulipes. Juste parce que les taxes sur les profits sont plus douces

1. Benjamin Masse-Stamberger, « L'ISF en procès », *L'Express*, 26 janvier 2011.

là-bas[1]. » Souvenez-vous des incantations de Nicolas Sarkozy : « Les paradis fiscaux, c'est ter-mi-né. » Eh bien non ! D'ailleurs, ils n'ont jamais autant prospéré, attirant de nouveaux candidats tels que le Ghana ou la Jamaïque ! BNP Paribas ne compte pas moins de trois cent quarante-sept filiales dans les paradis fiscaux, dont vingt et une logées dans les îles Caïmans. Évoquant ces multiples filiales dans des paradis fiscaux, les sociologues Michel Pinçon et Monique Pinçon-Charlot ironisent : « Nicolas Sarkozy ne peut l'ignorer puisque les dirigeants de ces entreprises sont ses amis. LVMH, le groupe de Bernard Arnault, en a cent quarante. Le groupe PPR de François Pinault et sa famille en compte quatre-vingt-dix-sept, et celui d'Arnaud Lagardère, cinquante-cinq[2]. »

Le Canard enchaîné s'est penché sur le cas de Total, l'un des plus beaux fleurons tricolores. Le géant du pétrole oublie parfois de rendre des comptes au percepteur dans l'Hexagone. Les raisons ? Total déclare réaliser ses bénéfices à l'étranger. En France, manque de chance, la compagnie ne ferait que des pertes. « Car, dans l'Hexagone – pas de bol – se trouvent des raffineries tellement déficitaires qu'elles réussissent à dévorer tout le bénéfice des stations-service. Résultat, une perte de 16 millions. Et pas un sou d'impôt à régler[3]. » C'est clair, il faut gagner de l'argent dans les pays qui n'imposent pas les bénéfices, et en perdre dans ceux qui en réclament. Le Comité catholique contre la faim et pour le développement (CCFD) dévoile que l'île anglo-normande de Jersey est devenue le plus gros exportateur

1. Stéphane Loignon, « Peut-on vraiment faire payer les riches ? », *Capital*, septembre 2010.
2. M. Pinçon et M. Pinçon-Charlot, *Le Président des riches, op. cit.*, p. 166.
3. Hervé Martin, « Comment Total échappe à l'impôt sur les sociétés », *Le Canard enchaîné*, 13 avril 2011.

de bananes. Les services financiers des producteurs de bananes sont au Luxembourg, les assurances dans l'île de Man, les réseaux de distribution aux Bermudes, et enfin les réseaux commerciaux aux îles Caïmans. Quant aux pays producteurs, ils ne réaliseraient que… 12 % du chiffre d'affaires[1].

Autre exemple marquant : les îles Vierges britanniques, les îles Caïmans, le Luxembourg, l'île Maurice et les Pays-Bas, qui ne représentent que 1 % du PIB mondial (et 0,27 % de la population de la planète) pèsent ensemble « 1,7 fois plus que les États-Unis et trois fois plus que le Japon, l'Allemagne et la France réunis en matière d'investissement direct à l'étranger ». Nicolas Sarkozy a bien fait de l'annoncer très fort : « Les paradis fiscaux, c'est ter-mi-né. »

Quittons les cieux ensoleillés de ces régions de non-droit pour retrouver le pavé parisien. À une époque où Jean Sarkozy, le fils du président, ne faisait pas encore de politique.

1. Jean Merckaert, « L'économie déboussolée », *CCFD Terre solidaire*, décembre 2010.

17
L'ACCIDENT QUI N'A PAS EU LIEU

Le 10 octobre 2005, autour de 16h30, M'Hamed Bellouti est au volant de la BMW de son père, place de la Concorde à Paris. La circulation ralentit, il freine et entend un petit choc à l'arrière de son véhicule, sur le côté droit. Un scooter vient d'emboutir le pare-chocs de la voiture. « Le conducteur du scooter a marqué un court temps d'arrêt, puis il a reculé, et il a pris la fuite par la droite en nous gratifiant d'un doigt d'honneur », raconte M'Hamed Bellouti[1]. Ce jour-là, il est accompagné d'un ami, Tony Baillargeat, qui confirme intégralement sa version des faits. Le passager a d'ailleurs eu le réflexe de noter la plaque d'immatriculation du scooter avec son téléphone portable. M'Hamed Bellouti précisera plus tard dans son procès-verbal : « Je n'ai pas été en mesure de voir le conducteur du scooter. » Il ne s'agit que d'un tout petit accrochage, comme il s'en déroule des centaines tous les jours à Paris. Pour preuve, la réparation est facturée 260,13 euros.

Un si banal accrochage

« Moins d'un quart d'heure plus tard, je me suis rendu au commissariat où il m'a été conseillé, plutôt que de porter plainte, de prendre contact avec mon assurance, ce que j'ai fait », précise le conducteur. Le 13 janvier 2006,

1. Entretien avec l'auteur, Paris, avril 2010.

l'assurance, qui a obtenu l'identité du propriétaire du véhicule en fuite grâce au Service central des immatriculations des cyclomoteurs, écrit au propriétaire du deux roues. Pas de réponse. Le 3 février, M'Hamed Bellouti décide de porter plainte au commissariat du XVIe arrondissement pour cet « accident de la circulation avec délit de fuite ». Les policiers lui promettent une confrontation rapide. Deux mois s'écoulent. N'ayant pas de nouvelles, M'Hamed Bellouti appelle le commissariat, qui lui annonce qu'il n'a pas de trace de sa plainte…

Ce fils de Harki, alors âgé de trente-cinq ans, diplômé en droit et gestion des entreprises, ne connaît toujours pas, plus de quatre mois après l'accrochage, l'identité du conducteur du scooter. La Maaf, sa compagnie d'assurance, réécrit le 24 février, puis le 29 août 2006 à Jean Sarkozy de Nagy-Bocsa, domicilié à Neuilly. Les deux lettres demeurent sans réponse. « Sur le coup, j'ai cru qu'il s'agissait d'un vague cousin de Nicolas Sarkozy. Ce n'est qu'après que j'ai compris que c'était son fils », se souvient M'Hamed Bellouti. À ce moment-là, la France commence à frémir à l'approche de la prochaine élection présidentielle. Son entourage lui conseille la prudence. « J'ai évoqué l'affaire avec un retraité des Renseignements généraux. Il m'a recommandé de laisser tomber. "C'est trop chaud, le père est fou", m'a-t-il dit. »

Mais le 7 janvier 2007, le scooter de Jean Sarkozy, un Piaggio de 50 cm^3, est dérobé à Neuilly. Le fils du candidat de l'UMP vit alors chez sa mère, dans un quartier huppé. Il attache rarement son engin. « Un microévénement au regard des quelque 85 000 deux-roues qui disparaissent chaque année en France », résume Jean-Marc Philibert[1], qui narre par le menu le zèle invraisemblable déployé par la police pour retrouver les auteurs du délit : enquêtes de voisinage, relevés d'empreintes, « prélèvement ADN sur

1. *Jean Sarkozy, le fils doré,* Max Milo, 2010, p. 100.

le casque, exploitations géolocalisées de téléphones portables[1] ». « Alors que sur les deux cents motos et scooters volés chaque jour en France, moins d'un sur dix est retrouvé[2] », l'engin de Jean Sarkozy est récupéré au bout de dix jours. Deux mineurs et un jeune homme de dix-huit ans sont interpellés à Bobigny puis mis en examen. Si les mêmes méthodes étaient employées pour retrouver les dizaines de milliers de mobylettes chapardées chaque année, cela coûterait une fortune au contribuable. Un pastiche de la vie de Jean Sarkozy fait dire au fils du président : « Ça me rappelle la fois où j'avais oublié mon iPod à la piscine et où un commando du Raid, qui l'avait retrouvé complètement par hasard, est venu me le rapporter pendant le cours de philo. Ma prof et mes camarades, au lycée Henri IV, n'en sont pas revenus – aussi à cause de l'hélicoptère[3]. » Le dessinateur Willem, dans *Libération*, est plus sarcastique encore. Il montre une armada de soldats américains déposés dans une zone montagneuse par des hélicoptères. L'un des intervenants déclare : « Si Ben Laden avait volé le scooter de Jean Sarkozy, on l'aurait retrouvé il y a longtemps. »

Ce déploiement de force pour retrouver le scooter de Jean Sarkozy ne fait pas rire du tout M'Hamed Bellouti. Toutefois, son père et son frère, adhérents à l'UMP, lui suggèrent de chercher un arrangement à l'amiable. Le frère, Salah Bellouti, président national des enfants d'anciens combattants musulmans, se rend au QG de campagne du candidat, convaincu que le candidat Nicolas Sarkozy privilégiera un accord avant les élections ; sans résultat. M'Hamed Bellouti décide de porter l'affaire au pénal « pour le principe ». Encore faut-il trouver un avocat. « Trois se sont défilés. Ils avaient peur pour leur

1. « Encore le "Scoot" Sarko », *Le Canard enchaîné*, 2 mai 2007.
2. D. Moisan, *op. cit.*, p. 240.
3. *Jean Sarkozy, ma vie, mon œuvre, mon scooter, op. cit.*, p. 58.

carrière et m'affirmaient que je n'avais aucune chance », se souvient le conducteur de la BMW. Finalement, maîtres Christophe Launay et Philippe Lejard, du barreau du Val-d'Oise, acceptent de le défendre. Ils rédigent une citation directe en août 2007 pour destruction de bien et délit de fuite[1]. Mais là encore, plusieurs huissiers de Neuilly refusent de délivrer un acte de citation directe à Jean Sarkozy en main propre. Pourquoi le nouveau locataire de l'Élysée inspirerait-il autant de craintes? M'Hamed Bellouti débourse 850 euros pour valider les poursuites, soit quatre fois plus que les réparations de la voiture.

Finalement, le fils cadet de Nicolas Sarkozy est cité à comparaître le 11 septembre 2007 pour délit de fuite, défaut de maîtrise de son véhicule, non-respect des distances de sécurité et dégradations légères. Il s'agit d'une simple audience de procédure destinée à fixer la date du procès. La soixantaine de journalistes présents, représentant souvent des médias étrangers, en est pour ses frais : Jean Sarkozy est absent. Le fils du président assiste à l'entraînement de l'équipe de France de rugby, et se fait représenter par l'avocat de son père, Thierry Herzog. Le tribunal fixe au 4 décembre 2007 l'examen de l'affaire, soit plus de deux ans après cet accrochage bénin place de la Concorde. Curieusement, le tribunal ne nomme pas un juge, il renvoie l'affaire devant une formation collégiale de trois magistrats !

Un document en notre possession semble attester que Thierry Herzog est rapidement entré en contact avec le défenseur de M'Hamed Bellouti pour « en terminer avec cette affaire ». Faut-il y voir la reconnaissance implicite que Jean Sarkozy conduisait bien le scooter? Depuis, Thierry Herzog a toujours démenti avec force

---

1. Renaud Lecadre, « La police, pare-chocs de Jean Sarkozy », *Libération*, 11 septembre 2007.

cette tentative de règlement à l'amiable. Mais pourquoi la Maaf a-t-elle envoyé un courrier le 11 février 2008 à M'Hamed Bellouti, signé par le directeur des sinistres, confirmant que « Maître Herzog s'est en effet rapproché de notre centre Matériel Auto de Nantes afin de savoir si nous vous avions indemnisé au titre de ce sinistre[1] »? On peut imaginer qu'à un moment l'Élysée a envisagé d'en finir avec cette ridicule affaire, avant de se raviser. « La femme de César ne doit pas être soupçonnée. Nicolas Sarkozy agit de même vis-à-vis de ses deux fils aînés. Il est d'autant plus faible avec eux qu'il ne s'en est guère occupé quand ils étaient enfants », tente d'expliquer une ancienne connaissance du maire de Neuilly.

Cette tentative de conciliation vite avortée laisse la place à des méthodes de barbouzes. M'Hamed Bellouti est alors harcelé d'appels téléphoniques menaçants. « Tu as bien trois enfants? », questionne une voix anonyme. La mère de son enfant, qui vit en Suède, reçoit elle aussi un coup de fil la prévenant qu'« on s'occupera de vous ». Le 1er décembre 2007, le conducteur de la BMW dépose une main courante au commissariat de police de Saumur, où il habite, pour « harcèlement d'appels téléphoniques anonymes[2] ». La main courante s'est malencontreusement égarée. De son côté, Tony Baillargeat, le passager de la voiture – dont le nom n'est pas paru dans la presse tout au long de cette affaire –, nous a raconté que sa porte avait été défoncée deux jours avant le procès, sans que l'on dérobe quoi que ce soit dans son appartement. « C'était surréaliste. Je travaille dans le cinéma et je fréquente pas mal de stars. Mon agent, mon producteur et pas mal d'autres personnes à l'époque m'ont conseillé de ne pas témoigner, évoquant des liens supposés entre

1. Document diffusé sur Internet par l'association de soutien à M'Hamed Bellouti.
2. Renaud Lecadre, « L'homme percuté par le fils Sarkozy harcelé au téléphone », *Libération*, 22 janvier 2008.

les décideurs de la télévision et le président de la République, car cela pouvait mettre mon film en péril[1] ! »

L'expert n'entend pas les témoins

« En voyant le nombre impressionnant de policiers déployés pour cette banale affaire, j'ai vite compris que tout était piloté de l'Élysée. En fait, c'était Claude Guéant qui gérait le dossier. Lors de l'audience, Jean Sarkozy a affirmé qu'il n'avait pas reçu les courriers de mon assurance, car il ne vivait pas à Neuilly, mais à l'époque au ministère de l'Intérieur avec son père. Ce qui est faux », développe M'Hamed Bellouti. Le président, Philippe Vandingenen, et les deux assesseurs, Nicole Baratin et Pierre Guedj, préfèrent finalement renvoyer le fardeau à plus tard. Ils ordonnent un supplément d'information pour « la mise en œuvre d'une expertise technique ». L'expert devra « entendre toutes les personnes, y compris les parties, nécessaires à l'accomplissement de la mission. Dire, si en percutant le véhicule BMW de la partie civile, le scooter du prévenu a pu ou non occasionner les dégâts constatés et/ou allégués ». Habituellement, ce genre d'histoires se règle en quelques minutes par des tribunaux débordés. L'affaire est renvoyée au 25 juin 2008. Jean Sarkozy vient d'être élu conseiller général des Hauts-de-Seine et sa campagne électorale a été suivie par tous les médias.

L'audience va durer quatre heures et demie. Le fils du président a bénéficié d'un traitement de faveur. Il n'a jamais été interrogé par la police ! Il se contente de déclarer qu'il était en cours au moment de l'accident, sans qu'on lui demande de présenter des témoins ni d'apporter une attestation. « Si j'avais provoqué un accident, bien sûr je me serais arrêté, parce que c'est dans ma nature et que j'étais assuré, je n'avais aucune raison

1. Entretien avec l'auteur, Paris, avril 2010.

de ne pas le faire », témoigne Jean Sarkozy. Il ne s'explique pas comment le plaignant a relevé son numéro d'immatriculation. « Je m'interroge », ajoute-t-il, dans un tribunal bondé de journalistes[1]. Jean Sarkozy est un excellent client pour les médias, qui « accrochent tout de suite sur ce personnage qui parle et se comporte comme son père. Face à eux, il est apparu rompu aux questions et charmeur[2]. » Le parquet demande la relaxe de Jean Sarkozy, considérant que « l'infraction de délit de fuite n'est pas caractérisée ».

L'expert, qui n'a examiné ni la BMW ni le scooter, a conclu que les dégâts constatés sur le véhicule du plaignant n'étaient pas compatibles avec un choc sur un scooter du type de celui de Jean Sarkozy... On peut notamment lire : « L'équilibre de ce type de scooter étant précaire, le choc aurait sûrement provoqué la chute sur le côté ainsi que celle de M. Sarkozy, ce qui ne semble pas avoir été le cas. » Résultat : « La matérialité même de l'accident dénoncé étant formellement écartée, les infractions reprochées au prévenu ne sauraient être caractérisées. » Dans les extraits du greffe du tribunal de grande instance de Paris, on lit avec un peu de surprise que « l'expert a clairement indiqué dans son rapport qu'il n'avait pas eu besoin d'entendre les parties, le dossier produit par celles-ci étant suffisant pour ses investigations ». Déclaration pour le moins surprenante. Le tribunal, le 4 décembre 2007, ne lui a-t-il pas demandé expressément d'« entendre toutes les personnes, y compris les parties, nécessaires à l'accomplissement de la mission » ?

Le jugement est finalement rendu le 29 septembre 2008, presque trois ans après les faits, et sans la présence du fils du chef de l'État. Ce dernier est

1. Thierry Lévêque, « Le parquet demande la relaxe de Jean Sarkozy au tribunal », www.rmc.fr, 25 juin 2008.
2. J.-M. Philibert, *op. cit.*, p. 104.

relaxé. En revanche, M'Hamed Bellouti est condamné à lui verser 2000 euros pour « procédure abusive et téméraire » – Thierry Herzog en réclamait le double. Le conducteur de la BMW est accusé d'avoir voulu « faire accréditer une thèse improbable soutenue sans réelle démonstration sérieuse et pertinente ». Il a ainsi « nécessairement agi de mauvaise foi et son action abusive a eu pour conséquence incontestable de porter préjudice ». En clair, la justice estime que l'accident « n'avait pas eu lieu ». « Je suis sorti du tribunal avec les larmes aux yeux. C'était de la science-fiction ! Quand l'accident s'est produit, j'étais à mille lieues d'imaginer que le conducteur pouvait être Jean Sarkozy. J'ai dit et répété, tout comme mon témoin, que nous n'avions vu qu'un jeune avec un casque, c'est tout », répète M'Hamed Bellouti. De son côté, Jean Sarkozy nie tout lien avec l'accrochage. Il déclare « ne pas avoir été impliqué dans un accident de la circulation, ni le jour des faits, ni un autre jour ». Il précise être bien le propriétaire du scooter et ne jamais prêter celui-ci. Enfin, il ne s'explique pas « comment son immatriculation avait été relevée ».

À la suite de cette décision de justice pour le moins contestable, un comité de soutien se crée spontanément sur Internet afin d'encourager M'Hamed Bellouti à continuer le combat. « De victime, il est devenu coupable. C'est ce sentiment d'injustice qui a motivé notre action ; nous voulons aider la justice à retomber sur ses pieds », explique André Point, le président de l'association de soutien à M'Hamed Bellouti, qui récolte 7000 euros afin de lui permettre de faire appel[1] – les frais de justice s'élevant à 10000 euros. Le 5 mars, lors de l'audience en appel, en l'absence de Jean Sarkozy, une trentaine de personnes font le déplacement pour soutenir le conduc-

1. « Les amis de M'Hamed Bellouti contre le scooter de Jean Sarkozy », www.liberation.fr, 5 mars 2009.

teur de la BMW. Ce dernier est finalement débouté le 9 avril. En revanche, le tribunal annule la condamnation de M'Hamed Bellouti à payer 2000 euros au fils de Nicolas Sarkozy pour « procédure abusive ». La cour considère que « la mauvaise foi ou la témérité de la partie civile au moment de la citation directe n'était pas démontrée », rappelant que le conducteur de la voiture accidentée ne s'était décidé à porter plainte contre Jean Sarkozy qu'après deux courriers à son assureur restés sans réponses.

« Jean Sarkozy m'a salué quand nous nous sommes retrouvés au tribunal. Il s'est montré correct à mon égard. Je ne peux pas en dire autant de son avocat Thierry Herzog. Il m'a accusé de tous les maux, notamment d'avoir politisé ce procès. À l'entendre, je me serais rendu dans un parking, j'aurais noté une plaque et déposé une plainte ! Et, par le plus grand des hasards, il s'agissait de la plaque du scooter de Jean Sarkozy ! Ridicule », lâche M'Hamed Bellouti. Quel aurait été l'intérêt du conducteur de la BMW d'inventer toute cette histoire ? Et de son passager ? Près de cinq ans après les faits, ce dernier a tenu à nous rencontrer, confirmant tous les propos tenus par M'Hamed Bellouti. Dans la biographie consacrée à Jean Sarkozy, l'avocat Christophe Launay assure que son client « est tout à fait crédible, sinon je ne l'aurais pas défendu. Il ne m'a jamais menti[1]. » L'avocat nous a tenu exactement le même langage.

Licenciement du dessinateur Siné

Après l'accident qui n'a pas eu lieu, un autre événement mérite d'être raconté dans le détail. C'est le licenciement du dessinateur Siné, de son vrai nom Maurice Sinet, de *Charlie Hebdo* par Philippe Val, le directeur

1. J.-M. Philibert, *op. cit.*, p. 107.

de la publication de l'hebdomadaire satirique. Le 2 juillet 2008, Siné fustige l'arrivisme de Jean Sarkozy dans *Charlie Hebdo*. « Jean Sarkozy, digne fils de son paternel et déjà conseiller général UMP, est sorti presque sous les applaudissements de son procès en correctionnelle pour délit de fuite en scooter. Le parquet (encore lui !) a même demandé sa relaxe ! Il faut dire que le plaignant est arabe ! Ce n'est pas tout : il vient de déclarer vouloir se convertir au judaïsme avant d'épouser sa fiancée, juive et héritière des fondateurs de Darty. Il fera du chemin dans la vie, ce petit ! », écrit-il. Quelques jours plus tard, le 8 juillet, Claude Askolovitch, sur *RTL*, qualifie le texte d'« antisémite ». Le 16 juillet, Philippe Val, propriétaire et directeur de *Charlie Hebdo*, met à la porte Siné, soixante-dix-neuf ans, alors que ce dernier, dessinateur depuis la IVe République, militant anticolonialiste, fondateur de *L'Enragé* en mai 1968, a collaboré en 1981 au premier *Charlie Hebdo*, et depuis 1992 lorsque celui-ci naquit à nouveau.

L'information sur la conversion de Jean Sarkozy au judaïsme, véhiculée par d'autres médias, est fausse. Siné est-il pour autant antisémite ? « Jamais de la vie. Ceux qui me connaissent depuis des décennies savent que je ne suis absolument pas antisémite. J'ai simplement voulu dénoncer quelqu'un qui se convertissait pour le pognon, pour épouser une milliardaire. Si Jean Sarkozy s'était marié avec une riche saoudienne, j'aurais dit exactement la même chose », proteste Maurice Sinet[1]. Michel Polac confirme que le dessinateur est un anarchiste, un libertaire, un énergumène, qui dit constamment des choses énormes, mais certainement pas un antisémite[2]. Il aurait été pour le moins curieux que journalistes et dessinateurs de *Charlie Hebdo* puissent

1. Entretien avec l'auteur, Noisy-le-Sec, janvier 2011.
2. Augustin Scalbert, « Siné viré, *Charlie Hebdo* en deuil, Philippe Val dans la tourmente », www.rue89.com, 17 juillet 2008.

travailler pendant plus de quinze ans avec Siné sans prendre conscience de son antisémitisme.

Au moment du licenciement, Philippe Val assure que la famille Sarkozy compte porter plainte contre *Charlie Hebdo*. Ce qui n'a pas été le cas. A-t-elle seulement envisagé de le faire? Apparemment, ni Jean Sarkozy, ni sa fiancée, ni aucun de leurs avocats n'ont téléphoné à l'hebdomadaire satirique. Philippe Val, dont les convictions au fil des ans n'ont cessé de muter, passant d'un militantisme d'extrême gauche à un conservatisme bon teint, a-t-il d'abord voulu faire plaisir au « château »? « Je suis tombé dans un traquenard. Val a trouvé le premier prétexte pour me virer. Il a fait du zèle en devançant les désirs de sa copine Carla Bruni-Sarkozy. Son obéissance a bien été récompensée puisqu'il est devenu patron de France Inter moins d'un an plus tard », constate le fondateur de *Siné Hebdo*[1]. Le 21 novembre 2009, Maurice Sinet a été relaxé à la suite d'une plainte de la Licra pour « provocation à la haine raciale ». La sixième chambre correctionnelle du tribunal de grande instance de Lyon a estimé que le dessinateur n'était pas antisémite, il n'avait fait qu'user de sa liberté d'expression. Siné gagne une nouvelle fois en appel. Mais le 28 septembre 2010, la Cour de cassation a cassé l'arrêt de la cour d'appel de Lyon. Par ailleurs, en décembre 2010, le tribunal de grande instance de Paris a condamné les Éditions Rotatives, éditeur de *Charlie Hebdo*, à verser 40 000 euros de dommages et intérêts à Maurice Sinet pour rupture abusive de contrat de travail et préjudice moral. Et à publier en une du journal un communiqué judiciaire.

1. *Siné Hebdo*, « Le journal mal élevé », lancé en septembre 2008, a cessé de paraître en avril 2010. L'auteur a collaboré à cette publication de septembre 2009 jusqu'à l'arrêt de sa publication. *Siné* est ressorti sous forme mensuelle en 2011.

18

DAVID MARTINON, PROMU PUIS LAPIDÉ

Lili Gion, née à Neuilly d'un père metteur en scène, a grandi dans une famille bohème. Âgée de quarante-cinq ans, elle a toujours vécu à Neuilly. Elle est scénariste pour la télévision, vit simplement, seule avec son fils, mais pour rien au monde elle ne quitterait cette cité aux portes de Paris, que les médias qualifient de « Bantoustan des hyperriches ». Depuis 2007 lui vient une lubie : se présenter aux élections municipales. « Car bien que très "fan" de ma ville, je constatais tout de même quelques absurdités, concernant essentiellement les petits », telles que « l'interdiction de jouer au ballon sur les pelouses des squares (réservés aux enfants[1] !) », raconte-t-elle.

Martinon, non-non !

Lili Gion dresse une liste électorale qui percute aussitôt la rétine de la presse parisienne. Elle draine en effet derrière elle quelques stars du show-biz : Amanda Sthers, écrivain et ancienne compagne de Patrick Bruel, Ariel Zeitoun, metteur en scène et producteur, Gérard Presgurvic, auteur-compositeur, mais également « des professionnels du cinéma et de la publicité, un éditeur, un libraire,

1. Lili Gion, *L'Étonnante Victoire de Fromantin à Neuilly*, Scali, 2008, p. 8.

un restaurateur, des “mamans à la maison”[1] », raconte *Le Parisien.* Pour son premier meeting au grand théâtre de Neuilly, elle accueille autour de deux cent cinquante personnes. Son ambition est toutefois limitée : atteindre 5 % des suffrages afin de faire entendre sa petite musique au conseil municipal. Lili Gion se désistera pourtant en faveur de Jean-Christophe Fromantin, un chef d'entreprise sans étiquette politique, plutôt classé à droite. Sans réclamer de place sur sa liste. Après la victoire inattendue de son champion, elle lui a dédié un livre intitulé *L'Étonnante victoire de Fromantin à Neuilly.* Lili Gion est vice-présidente de son mouvement, mV2 (« Ma vie, ma ville »), devenu récemment « Nos territoires en mouvement[2] ».

Comment voit-elle la situation politique dans sa cité préférée ? « Nicolas Sarkozy n'est pas un idiot, mais il a perpétué le système clanique mis en place par Achille Peretti, maire de 1947 à 1993. Les logements sociaux, par exemple, n'étaient pas attribués à ceux qui en avaient besoin, mais souvent aux enfants des élus. Quant à son fils Jean, je ne le connais tout simplement pas. Il est né à Neuilly, mais je ne l'avais jamais rencontré avant son élection comme conseiller général. Je doute un peu de sa vocation comme homme politique : six mois auparavant, il voulait être acteur[3] ! », résume Lili Gion.

En deux décennies, Nicolas Sarkozy n'a cessé de quadriller les Hauts-de-Seine. « Installant ses fidèles à tous les étages du millefeuille administratif local. Mairie, conseil général, préfecture, organismes publics ou parapublics… Il ne manque ni de relais ni d'informateurs chargés de le tenir au courant, en temps réel, des dossiers brûlants ou de l'état d'esprit de la population[4]. »

1. Florence Hubin, « Et maintenant une liste show-biz ! », *Le Parisien*, 21 janvier 2008.
2. www.mouvement-mv2.org
3. Entretien avec l'auteur, Neuilly, mai 2010.
4. J.-M. Philibert, *op. cit.,* p. 142.

En 2002, devenu ministre de l'Intérieur, Nicolas Sarkozy abandonne son mandat local. Louis-Charles Bary, né en 1926, conseiller municipal depuis 1965, lui succède, avec pour unique mot d'ordre de ne pas faire de vagues. En 2008, à quatre-vingt-deux ans, Louis-Charles Bary ne se représente ni à la mairie ni au conseil général dans le canton de Neuilly-sur-Seine-Sud. Pour le chef de l'État, sa succession n'est qu'une formalité. Il a d'abord pensé à Laurent Solly, son directeur de cabinet au ministère de l'Intérieur, mais celui-ci a préféré entrer à TF1 comme numéro deux. Nicolas Sarkozy se rabat sur David Martinon, porte-parole de l'Élysée. Il est surtout l'un des "chouchous" de son épouse Cécilia. A priori, David Martinon n'est pas un mauvais choix. Né en 1971, sorti major de sa promotion de l'Éna, il est passé par le ministère des Affaires étrangères, avant de devenir chef de cabinet de la campagne présidentielle de Nicolas Sarkozy. Le soir de la victoire, il est de ceux qui festoient au Fouquet's.

« Sarkozy n'a même pas pensé installer l'un de ses adjoints, car il les a toujours méprisés. Conseillère municipale socialiste depuis 1983, j'ai eu tout le loisir d'analyser le personnage : il n'aime personne, il méprise tout le monde, mais il veut qu'on l'aime ! », analyse Lucienne Buton, ancienne élue de Neuilly[1]. La campagne pour les élections municipales démarre très tôt, en octobre 2007. Le président de la République vient en personne introniser son candidat. « Quelqu'un qui part sans préparer sa succession n'est pas à la hauteur », déclare-t-il. À peine Nicolas Sarkozy a-t-il quitté l'hôtel de ville de Neuilly que des militants UMP scandent : « Martinon-non-non ». Ce n'est plus Neuilly-la-Bourgeoise mais Neuilly-la-Fronde. L'incident est suffisamment intrigant pour intéresser la presse parisienne, d'autant qu'un gamin blond vient pointer son nez, Jean Sarkozy, le fils du chef de l'État.

---

1. Entretien avec l'auteur, Neuilly, février 2010.

Rapidement, David Martinon est décrit comme le plus exécrable des candidats. Certains de ses anciens partisans relativisent ce jugement. « Contrairement à ce que l'on a prétendu, ce n'était pas une catastrophe, plutôt un candidat très moyen. Un garçon intelligent, sympathique, très accessible, mais maladroit. Il n'avait pas l'expérience d'une campagne électorale. Au marché, au lieu d'acheter trois carottes et deux pommes comme le font les autres candidats, il expliquait aux commerçants que sa compagne avait déjà fait les courses! », sourit un membre de son staff. Et puis surtout, David Martinon, avec son allure de grand Duduche blond, n'est pas originaire de Neuilly, une commune de soixante mille âmes fière de son esprit villageois. Au départ, Jean Sarkozy, le fils du président, n'arrive que pour donner un coup de main de temps à autre pendant la campagne électorale. Dans une vidéo, visionnée plus de cent soixante-cinq mille fois sur Dailymotion, on le voit, micro en main, louer l'esprit d'« ouverture et de confiance » de David Martinon et proclamer: « Nous, on te soutiendra à mort pour cette campagne[1]. »

Olivier Babeau, originaire de Neuilly, se souvient: « J'ai eu un bon contact avec lui. Il peut être très drôle lorsqu'il imite certaines personnalités politiques. Jean Sarkozy assurait qu'il ne venait que pour jouer le disc-jockey. Nous n'avons pas immédiatement perçu qu'il avait très faim et qu'il dissimulait d'énormes ambitions. Ce fut le choc en décembre 2007, lorsqu'au Durant Dupont, un restaurant de Neuilly où nous tenions une réunion, Jean Sarkozy s'est emparé du micro et a pris la parole comme si c'était lui qui avait tout organisé[2]. » Agrégé d'économie et de gestion, ancien élève de l'École normale supérieure, conseiller au cabinet du secrétaire

1. « Jean Sarkozy "à mort" pour Martinon », www.dailymotion.fr.
2. Entretien avec l'auteur, Neuilly, juin 2010.

d'État Roger Karoutchi, Olivier Babeau était le directeur de campagne de David Martinon. Depuis, il a rejoint le mouvement mV2, « Nos territoires en mouvement », de Jean-Christophe Fromantin.

Neuilly, un bien familial

Lili Gion écrit dans son livre que « les projecteurs sont tellement tournés vers le candidat désigné par le "château" que la question est juste de savoir s'il va passer avec 60 %, ou peut-être seulement 55 % des voix parce qu'il ne plaît pas trop[1] ». Bref, la victoire de David Martinon, le protégé de l'Élysée, ne fait guère de doute. D'autant que le candidat « ne déclenche pas vraiment d'animosité ». Mais peu à peu, Jean Sarkozy, qui a pris goût à la campagne électorale, réalise que Martinon, âgé de trente-sept ans seulement, risque de conserver la mairie pendant au moins deux décennies. « Je me souviens qu'un jour dans la pizzeria Eboli, à Neuilly, autour d'une table, Jean s'est brusquement lâché : "Rien que de penser que Neuilly puisse tomber en des mains étrangères, ça me rend malade !", s'est-il exclamé. Nous avons aussitôt compris qu'il regardait cette ville comme un bien familial », se souvient un militant UMP. Un comportement identique à celui de son père. « Nicolas considère que les Hauts-de-Seine lui appartiennent et qu'il ne faut laisser personne d'autre s'y imposer », constatait, amer, Patrick Devedjian, lorsqu'il était en froid avec le chef de l'État[2].

Un responsable local de l'UMP a mis à prix la tête de David Martinon depuis que ce dernier a été intronisé par le président de la République. Il s'agit d'Arnaud Teullé, quarante-deux ans à l'époque, adjoint au maire

1. L. Gion, *op. cit.*, p. 39.

2. Sylvie Pierre-Brossolette, « Devedjian, l'homme blessé », *Le Point*, 17 mars 2011.

de Neuilly depuis treize ans, et conseiller à l'Élysée chargé des relations avec les Hauts-de-Seine. Il est surtout le fils de Roger Teullé qui, en 1983, avait joué Nicolas Sarkozy contre Charles Pasqua pour la mairie de Neuilly. Arnaud Teullé n'était pas très loin lorsque des militants UMP criaient « Martinon-non-non », à l'annonce de la candidature du chouchou de Cécilia. Dès le début de la campagne, il n'a cessé de lui glisser des peaux de banane. « Certains ont fait courir le bruit que Martinon était homosexuel et que sa compagne était en fait une actrice payée pour faire de la figuration à ses côtés », raconte un proche de David Martinon.

Le parachuté de l'Élysée est lâché brutalement. Le samedi 9 février 2008, un « confidentiel » publié dans *Le Figaro*, assure qu'un sondage ne lui accorde que 40 % d'intentions de vote. Il arriverait en deuxième position derrière son adversaire divers droite Jean-Christophe Fromantin (45 %). Inimaginable ! Le maire de Neuilly, devenu président de la République, peut-il perdre son fief ? Le journal laisse entendre que le candidat de l'UMP pourrait préférer jeter l'éponge plutôt que de subir une défaite dégradante. S'agit-il d'un sondage téléguidé depuis l'Élysée ? *Le Figaro* a inondé Neuilly d'affichettes pour assurer la promotion de son sondage... Parlant de David Martinon, l'hebdomadaire *Marianne* constate qu'ils « ont roué de rumeurs, lapidé de lazzis, maculé de moqueries le protégé de la reine d'hier, soudainement lâché par Sa Majesté remariée[1] ». Les journalistes du *Figaro* ont plusieurs fois protesté contre le traitement trop partisan de l'actualité, notamment imposé par le directeur Étienne Mougeotte, arrivé en 2007 de TF1[2].

1. Renaud Dély et Nicolas Domenach, « L'obscénité jusqu'où ? », *Marianne*, 16 février 2008.
2. Dominique Albertini, « Affaire DSK : des journalistes du *Figaro* las de jouer les valets », *Libération*, 23 et 24 juillet 2011.

Dès le lendemain, Jean Sarkozy, accompagné de Marie-Cécile Ménard, conseillère générale de Neuilly-Nord, et d'Arnaud Teullé, signe l'arrêt de mort de David Martinon en appelant à constituer une « liste de rassemblement à Neuilly afin de faire cesser les divergences au sein de la majorité présidentielle sur notre commune ». Par ce communiqué envoyé depuis sa messagerie électronique, le fils du président oubliait qu'il promettait, quelques semaines auparavant, de soutenir « à mort » David Martinon. Ce dernier n'a pas d'autre alternative que de jeter l'éponge le 11 février. Nicolas Sarkozy n'a même pas pris la peine de lui annoncer sa disgrâce, laissant cette tâche à Claude Guéant, le secrétaire général de l'Élysée. Peu de temps plus tard, il perd son poste de porte-parole de l'Élysée. Son lot de consolation? Le consulat de France à Los Angeles.

Quant à Olivier Babeau, directeur de campagne de David Martinon, il va payer cher son ralliement à Jean-Christophe Fromantin. Le 15 juin 2010, un arrêté paru au Journal officiel annonce que « M. Olivier Babeau est nommé conseiller technique (discours) au cabinet du Premier ministre. » En clair, ce diplômé en philosophie doit être la plume de François Fillon. Quatre jours plus tard, Jean-Paul Faugère, le directeur de cabinet du Premier ministre, le convoque pour lui annoncer... son licenciement. Recruté sur ses compétences à Matignon, Olivier Babeau est viré sur ordre de l'Élysée.

19
Jean Sarkozy, le dauphin du 9-2

« L'histoire bégaie : Jean trahit David comme Nicolas avait trahi Charles [Pasqua], vingt-cinq ans plus tôt », rappelle *Libération*[1]. En une du *Monde*, Plantu croque un Jean Sarkozy, tout sourire, grimpé sur le dos de son père, contemplant David Martinon blessé à mort, le dos criblé de couteaux. « Ça va ? C'est bien comme ça, papa ? », interroge le fils. « Je lui ai tout appris ! », commente, la larme à l'œil, le chef de l'État[2]. « Jean n'a pas pris l'initiative tout seul. Bien évidemment, il a demandé l'autorisation à son père. Ils se téléphonent tous les jours », confirme Olivier Babeau, l'ancien directeur de campagne de David Martinon. « Nicolas Sarkozy a ensuite empêché Jean d'aller sur la liste menée par Arnaud Teullé », ajoute-t-il. L'ancien maire de Neuilly a surtout compris qu'après cet invraisemblable cafouillage le candidat de l'UMP ne l'emporterait pas.

La danse du scalp de Sarkozy

À ce moment-là, Jean-Christophe Fromantin ne jouit pas encore d'une grande notoriété. Il n'a réuni sous son nom que 10,5 % des voix aux élections législatives de 2007. La candidate de l'UMP, la maire de Puteaux Joëlle

1. Alain Aufray, Gaël Cogné, Gérard Lefort et Julia Tissier, « La vie selon Jean », *Libération*, 22 octobre 2009.
2. *Le Monde*, 12 février 2010.

Ceccaldi-Raynaud, est passée dès le premier tour avec 52,7 % des suffrages, accompagnée par son suppléant Arnaud Teullé. Pourquoi donc le sarkozyste Fromantin s'était-il présenté contre la candidate UMP? Tout simplement parce qu'il croyait à la « République irréprochable », à la « rupture ». « Comment Sarkozy peut-il avoir un discours si fort sur la rupture, mais ne pas arriver à l'appliquer dans sa ville? », s'interroge-t-il. Joëlle Ceccaldi-Raynaud, authentique apparatchik, est la fille de Charles, maire de Puteaux pendant des décennies.

Jean-Christophe Fromantin n'est pas Neuilléen d'origine. Pourtant, comme le décrit son ancien ami publicitaire, Jean-François Minne, « ce jeune chef d'entreprise de quarante-quatre ans, père de quatre enfants, paroissien bon teint, vit à Neuilly depuis vingt ans. Il aime à rappeler qu'il est sportif, vainqueur du Tour de France à la voile. Marathonien, il court tous les matins à six heures dans Neuilly[1]. » Le brutal abandon de David Martinon apporte à Jean-Christophe Fromantin une réponse à la question qu'il ne cessait de se poser : comment intéresser les journalistes? « Le téléphone n'arrête plus de sonner et la totalité (ou presque!) des radios, journaux ou chaînes de télévision veut rencontrer, ou au moins parler, à Jean-Christophe Fromantin », raconte Lili Gion[2].

Très vite, Patrick Devedjian, président du conseil général des Hauts-de-Seine et secrétaire général de l'UMP, demande à rencontrer Jean-Christophe Fromantin. Il lui propose de devenir la nouvelle tête de liste UMP, à condition qu'il prenne une carte du parti. Fromantin refuse. Le 13 février, il est invité à l'Élysée. Nicolas Sarkozy lui suggère d'accueillir sur sa liste cinq personnes, dont son fils Jean et la conseillère générale, Marie-Cécile Ménard. Lili Gion cite Jean-Christophe

---

1. Jean-François Minne, *Hold-up sur la mairie de Neuilly*, Pascal Galodé éditeurs, 2008, p. 23.
2. L. Gion, *op. cit.*, p. 64.

Fromantin décrivant la danse du scalp du président de la République pour l'intimider et le séduire : « Le président me dit que je pourrais démarrer une carrière politique, maire, député... mais que je dois me ranger à l'UMP[1]... » Jean-Christophe Fromantin et son épouse sont même invités au dîner d'État organisé en l'honneur de Shimon Peres, le président d'Israël. Malgré son refus de rejoindre les rangs du parti, l'UMP plie et lui apporte son soutien. Mieux vaut un Fromantin divers droite (et qui a voté Sarkozy en 2007) qu'une défaite officielle.

Ce n'est pas de gaieté de cœur que Nicolas Sarkozy s'est résolu à soutenir Fromantin. Il aurait préféré installer son fils Jean sur le trône de Neuilly. D'autant que ce dernier en rêve. « Le fils cadet du président se voit donc bien dans le fauteuil de maire de Neuilly. À vingt et un ans, soit un an de moins que son père lorsque celui-ci était devenu conseiller municipal en 1977 ! De quoi faire exploser tous les records de précocité en politique et faire mieux que Nicolas, à qui on le renvoie plus que jamais », raconte Jean-Marc Philibert[2]. Seulement voilà, deux enquêtes confidentielles montrent que Jean Sarkozy serait platement battu par Jean-Christophe Fromantin. Sa trahison a marqué les esprits.

Tout va bien, sauf qu'Arnaud Teullé, patron de l'UMP à Neuilly, refuse cette « décision arbitraire ». Il en a assez d'avaler des couleuvres. Nicolas Sarkozy ne l'a choisi ni comme candidat à la mairie, ni pour lui succéder au conseil général, lui préférant son « amie » Marie-Cécile Ménard. Il décide alors de présenter sa propre liste, baptisée « Fidèle à Neuilly » ! Difficile d'imaginer pire cacophonie. A-t-il été totalement dissuadé de monter au front ? Officiellement oui, puisque le dissident est immédiatement exclu du parti, ainsi que tous ses colistiers. Pourtant, lors de son

1. *Ibid.*, p. 81.
2. J.-M. Philibert, *op. cit.*, p. 167.

unique meeting de campagne, le 20 février 2008, Andrée Sarkozy, la mère du président de la République, s'affiche dans la salle. Arnaud Teullé bénéficie également du soutien plus discret de Pierre, le frère aîné de Jean. « J'ai vu quatre fois Nicolas Sarkozy pendant la campagne pour les élections municipales », nous a confié Arnaud Teullé[1].

Lili Gion assure que, une heure à peine après avoir chaudement accueilli Jean-Christophe Fromantin à l'Élysée, le chef de l'État recevait « l'autre candidat[2] », Arnaud Teullé. Éric Schindler, naguère conseiller municipal dans l'équipe de Nicolas Sarkozy et rallié depuis à Arnaud Teullé, reconnaît que cette période l'a plutôt décontenancé. « Moi, l'exclu de l'UMP, je me suis retrouvé le 14 juillet suivant à la *garden party* de l'Élysée, et j'y ai croisé Patrick Devedjian, le patron de l'UMP, qui s'était montré particulièrement menaçant avec les dissidents[3] ! »

La campagne est très dure. Jean-Christophe Fromantin est accusé tour à tour d'antisémitisme – la communauté juive est très importante numériquement à Neuilly –, de faux bilan dans son entreprise, et enfin d'être sympathisant du Front national... Pour la première fois depuis des décennies, aucune liste ne l'emporte dès le premier tour. Jean-Christophe Fromantin arrive largement en tête avec 47,9 % des voix devant Arnaud Teullé, 31,1 %. Les quatre autres listes, dont celle du Parti socialiste, sont éliminées. Bernard Lepidi, candidat à de multiples reprises, membre du Centre national des indépendants et paysans (CNIP), une petite formation de droite, frôle la barre des 5 %. Pour mémoire, en 2001, Nicolas Sarkozy était passé avec 76,9 % des suffrages. Au second tour, Jean-Christophe Fromantin confirme son avance avec 61,7 % des voix. Il est élu maire avec trente-sept voix contre huit recueillies par Arnaud Teullé.

1. Entretien avec l'auteur, Neuilly, mai 2010.
2. L. Gion, *op. cit.*, p. 84.
3. Entretien avec l'auteur, Asnières, mai 2010.

Mais la presse parisienne s'intéresse davantage à l'élection cantonale de Neuilly-Sud, le canton le plus bourgeois, avec notamment les quartiers de Bagatelle et de Saint-James. « À Saint-James, les filles portent des sacs Dior à quinze ans. Elles parlent toutes de Courchevel ou de Miami[1]. C'est la destination à la mode. [...] Si t'as pas de stylo Montblanc, t'es un ringard ! », racontent Adeline Fleury et Pauline Revenaz[2]. Le candidat UMP s'appelle Jean Sarkozy.

Nicolas Sarkozy a-t-il poussé son fils à se présenter? Sans doute pas. Les municipales ont été un échec pour lui. Il sait que Jean a laissé des plumes dans l'opinion publique, en poignardant dans le dos David Martinon, l'ancien chouchou de Cécilia, son ancienne belle-mère qu'il n'aimait guère. Mais d'un autre côté, il n'y a pas d'autres candidats possibles à droite, ni Fromantin (non membre de l'UMP), ni Teullé (exclu de l'UMP). Jean-Marc Philibert assure que les Balkany ont joué un rôle majeur pour convaincre papa de céder[3].

Isabelle Balkany s'improvise directrice de campagne de Jean. Une campagne très active. L'étudiant en droit multiplie les réunions d'appartement et serre les mains sans relâche. Il arpente chaque artère de la ville, toujours encadré de conseillers de l'Élysée. « Il en faisait trop. Même les commerçants en avaient marre de le voir. Dès qu'il apercevait une queue chez le boulanger ou le boucher, Jean Sarkozy se précipitait pour congratuler un par un chaque client », ironise la militante socialiste Lucienne Buton. Le fils du président répète systématiquement les mêmes paroles à tous les électeurs de Neuilly. Il se présente « en toute humilité », pour se mettre « au service des gens ». Malgré son jeune âge, il se montre déjà très démagogue. Le pastiche sur

1. Prononcez « Maïami », à l'américaine.

2. A. Fleury et P. Revenaz, *op. cit.*, p. 45.

3. J.-M. Philibert, *op. cit.*, p. 180.

sa vie lui fait dire : « J'aime les gens, tous, y compris ceux du peuple[1]. »

Nicolas Sarkozy prend soin de lui retirer une épine du pied. Bernard Lepidi, candidat aux municipales, rêve aussi des cantonales. Il ne manque pas de moyens financiers. Sans explication, il retire sa candidature. Quelques mois plus tard, il est fait chevalier de l'ordre national de la Légion d'honneur... Unique candidat à droite, Jean Sarkozy est élu au premier tour avec 51,91 % des suffrages. C'est presque vingt points de moins que son prédécesseur Louis-Charles Bary, qui ne bénéficiait pourtant pas d'une cote d'amour très élevée à Neuilly. Il y a 47 % d'abstentions. Le candidat du MoDem s'en tire bien (28,9 % des voix), ainsi que Marie Brannens, présentée par le Parti socialiste (13,2 %). « Même à droite, Jean Sarkozy n'a pas fait l'unanimité. Je le sais d'autant plus que des personnes qui votaient UMP ont glissé des bulletins à mon nom dans l'urne et sont venues me le dire », raconte la militante socialiste[2]. Une dynastie Sarkozy ne fait guère rêver les Neuilléens. Comme l'expliquent les sociologues Michel Pinçon et Monique Pinçon-Charlot, spécialistes de la grande bourgeoisie et des classes dominantes, « Nicolas Sarkozy est un excellent rempart pour l'aristocratie de l'argent et la vieille bourgeoisie. Il leur est utile, mais elles ne le voient pas de façon très positive. Elles, qui détestent donner à voir les ressorts du pouvoir, le trouvent vulgaire, craignent un peu son cynisme[3]. »

Finalement, Nicolas Sarkozy ne connaît pas très bien ses administrés. « Il nous a caricaturés, en imaginant qu'il suffisait d'accrocher une pancarte avec le sigle UMP à une chèvre pour que nous votions pour

---

1. *Jean Sarkozy, ma vie, mon œuvre, mon scooter, op. cit.*, p. 30.
2. Entretien avec l'auteur, janvier 2010.
3. Pascale Nivelle et Béatrice Vallaeys, « Neuilly-La Défense, l'axe de la dynastie Sarkozy », *Libération*, 24 octobre 2009.

elle ! Alors qu'au contraire les gens d'ici ont les moyens, qui leur donnent une grande indépendance », constate Lili Gion, vice-présidente de mV2, « Nos territoires en mouvement ».

Au lendemain du scrutin, la presse s'est détournée de Neuilly. Que s'est-il passé au conseil municipal, uniquement composé d'élus de droite ? Il n'y a pas eu de réconciliation entre les membres des deux listes. « Les positions n'ont cessé de se radicaliser. Nous avons trois recours au tribunal administratif, pour des questions de procédure comme de fond. Nous reprochons à Fromantin d'avoir fortement augmenté les impôts locaux », insiste Éric Schindler. Arnaud Teullé va plus loin encore : « Fromantin est antisystème, il est anti-Sarkozy. Il se dit de droite, mais il s'attaque à Joëlle Ceccaldi-Raynaud, députée UMP de la circonscription, dont je suis le suppléant. Il s'en prend également à Marie-Cécile Ménard, la conseillère générale de Neuilly-Nord », déplore-t-il[1].

En fait, les Balkany ont convaincu Nicolas Sarkozy et son fils que Jean-Christophe Fromantin, venu de la société civile, ne tiendrait pas un an. Transposant ce qui s'était passé à Levallois-Perret, ils imaginaient que le nouveau maire de Neuilly allait subir le même sort qu'Oliver de Chazeaux. Ce dernier avait certes réussi à bouter Isabelle et Patrick Balkany hors de la mairie en 1995, mais son caractère froid, peu médiatique et peu démagogue, l'avait empêché de tenir plus d'un seul mandat. « Fromantin est déstabilisable », répète l'entourage de Jean Sarkozy. Il suffit au fils du président de siffler pour que des ministres galopent ventre à terre à Neuilly, sans même que le maire n'en soit informé. Des membres du gouvernement viennent même assister à des réunions de la section UMP de Neuilly, dont le fils du président a pris la responsabilité. « Ils misaient sur le

1. Entretien avec l'auteur, Neuilly, mai 2010.

fait que j'allais tout révolutionner. Or, je me suis abstenu de critiquer l'ancienne équipe municipale, je n'ai viré personne, je n'ai pas supprimé les subventions. Ce sont plutôt eux qui ont été déstabilisés. Dorénavant, Jean Sarkozy se fait nettement plus discret », analyse Jean-Christophe Fromantin[1].

Les Français ne se sont intéressés à Jean Sarkozy qu'à la fin de l'année 2009, lorsque, étudiant en deuxième année de droit, il s'apprêtait, en toute modestie, à prendre à vingt-trois ans la présidence de l'Épad. Cet établissement, qui gère le quartier d'affaires de La Défense, est une structure riche de deux mille cinq cents sièges sociaux.

En revanche, un autre épisode est passé inaperçu. Il atteste pourtant de la volonté des Sarkozy de garder la main sur le riche département des Hauts-de-Seine. Quelques semaines à peine après son élection à vingt et un ans comme conseiller général de Neuilly-Sud, Jean Sarkozy est élu patron des élus de droite du conseil général des Hauts-de-Seine. Comment trente hommes politiques, souvent maires de leur commune, et qui avaient l'âge d'être le père sinon le grand-père de Jean Sarkozy – en 2008 Charles Ceccaldi-Raynaud, conseiller général de Puteaux, soufflait ses quatre-vingt-trois bougies – ont-ils accepté de passer sous les fourches caudines de l'Élysée sans maugréer? « Trente conseillers généraux, c'est trente coups de fil à passer. Et ils doivent tous quelque chose à Nicolas Sarkozy », murmure un élu.

Trois ans plus tard, non seulement Jean-Christophe Fromantin n'a pas été déboulonné à Neuilly, mais il est devenu pour tout le département des Hauts-de-Seine le symbole d'une droite modérée ennemie des combines. En mars 2011, candidat dans le canton de Neuilly-Nord,

1. Entretien avec l'auteur, Neuilly, avril 2010.

il l'a emporté au second tour avec 70,23 % des voix, écrasant Marie-Cécile Ménard, l'élue sortante UMP, réputée proche de Nicolas Sarkozy. Jean Sarkozy, conseiller général de Neuilly-Sud, n'a assuré qu'un service minimum pour la soutenir. « Hauts-de-Seine, Sarkozy a-t-il perdu la main? », s'interrogeait *L'Express* pendant la campagne. La réponse est positive. Le mardi 15 mars, pendant que la télévision proposait un match Marseille-Manchester, plus d'un demi-millier de personnes ovationnaient Jean-Christophe Fromantin au théâtre de Neuilly, alors que l'UMP peine à regrouper une centaine de militants. « Ici, ne pas rentrer à l'UMP est vécu comme un acte de défiance, alors que c'est un acte d'indépendance », lâche le maire de Neuilly[1]. Il ne cache plus qu'il sera candidat en 2012 aux élections législatives, dans la circonscription de Neuilly-Puteaux, contre l'ancienne suppléante de Nicolas Sarkozy, Joëlle Ceccaldi-Raynaud. Dans les courriers qu'il reçoit, les gens lui disent : « Si vous avez déverrouillé Neuilly, ville du président, plus grosse fédération UMP avec trois mille cinq cents adhérents, tout est déverrouillable[2] ! » Depuis mars 2011, le groupe UMP et le Nouveau Centre sont passés de trente à vingt-six élus au conseil général du 9-2.

1. Pierre-Yves Lautrou, « À Neuilly-Nord, l'UMP en danger », *L'Express*, 2 mars 2011.

2. Marine Turchi, « Dans les Hauts-de-Seine, le clan Sarkozy-Balkany est menacé », www.mediapart.fr, 16 mars 2011.

20
Le fils qui grimpait trop vite

Octobre 2009. Jean Sarkozy brigue la présidence de l'Établissement public d'aménagement de La Défense (Épad). Aussitôt, cette candidature provoque un déchaînement à la fois de fureur et de moqueries sur le Net. Dans le monde entier, des blogueurs tournent en dérision ce gamin de vingt-trois ans, triplant sa deuxième année de droit, qui entend prendre la tête du plus grand centre d'affaires d'Europe. Dans les Hauts-de-Seine pourtant, c'est le calme plat, du moins à droite. Pour évoquer ce sujet, un responsable de l'UMP préfère nous donner rendez-vous du côté du Châtelet, plutôt qu'à l'ombre des tours de La Défense. « L'atmosphère est devenue irrespirable dans le 9-2. Si je dis que Jean Sarkozy est intelligent dans les médias, je suis convoqué à l'Élysée pour me faire remonter les bretelles. J'aurais dû dire "très intelligent". Et même si je dis "très intelligent", on m'engueulera encore, me reprochant de ne pas avoir crié au génie », raconte l'élu[1].

À l'image de Kim Jong-eun

À en croire notre interlocuteur, encarté au mouvement néo-gaulliste depuis des décennies, il serait devenu dangereux d'émettre un avis légèrement différent de celui

1. Ian Hamel, « Le 9-2, retraite dorée des Sarko », *Siné Hebdo*, 2 décembre 2009.

du chef de l'État. Le département des Hauts-de-Seine se serait-il abaissé au niveau du Zimbabwe ou de la Corée du Nord? « Cette terreur est hallucinante. Mais quelles mesures répressives peuvent-ils craindre? Qu'on fasse sauter leurs maisons? », s'étonne Lili Gion[1].

Reprenons le cours des événements, depuis l'élection de Jean Sarkozy aux élections cantonales à Neuilly-Sud le 9 mars 2008. Sans coup férir, il est devenu le patron de l'UMP dans la 6e circonscription, celle de Neuilly-Puteaux, et le chef de la droite (UMP et Nouveau Centre) au conseil général des Hauts-de-Seine dès le 16 juin 2008. Ajoutez dans ce même conseil une présidence de la commission des Transports, de la circulation et de l'environnement. À vingt-deux ans, Jean Sarkozy possède déjà sa marionnette aux « Guignols de l'info » sur Canal+. Le magazine *Le Point* lui a consacré une couverture, le gratifiant d'un « monsieur le Dauphin ». Le père attendri déclare: « Je suis fier de lui, ce qu'il fait à son âge est admirable. S'il devient député, il sera inarrêtable, i-nar-rêta-ble[2]. » On imagine que Kim Jong-il, parlant de son fils Kim Jong-eun, vingt-sept ans et déjà élevé au grade de général, ne se montrerait pas plus ému. Nicolas Sarkozy n'hésite pas à convier son fils à une réunion à l'Élysée pour participer à la rénovation de l'UMP, fin 2008. Xavier Bertrand, qui va en prendre les rênes, propose aussitôt à Jean Sarkozy de devenir le secrétaire général adjoint du parti présidentiel…

Contrairement à Kim Jong-eun, ce ne sont pas les défilés militaires qui fascinent le fils du locataire de l'Élysée, plutôt la forêt de gratte-ciel qui découpe l'horizon entre Neuilly-sur-Seine et la Grande Arche. Sarkozy junior rêve de piloter l'Épad. Trois millions de mètres carrés de bureaux, cent cinquante mille salariés et une réserve

1. Entretien avec l'auteur, mai 2010.
2. Saïd Mahrane, « L'irrésistible ascension de Jean Sarkozy », *Le Point*, 21 mai 2009.

foncière de 320 hectares. Nicolas Sarkozy, ancien président de l'Épad, entend fusionner cet établissement public – qui s'étend sur les communes de Courbevoie, Nanterre et Puteaux – avec l'Épasa, l'Établissement public d'aménagement Seine-Arche, implanté sur Nanterre. Son idée serait d'y rajouter 300 hectares, pris sur Nanterre et sur La Garenne-Colombes, afin de créer une nouvelle structure, l'Épadsa, qui rayonnerait sur 700 hectares. Il s'agirait alors du plus grand centre d'affaires du monde, pourvu de tours de plus de 300 mètres de hauteur qui feraient la nique à la tour Eiffel. Pour garder la main sur cet énorme gâteau, le président de la République a décidé d'en confier la direction à son fils cadet.

Comment amorcer la candidature de Jean Sarkozy? Première étape, le centriste Hervé Marseille, maire de Meudon et vice-président du conseil général, a la bonne idée de vouloir démissionner du conseil d'administration de l'Épad. Pour prix de son sacrifice, l'Élysée le fait nommer au Conseil économique, social et environnemental. Ensuite, l'Élysée découvre que Patrick Devedjian, le président du conseil général et président de l'Épad, est rattrapé par la limite d'âge, fixée à soixante-cinq ans – il les a atteints le 26 août 2009. Alors que Matignon avait déjà préparé un décret pour repousser l'âge de la retraite des présidents d'établissements publics au-delà de soixante-cinq ans, l'Élysée reste ferme. Il ne peut y avoir de dérogation. La place est libre pour Jean Sarkozy. Mais ce qui vaut pour l'Épad ne vaut pas pour le nouvel Établissement public d'aménagement de Bordeaux-Euratlantique (Épabe). « Alain Juppé a, lui, plus de chance que Patrick Devedjian : dès la création de l'Épabe, l'âge limite du président du conseil d'administration est relevé de soixante-cinq à soixante-huit ans[1]. »

1. Julien Martin, « Un décret permet à Juppé de diriger le quartier d'affaires de Bordeaux jusqu'à 68 ans. Ce qui a été refusé à Devedjian à l'Épad », www.rue89.com, 30 mars 2010.

Et, justement, Alain Juppé doit fêter ses soixante-cinq printemps à peu de temps de là, le 15 août 2010.

Buzz sur la Toile

Le 8 octobre 2009, Jean Sarkozy convoque les élus de droite au conseil général pour leur annoncer qu'il est officiellement candidat à la présidence de l'Épad. « L'affaire est pliée en cinq minutes. On n'a même pas eu besoin de passer au vote à bulletin secret », raconte Isabelle Balkany, la marraine du dauphin, qui ajoute : « On a choisi Jean parce qu'il est le plus légitime et le meilleur[1]. » L'Élysée est persuadé que cette nomination (qui doit être entérinée par le conseil général le 23 octobre) passera comme une lettre à la poste. D'abord, les Français se sont toujours désintéressés de ce « machin », créé en 1958 par le général de Gaulle. Ensuite, un adage prétend que « plus c'est gros, plus ça marche ».

Le grain de sable qui bloquera la machine s'incarne en la personne de Christophe Grébert. Né en 1969, ce journaliste et militant du MoDem tient le blog MonPuteaux[2], très hostile à la politique municipale des Ceccaldi-Raynaud père et fille. « Quand j'ai appris cette candidature, j'ai lancé une pétition demandant à Jean Sarkozy de renoncer à postuler à ce poste. Je l'invitais à terminer ses études de droit et à faire quelques stages en entreprise. C'était tellement énorme que des milliers de gens outrés ont aussitôt réagi pour protester. Qu'ils soient de droite ou de gauche, ils avaient le sentiment que les valeurs fondamentales de la République étaient bafouées », se souvient Christophe Grébert[3]. Partie le

1. Bruno Jeudy, « La Défense. Jean Sarkozy fait face », *Le Figaro Magazine*, 17 octobre 2009.
2. www.monputeaux.com.
3. Entretien avec l'auteur, décembre 2009, Paris.

8 octobre et arrêtée le 4 décembre 2009, la pétition a recueilli 94056 signatures.

Rapidement, la polémique enfle et dépasse les frontières de l'Hexagone. La presse anglaise moque « le prince Jean de Sarkozyville ». La gauche, en particulier le Parti socialiste, saute sur l'occasion. Évoquant un nouveau plan pour la promotion des jeunes, Laurent Fabius, député de Seine-Maritime, déclare, narquois : « Je suis sûr que c'est dans ce cadre que la nomination de Jean Sarkozy est faite », avant de s'inquiéter de l'avenir des autres enfants de Nicolas Sarkozy. De son côté, Jean Sarkozy ne prend pas conscience de l'ampleur du cataclysme que sa candidature vient de provoquer. Il n'y voit qu'une banale attaque de ses adversaires politiques. « Tout le monde sait bien que les différentes formations politiques s'organisent pour orchestrer des ripostes. Prenez la fameuse pétition contre ma candidature. Elle a été lancée par un élu d'opposition MoDem qui se fait passer pour un habitant de La Défense inquiet[1]. » Autour du fils du président, on ne veut y voir qu'une critique classique de l'opposition. Personne ne prend conscience de l'ampleur de la lame de fond.

Étrangement, ni le président de la République, ni ses conseillers, ni le conseiller général de Neuilly ne réalisent l'effet boule de neige enclenché sur Internet. Nicolas Sarkozy multiplie les maladresses. Le 13 octobre, voulant donner une leçon d'éthique républicaine à des lycéens, il affirme : « Désormais, ce qui compte en France pour réussir, ce n'est plus d'être bien né, c'est de travailler dur et d'avoir fait la preuve, par ses études, par son travail, de sa valeur. » Déclaration reprise à sa une par le quotidien *Libération*. Le dessinateur Plantu dans *Le Monde* caricature Nicolas Sarkozy remettant

1. Saïd Mahrane, « Interview de Jean Sarkozy : "Lorsqu'on s'appelle Sarkozy, les choses sont parfois plus difficiles" », *Le Point*, 15 octobre 2009.

à Jean Sarkozy un « diplôme de fils ». Quant au *Canard enchaîné*, il montre Kim Jong-il déclarant à son fils : « Je vais d'abord te nommer président de l'Épad de Pyongyang. »

« J'ai été sidéré par ce sentiment d'impunité totale. Les Sarkozy ne se posent même plus la question de savoir ce qui est bien ou mal. Ils ont le pouvoir, ils veulent le garder, un point c'est tout. Quant à la personnalité de Jean Sarkozy, elle n'est guère rafraîchissante. Il use des mêmes méthodes, des mêmes discours que les politiciens des années 1970. À son âge, c'est triste », constate Christophe Grébert.

Le fils d'un génie politique

Nous gardons en mémoire une conversation surréaliste avec une attachée de presse du conseil général des Hauts-de-Seine. Paniquée, elle ne sait comment gérer l'afflux des quelque deux cents journalistes étrangers annoncés le 23 octobre pour l'élection de Jean Sarkozy. « Des équipes de télévision de Russie, de Corée du Sud et même de Chine sont attendues », lâche-t-elle avec effroi. Le scandale est devenu planétaire. Malgré le tollé international, les Sarkozy persistent. N'y a-t-il personne pour tirer la sonnette d'alarme ? La presse française feint de découvrir que, dans l'entourage du président, il importe plus de lui plaire que lui signifier les colères de l'opinion. Les médias commencent à énumérer les déclarations d'hommes politiques de droite tentant de justifier la candidature d'un gamin de vingt-trois ans sans expérience professionnelle. Même le très réservé François Fillon rappelle que le président du conseil d'administration de l'Épad « n'est pas nommé, il est élu et il est choisi [...] parmi les élus du conseil général des Hauts-de-Seine ». Le Premier ministre oublie-t-il que dans ce département, les vœux du président et de son fils sont des ordres ?

« Il y a deux sujets qu'on s'interdit d'évoquer avec lui : la famille et les Hauts-de-Seine, relève un proche de Nicolas Sarkozy cité par *L'Express*. Alors là, vous imaginez[1] ! » Thierry Solère, conseiller général UMP des Hauts-de-Seine, enlève le pompon de la flagornerie en assurant que « Jean est le fils d'un génie politique, il n'est pas étonnant qu'il soit précoce. [...] Ce n'est pas étonnant, si vous êtes le fils de Zidane, que vous jouiez bien au foot[2]. » Quant à Yves Jégo, député de Seine-et-Marne, il estime, dans un autre registre, que « c'est comme ça que le fascisme arrive dans un pays : quand on s'attaque à quelqu'un à cause de son nom[3] ». Pas moins de dix-sept ministres sont contraints de monter au créneau pour défendre le fils du président. « Ils multiplient les déclarations à si grande échelle que les similitudes de leurs discours finissent par être remarquées. La parole du gouvernement est donc centralisée. Pour la première fois, l'appareil d'État apparaît clairement derrière Jean Sarkozy. Personne n'en doutait, mais son implication est désormais évidente », note Jean-Marc Philibert[4].

---

1. Éric Mandonnet et Ludovic Vigogne, « Les secrets de la cour », *L'Express*, 29 octobre 2011.
2. *Ibid.*
3. *Ibid.*
4. J.-M. Philibert, *op. cit.*, p. 236.

21
Le revers et la sanction de l'opinion

C'est à ce moment-là, avec le scandale de l'Épad, que Nicolas Sarkozy décroche – peut-être définitivement – dans les sondages. En mai 2009, la courbe de bonnes opinions atteignait 47 %, et les mauvaises, 49 %. Le baromètre BVA-Orange-L'Express-France Inter révèle une chute brutale de cinq points. Ils ne sont plus que 42 % des Français (les 23 et 24 octobre) à porter sur le président un jugement favorable (et 54 % un avis contraire). Pour Jean-Marc Philibert, il s'agit là de la première vraie grande crise du sarkozysme. « Elle a des conséquences incalculables pour le président de la République, qui peut notamment lui imputer sa défaite aux élections régionales de mars 2010[1]. »

Les écuries d'Augias

Pour contre-attaquer, l'Élysée tente de présenter Jean Sarkozy comme un surdoué de la politique, maîtrisant ses dossiers sur le bout des doigts. Ce n'est pas tout à fait l'opinion des élus de l'opposition (à l'époque quinze sièges sur quarante-cinq au conseil général). « C'est effectivement un garçon intelligent, courtois, doté de qualités oratoires et qui apprend vite. Mais dire qu'il domine les dossiers techniques, c'est très exagéré. Comme président de la commission des Transports,

1. *Ibid.*, p. 224.

de la circulation et de l'environnement – une fonction protocolaire – il ne fait que dérouler l'ordre du jour, sans se tenir au courant des détails des opérations. En fait, Jean Sarkozy se manifeste principalement par ses interventions politiques », constate Vincent Gazeilles, seul élu vert du conseil général du 9-2[1]. Le conseiller général de Clamart s'étonne que le fils du président n'ait jamais émis la moindre critique sur l'action de la droite, à la tête de ce département depuis sa création en 1967, sans interruption. Même si son père Nicolas Sarkozy a présidé le département de 2004 à 2007. « Jean Sarkozy reproduit exactement ce qu'il a appris. C'est étonnant chez un garçon aussi jeune de se couler aussi facilement dans un moule », ajoute Vincent Gazeilles.

En 2008, Patrick Devedjian, président du conseil général, s'est engagé à nettoyer « les écuries d'Augias ». Quatre dossiers sont aux mains de la justice. L'affaire Bottolaccio, concernant un système de favoritisme sur des commandes d'équipement informatique de quatre-vingt-sept collèges. L'affaire Garcia, portant sur la passation d'un marché de réhabilitation d'un collège d'Issy-les-Moulineaux, l'affaire de la Maison de l'Outre-Mer, créée par Charles Pasqua, et enfin l'affaire Hamon, mettant en cause Charles Pasqua et André Santini, que nous évoquerons plus loin[2].

Même son de cloche de la part de Michèle Canet, ancienne conseillère générale socialiste de Châtenay-Malabry et présidente du groupe Parti socialiste-Europe Écologie-Les Verts au conseil général jusqu'en mars 2011. « Au lendemain de son élection, Jean Sarkozy annonçait qu'il souhaitait travailler avec tout le monde. En fait, il n'a jamais demandé à me rencontrer. Il ne remet pas en cause le mode de fonctionnement du conseil général

---

1. Entretien avec l'auteur, décembre 2009, Clamart.
2. Béatrice Jérôme, « Querelle de famille à droite au cœur de la Sarkozie », *Le Monde Magazine*, 12 mars 2011.

des Hauts-de-Seine, qui consiste à marginaliser l'opposition. À la limite, Charles Pasqua nous écoutait et nous respectait davantage », constate la responsable socialiste[1]. « En fait, Jean Sarkozy intervient très peu. Il se contente la plupart du temps de lire des notes préparées par ses “conseillers”. Je ne vois rien de très génial dans tout cela », note pour sa part Bernard Lucas, le conseiller général socialiste de Colombes-Nord-Ouest[2]. En revanche, tous les élus de droite ont refusé – officiellement – de répondre à nos questions concernant Jean Sarkozy.

Malgré les sondages catastrophiques commandés discrètement par le « château », Nicolas Sarkozy résiste pendant deux semaines. Il s'est persuadé que derrière son fils, c'est lui qui est visé. Frédéric Lefebvre, porte-parole de l'UMP, évoque un complot des médias qui tenteraient de « faire trébucher » Nicolas Sarkozy. Accusation surprenante quand on connaît les liens qui unissent le président de la République à la plupart des patrons de presse, de Francis Bouygues à Arnaud Lagardère, en passant par Vincent Bolloré et Serge Dassault. *Le Figaro*, dont le lectorat penche majoritairement à droite, a même tenté de minimiser la colère de ses abonnés. « Sur le site Lefigaro.fr, plus de neuf mille internautes ont laissé des messages, incendiaires pour la plupart. Un record », note Hervé Liffran[3].

Pourquoi tant de haine?

Un sondage CSA révèle que 64 % des Français – et surtout 51 % des sympathisants de l'UMP – sont hostiles

1. Entretien avec l'auteur, octobre 2009.
2. Entretien avec l'auteur, octobre 2009.
3. « Sarko prépare un nouveau trône pour le Prince Jean », *Le Canard enchaîné*, 28 octobre 2009.

à cette candidature à la tête de l'Épad. Plus grave encore, une étude de l'Ifop évoque des dégâts profonds et peut-être irréversibles au cœur de l'électorat de Nicolas Sarkozy. Notamment parmi ceux qui votaient Front national, et qui l'avaient rejoint en 2007. Pour ces déçus du sarkozysme, le locataire de l'Élysée aurait montré son vrai visage, un être cynique et sans scrupule, donnant le sentiment que tout lui était permis, y compris catapulter son fils de vingt-trois ans sans diplôme sur un tas d'or. « Pourquoi, alors, tant de haine contre cet homme ? On a rarement vu un pouvoir autant vomi, moins pour sa politique que pour la personne de son chef, qui hystérise tout », s'interroge Franz-Olivier Giesbert[1].

« C'est tout simplement indécent vis-à-vis de tous les Français qui galèrent. Le président et son fils savent-ils au moins ce qu'est l'éthique ? Jean Sarkozy est-il le plus compétent pour apprécier le nombre de mètres carrés de bureaux et de logements qu'il faut construire à La Défense, alors qu'il n'y a pas si longtemps il rêvait de faire acteur ? », s'interroge Patrick Jarry, le maire de Nanterre, ancien communiste, membre de la Fédération pour une alternative sociale et écologique, et candidat à la présidence de l'Épad[2].

Libération croit savoir que l'Élysée ne s'est vraiment affolé que lorsqu'il a appris que des dizaines de milliers de diplômés chômeurs se contactaient sur Internet, projetant d'envahir La Défense pour réclamer du travail le 4 décembre, jour de l'élection du nouveau président de l'Épad[3]. Imaginez les conséquences catastrophiques de telles images diffusées par les télévisions du monde entier… Qui décide le premier d'arrêter les frais ? *Le Monde* écrit que, le mercredi 21 octobre, le chef

1. F.-O. Giesbert, *op. cit.*, p. 11.
2. Entretien avec l'auteur, Nanterre, octobre 2009.
3. Antoine Guiral, « Le "soupçon" fait reculer les Sarkozy », *Libération*, 23 octobre 2009.

de l'État hésite encore. Tant par affection paternelle que par peur d'essuyer le premier gros échec de son quinquennat. Quant à Jean Sarkozy, il est « très ébranlé. Les caricatures dans la presse l'ont blessé. Il a détesté les éditoriaux qui le présentaient en "fils de[1]". » Un proche du conseiller général du canton de Neuilly-Sud insiste sur le rôle qu'aurait joué Jessica Sebaoun, son épouse âgée de vingt et un ans. Sa famille possédait l'électroménager Darty, vendu depuis à un groupe anglo-saxon. Elle est enceinte et n'apprécie guère de voir son mari à ce point ridiculisé. L'a-t-elle convaincu de renoncer? Jean Sarkozy prend sa décision le jeudi matin 22 octobre, après une conversation avec le président de la République. Pratiquement personne n'a été mis dans la confidence, pas même – ou surtout pas – les Balkany.

Le soir, invité sur le plateau du « 20 heures » de France 2, le cheveu court et de fines lunettes sur le nez, il annonce qu'il sera bien candidat au poste d'administrateur de l'Épad, « mais si je suis élu, je ne briguerai pas la présidence ». Car, dit-il, « Je ne veux pas d'une victoire qui porte le poids d'un tel soupçon. Je n'accepte pas que ce soupçon de favoritisme, de passe-droit, de traitement de faveur puisse peser. J'ai fait le choix de la raison. » Malgré tout, le conseiller général des Hauts-de-Seine qualifie sa candidature de « pleinement légitime » et annonce qu'il mènera « des combats dans les années qui viennent devant les électeurs ». Sa « vocation politique » n'est nullement émoussée.

La presse, en particulier les sites Internet, n'a pas manqué de se gausser de cette prestation. Pour commencer, de quel droit un simple conseiller général bénéficie-t-il d'un tel traitement de faveur : apparaître sur le plateau du journal de 20 heures à la télévision? Ensuite, Jean

1. Raphaëlle Bacqué, Béatrice Jérôme, Arnaud Leparmentier et Patrick Roger, « Pourquoi Jean Sarkozy a renoncé à briguer la présidence de l'Épad », *Le Monde*, 24 octobre 2009.

Sarkozy est apparu, malgré son jeune âge, comme un vieux briscard de la politique. « Tel le clone politique de son père, il a débité les formules paternelles maintes fois entendues ("Vous savez, David Pujadas, j'ai beaucoup réfléchi…", "J'assume mes responsabilités", "On ne fait pas de la politique tout seul, mais parce qu'on aime les gens") avec une diction bien connue, elle aussi, des Français[1]. » Henri Emmanuelli, député socialiste des Landes, lâche cette phrase assassine : « Il a eu un accès de lucidité. Médicalement parlant, c'est rassurant. » Il n'empêche, le jeune homme est doué et, dans un moment aussi difficile, Jean Sarkozy réussit une assez belle prestation.

Les zélateurs de la candidature de Jean Sarkozy changent aussitôt leur fusil d'épaule. « Toute honte bue, ils parlent de "maturité" pour qualifier la reculade du fils sacrifié et assurent qu'il est à l'aube d'une grande carrière politique », constate Antoine Guiral[2]. Pour Xavier Bertrand, alors secrétaire général de l'UMP, « dans cette épreuve, parce que ça en a été une pour lui, il a témoigné d'une vraie personnalité, d'un vrai caractère et aussi de qualités de quelqu'un qui sait écouter et qui sait entendre ».

La « Chantal Goya » de Puteaux

Alors que va-t-il se passer à présent? C'est là que le bât blesse : l'Élysée n'a pas prévu de plan B. Le conseil d'administration de l'Épad compte quatre élus de droite, quatre de gauche, un représentant de la Chambre de commerce et d'industrie de Paris et neuf fonctionnaires nommés par plusieurs ministères. Or, Patrick Devedjian est frappé par la limite d'âge, tout

1. Antoine Guiral, « Le "soupçon" fait reculer les Sarkozy », *op. cit.*
2. « Les politiques et les médias toujours diserts », *Libération*, 24 octobre 2009.

comme Jacques Kossowski, le député-maire UMP de Courbevoie (alors âgé de soixante-neuf ans), et Claude Leroi, le président de la CCI (soixante-dix ans). Jean Sarkozy n'étant plus candidat, il ne reste plus à droite que Joëlle Ceccaldi-Raynaud, députée-maire de Puteaux (cinquante-huit ans). Ce n'est pas le premier choix. En matière de népotisme, on peut difficilement faire pire. Non seulement elle a succédé à son père, Charles Ceccaldi-Raynaud, maire de Puteaux pendant trente-cinq ans, mais ce dernier a également présidé l'Épad, de 1987 à 1989, puis de 1993 à 1998. Charles Ceccaldi-Raynaud était le suppléant de Nicolas Sarkozy comme député de la circonscription de Neuilly-Puteaux, et Joëlle Ceccaldi-Raynaud a succédé à Nicolas Sarkozy en 2007 comme députée. Enfin, qui a repris aux élections cantonales de 2011 le siège de Charles Ceccaldi-Raynaud, quatre-vingt-six ans ? Son petit-fils, Vincent Franchi, par ailleurs adjoint au maire de Puteaux chargé de l'enseignement, de la culture et de la jeunesse.

Mais pour barrer la route à Patrick Jarry, le maire de Nanterre alors étiqueté communiste, l'Élysée se résigne à faire élire Joëlle Ceccaldi-Raynaud – que les mauvaises langues du 9-2 surnomment « Chantal Goya ». Avant même son élection, cette dernière a prévenu qu'elle ne serait pas une présidente de transition. « Si je suis élue, ce sera pour quelque temps. » Nicolas Sarkozy en sait quelque chose : lors de son départ du gouvernement en 2004, il a rencontré toutes les peines du monde pour retrouver son siège de député, occupé par sa suppléante. Joëlle Ceccaldi-Raynaud refusa en effet de démissionner. « Idem lorsque son propre père, Charles Ceccaldi-Raynaud, voulut retrouver son poste de maire de Puteaux cédé à son adjointe de fille pour raison médicale. [...] Le paternel en fut quitte pour se présenter contre la chair de sa chair en 2008 : pathétique tragi-comédie familiale dont Mme Sans-Gêne sortit victorieuse[1]. » Au deuxième tour des élections municipales, Joëlle triomphe avec 52,98 % des suffrages. Son père doit se contenter de 7,75 %.

Depuis, les relations entre le père et sa fille n'ont cessé de se dégrader. Charles Ceccaldi-Raynaud règle ses comptes. « L'Épad aurait mieux fait de mettre à sa tête un fonctionnaire plutôt que ma fille. Elle n'en a pas les compétences », lâche l'ancien maire de Puteaux. Puis, fixant son interlocuteur de ses yeux bleus encore très vifs, il ajoute : « C'est un mauvais remake du feuilleton de l'Épad. Quant à Jean Sarkozy, à cause de son père, il n'ira jamais très loin en politique. Mais suis-je bien placé pour faire des reproches aux Sarkozy? Chez les Ceccaldi-Raynaud, c'est le père, la fille et le petit-fils. On aboutit à la création d'une dynastie », ajoute-t-il avec un sourire amer[2]. Pour l'anecdote, Joëlle Ceccaldi-Raynaud a facilement battu Patrick Jarry par quatorze voix contre quatre. Tous les hauts fonctionnaires membres du conseil d'administration de l'Épad, nommés par le gouvernement, ont voté pour la maire de Puteaux.

En octobre 2010, quelques jours avant l'élection du délégué UMP de la circonscription Neuilly-Puteaux, nous avions rendez-vous avec Charles Ceccaldi-Raynaud. Jean Sarkozy remettait son titre en jeu. « À Puteaux, ils vont tricher. La mairie sait très bien faire cela. L'élection sera entachée d'irrégularités. Jean va passer dans un fauteuil », pronostiquait l'ancien élu. Le fils du président de la République est effectivement passé avec 85,62 % des suffrages, son adversaire le plus dangereux n'obtenant que 6,57 % des voix. En 2008, Jean Sarkozy avait été le seul à poser sa candidature. Cette fois, trois fois plus de militants se sont déplacés pour ce scrutin. Nous avons rappelé Charles Ceccaldi-Raynaud après le vote.

---

1. Violaine de Montclos, « À l'affiche : Joëlle Ceccaldi-Raynaud », *Le Point*, 10 décembre 2009.
2. Entretien avec l'auteur, Puteaux, octobre 2010.

« Je serais très intéressé de savoir d'où viennent ces militants trois fois plus nombreux. Ont-ils payé leurs cotisations, ou plutôt, qui a payé leurs cotisations ? » Puis, s'en prenant une nouvelle fois à sa fille, le maire de Puteaux ajoutait : « Joëlle Ceccaldi-Raynaud est coutumière des méthodes très spéciales. Juste avant les dernières élections municipales, toutes les personnes qui reçoivent leurs repas à domicile se sont vu remettre des procurations en blanc. N'est-ce pas de la tricherie[1] ? »

1. « La réélection de Sarko junior vue par l'ex-maire de Puteaux », www.bakchich.info, 23 octobre 2010.

22
L'ÉPAD, LA POULE AUX ŒUFS D'OR

Neuilly-sur-Seine est le symbole même de la ville riche. Elle ne l'est toutefois pas autant que sa petite voisine, Puteaux. La cité, autrefois ouvrière, ruisselle d'argent depuis la création du quartier d'affaires de La Défense, à la fin des années 1950, qui se déploie sur les deux tiers de son territoire. Puteaux est si riche qu'elle peine à dépenser toutes ses recettes. En 2007, son bas de laine atteignait 228 millions d'euros ! Les deux villes, séparées par la Seine, se sont toujours regardées en chiens de faïence. Il serait plus juste de dire que Puteaux jalouse Neuilly, aspire à devenir un petit Neuilly, mais que Neuilly snobe en revanche Puteaux. « Dans les années 1950, on ne traversait le pont de Puteaux qu'avec mille précautions pour aller, de temps en temps, à la piscine située sur l'île du même nom », se souvient Jean-François Minne. « Un mot courait pour qualifier ceux "d'outre-Seine" : "fils de Garches et enfants de Puteaux". Au-delà du fleuve, c'était la jungle[1]. » Puteaux fut longtemps une ville industrielle, active dans l'automobile, l'aéronautique, l'armement et les fameuses encres Charles Lorilleux. Elle fut dirigée par un socialiste, Georges Dardel, jusqu'en 1969.

1. J.-F. Minne, *op. cit.*, p. 21.

George Dardel accueille Charles Ceccaldi-Raynaud comme directeur de l'office HLM, avant de le placer sur sa liste électorale en 1965 et d'en faire son adjoint. Né à Bastia en 1925, Charles Ceccaldi-Raynaud est un homme de petite taille, à la pugnacité hors du commun, qui a passé son enfance en Afrique du Nord. D'abord avocat puis commissaire de police, il fut, au moment de la guerre d'Algérie, l'un des hommes forts de la SFIO, l'ancêtre du Parti socialiste. Victime d'un grave accident de la circulation, Georges Dardel choisit Charles Ceccaldi-Raynaud pour le remplacer… le temps, du moins, de sa convalescence. Mais le « petit Bastiais » ne lui a jamais rendu son fauteuil. En 1971, les deux hommes se retrouvent face à face aux élections municipales. La campagne électorale, particulièrement violente, inspirera le film de Pierre Granier-Deferre *Adieu poulet*, avec Lino Ventura et Patrick Dewaere en 1975. Lors d'une fusillade, un colleur d'affiches socialiste est tué, et six autres partisans de Georges Dardel sont blessés. Quels furent les auteurs de ce drame ? Des proches de Charles Ceccaldi-Raynaud, qui avait constitué un « comité électoral », composé de gros bras corses et d'employés municipaux, dirigé par son beau-frère Antoine Gianni.

Vingt personnes sont mises en examen, quatre d'entre elles seront condamnées à de la prison ferme en 1974. Le maire n'est pas directement inquiété, même s'il est reconnu civilement responsable de la fusillade, qui impliquait des employés dépendant de son autorité ; il est en outre condamné à verser 200 000 francs de dommages et intérêts[1]. Florence d'Harcourt garde un souvenir cuisant des suites de cette fusillade « qui valut bien des ennuis

1. *Cf.* sur le portail du Parti socialiste de Puteaux, l'article « Puteaux-Chicago », www.ps-puteaux.com, 1er avril 2001.

à Ceccaldi-Raynaud et surtout à son beau-frère. [...] À ce sujet, je reçus en 1973 un coup de fil de Michel Baroin, alors conseiller d'Achille [Peretti] à la présidence de l'Assemblée nationale. Celui-ci eût voulu que j'intervinsse auprès de mon beau-frère, Jean Taittinger, alors garde des Sceaux. Ces gens-là s'imaginaient tranquillement que députés et ministres de la République avaient tous l'habitude de couvrir les "loupés" de leurs amis politiques[1]. » Michel Baroin, aujourd'hui décédé, est le père de François Baroin, le ministre de l'Économie, des Finances et de l'Industrie. Lâchée par sa famille politique, qui avait tenté d'imposer Robert Hersant dans sa circonscription et de l'évincer sans ménagement, Florence d'Harcourt ne s'est pas gênée pour dénoncer les « tontons flingueurs putéoliens ».

Apparemment, les méthodes musclées de Charles Ceccaldi-Raynaud, exclu du Parti socialiste – et qui va bientôt rejoindre la droite –, n'effraient guère les Putéoliens, qui l'élisent dès le premier tour avec 65 % des voix. Il est vrai que son voisin de palier, Achille Peretti, originaire d'Ajaccio et maire gaulliste de Neuilly depuis 1947, lui a apporté un soutien actif. Georges Dardel était violemment hostile à l'Établissement public d'aménagement de La Défense, qui procédait à cette époque à ses premières expropriations. Cette banlieue abritait à l'époque des ateliers industriels, des immeubles vétustes et des bidonvilles. « Il soutient les petits propriétaires que l'on chasse et s'insurge contre les projets du "grand capital". Il croit encore à la vocation ouvrière de sa ville et espère attirer de nouvelles usines », racontent Hélène Constanty et Pierre-Yves Lautrou[2].

En revanche, Charles Ceccaldi-Raynaud comprend très vite ce que sa ville et lui-même peuvent gagner

---

1. F. d'Harcourt, *op. cit.*, p. 114.
2. H. Constanty et P.-Y. Lautrou, *op. cit.*, p. 130.

avec le développement de cet ambitieux quartier d'affaires, qui aspire à devenir un petit Manhattan parisien. Peu importe que ce soit des cadres qui remplacent les ouvriers comme administrés de Puteaux. Le nouveau maire ne change-t-il pas lui-même d'étiquette politique pour se muer en un actif militant du mouvement gaulliste ? Suppléant de Nicolas Sarkozy, il devient député de 1993 à 1995 lorsque celui-ci entre au gouvernement d'Édouard Balladur. Le maire de Puteaux devient ensuite sénateur de 1995 à 2004. Joëlle, suppléante de Nicolas Sarkozy, lui a succédé en 2007. On l'a compris, les deux villes, qui composent la sixième circonscription des Hauts-de-Seine, sont intimement liées. Et les deux familles tout autant.

Joëlle Franqui, née Ceccaldi-Raynaud, a été collaboratrice du cabinet du maire de Neuilly pendant sept ans, de 1990 à 1997. Jean-Jacques Chiquelin, journaliste au *Nouvel Observateur*, découvre que « la standardiste de l'hôtel de ville ne la connaît pas. Joëlle Franqui n'avait ni bureau ni assistante. L'opposition ne se souvient pas d'avoir jamais aperçu cette femme aux côtés du maire au conseil municipal[1]. » Même Charles Ceccaldi-Raynaud, maire de Puteaux, jure ignorer cette collaboration dans la commune voisine : « Joëlle Franqui ne travaille pas à la mairie de Neuilly puisqu'elle est premier adjoint à la mairie de Puteaux », assure-t-il. Victor Noir rapporte qu'en mai 1997, « après la réélection de Sarkozy, sa rémunération de collaboratrice aurait cessé de lui être versée, selon Brice Hortefeux[2]. » Bref, comme la justice ne s'est pas saisie de l'affaire, il n'y a pas d'emploi fictif. On doit se contenter de parler d'une collaboration très très discrète…

1. V. Noir, *op. cit.*, p. 208.
2. *Ibid.*

La cagnotte du mouvement gaulliste

En 2008, La Défense a fêté son demi-siècle. Ce quartier d'affaires est devenu un géant, avec 3 millions de mètres carrés de bureaux, mille deux cents sièges sociaux, soixante et onze tours, et cent soixante-dix mille salariés (dont 49 % de cadres) qui viennent y travailler chaque jour. Ajoutez 600 000 mètres carrés de logements, dans lesquels vivent vingt mille personnes. Pour les optimistes, c'est la plus belle composition urbaine du XXe siècle. L'Épad, dont la mission est d'aménager le site de La Défense pour le compte de l'État et des collectivités locales concernées (Puteaux, Courbevoie et Nanterre), suscite de nombreuses convoitises. En effet, « La Défense dispose depuis sa création d'un statut d'exception. Les règles d'urbanisme qui s'imposent au commun des mortels, partout en France, n'ont pas cours ici. C'est un peu un territoire "offshore" », résument Hélène Constanty et Pierre-Yves Lautrou[1]. En d'autres termes, le quartier de La Défense, né avec la Ve République, a toujours servi de cagnotte au mouvement gaulliste et, plus précisément, aux gaullistes des Hauts-de-Seine. Nicolas Sarkozy rêve de la faire tomber exclusivement dans son escarcelle. D'où l'acharnement pour tenter d'y imposer son fils. Pour faire simple, l'Épad gagne (fort bien) sa vie en vendant des terrains disponibles aux promoteurs. « À force de faire pousser des tours, l'Épad est devenue une véritable machine à *cash* », résume Olivier Drouin[2].

Le rapport de la Cour des comptes de 2007, qui s'est intéressée aux activités de l'Épad de 1997 à 2005, ne fait pas dans la nuance. On y lit que l'Épad, « dont la mission est celle d'un aménageur, assume depuis de nombreuses années un rôle d'exploitant en dehors de tout cadre

1. H. Constanty et P.-Y. Lautrou, *op. cit.*, p. 148.
2. « Pourquoi l'Épad suscite autant de convoitise », *Capital*, décembre 2009.

juridique régulier ». Mieux, la Cour relève, comme elle l'avait déjà fait en 1992 et en 1998, que l'Épad « se trouvait depuis longtemps dans la position d'un aménageur qui ne dispose d'aucun document d'urbanisme propre à sa mission ». Enfin, « Après un quasi demi-siècle d'existence, la Cour a constaté que la présentation des comptes de l'Épad n'est pas conforme aux lois, règlements et instructions en vigueur. Cette situation, qui a une origine ancienne, a fait l'objet de critiques réitérées de la Cour, critiques qui, longtemps, n'ont pas été suivies d'effet. » Pour rappel, parmi les anciens présidents de l'Épad, on retient les noms de Charles Ceccaldi-Raynaud (à deux reprises, de 1987 à 1989 et de 1993 à 1999) et de Nicolas Sarkozy (2005 à 2007). Finalement, Charles Pasqua, l'ancien président du conseil général, en n'assumant pas directement cette responsabilité, s'est montré plus prudent.

Voici donc un Établissement public qui utilise depuis 1958 un « plan comptable dérogatoire qui n'a pas été validé par le Conseil national de la comptabilité publique ». Les rapports concluent à la permanence de « nombreuses et graves anomalies comptables », qui, selon la Cour des comptes l'empêchent de se prononcer sur « la régularité, la sincérité et l'image fidèle du patrimoine et des résultats de l'établissement ». Interrogé sur le bilan de l'Épad par Jean Arthuis, alors président de la commission des finances du Sénat, Bernard Bled, son directeur général – et ancien directeur général des services du conseil général des Hauts-de-Seine sous Charles Pasqua –, répond en 2007 dans un grand élan de sincérité : « Je vous prie de m'excuser pour ce mot qui ne devrait pas être prononcé ici, mais nous sommes dans une sorte de grande nébuleuse en la matière. » Ce qui fait dire à Christian Descheemaeker, le président de la 7e chambre de la Cour des comptes : « Comment éclaircir des stratifications comptables qui s'étalent sur cinquante ans ? Nous devons être lucides : c'est impossible. »

23

Le plus grand centre d'affaires du monde

Gérard de Senneville, qui a dirigé l'Épad de 1987 à 1990, dépeint un univers impitoyable – à la Dallas – de promoteurs privés et publics. Ce haut fonctionnaire révèle comment il s'est heurté « à l'égoïsme de certains élus locaux, à la cupidité du ministère du Budget, à la faiblesse des administrations de tutelle face à l'esprit conquérant des promoteurs publics et privés[1] ». Certains mauvais esprits se souviendront de l'affaire Pellerin et de la tour BP. Mis en examen pour « complicité d'abus de biens sociaux, complicité de faux et usage de faux » en 1992, le promoteur Christian Pellerin bénéficiera finalement d'un non-lieu quatre ans plus tard. Cet imbroglio, « mêlant affairistes, élus de droite, policiers ripoux et membre du milieu », provoquera deux suicides ; un agent d'assurances se retrouvera pendu avec une balle dans la tête, et un brigadier de police, surnommé « San Antonio », se suicidera dans sa voiture[2]. Contentons-nous de rappeler que les chantiers de La Défense ont fait jusque-là le bonheur des formations politiques des Hauts-de-Seine.

1. Gérard de Senneville, *La Défense, le pouvoir et l'argent*, Albin Michel, 1992.
2. Alain Leauthier, « Il n'y a plus d'affaire Pellerin », *Libération*, 27 juillet 1996.

Gérard de Senneville s'intéresse à Christian Pellerin qui, à cette époque, « aux yeux de l'opinion [...] est donc l'homme qui a fait La Défense ». Et qui, en clair, en a fait sa chasse gardée. « Cela s'explique par un quasi-monopole, durant cette période, dans l'attribution des droits de construire dans le quartier d'affaires. À part la Grande Arche et la tour Voltaire, peu d'immeubles importants lui ont échappé », écrit-il[1]. Presque toutes les attributions dans le quartier d'affaires avaient lieu de gré à gré sans véritable concurrence. Froidement, Gérard de Senneville décrit le faste des fêtes données par Christian Pellerin, avec concert de Ray Charles, feu d'artifice et lâcher de montgolfières. « On ne pouvait manquer de penser à un prince de la Renaissance dans cette conjugaison de l'art de la fête et la manifestation de la puissance[2]. »

C'est la personnalité de Charles Ceccaldi-Raynaud, alors président de l'Épad, qui retient l'attention du haut fonctionnaire. Après avoir présenté le maire de Puteaux comme un « homme d'une intelligence remarquable, rusé et fin négociateur », Gérard de Senneville décrit de manière clinique les combinaisons échafaudées « avec un art obsédant par Ceccaldi-Raynaud ». Pour bloquer toutes les opérations, l'élu se jette sur le moindre détail. « Il arrive ainsi à immobiliser les plus belles mécaniques par un grain de sable habilement placé. Cela tient du génie. Comme les intérêts en jeu sont généralement énormes, le partenaire ainsi bloqué est prêt à toutes les concessions et Ceccaldi-Raynaud le laisse mijoter en ne bougeant pas d'un pouce, mais en ajoutant goutte à goutte des exigences nouvelles[3]. » La fin est annoncée : le maire de Puteaux obtient la peau du directeur général

1. G. de Senneville, *op. cit.*, 1992, p. 35.
2. *Ibid.*, p. 38.
3. *Ibid.*, p. 77.

de l'Épad. Ce dernier, lors de la publication de son livre, fait l'objet d'une procédure disciplinaire. Bien que tenu au devoir de réserve, Gérard de Senneville sera finalement totalement blanchi[1].

Juste après l'élection présidentielle de 2007, Charles Ceccaldi-Raynaud, l'ancien suppléant de Nicolas Sarkozy, est mis en examen pour « favoritisme, recel d'abus de biens sociaux et corruption passive ». L'affaire porte sur le chauffage et la climatisation des trois millions de mètres carrés de bureaux de La Défense et de dix mille logements sur Puteaux et Courbevoie. Un très juteux marché, attribué en 2001 alors que le maire de Puteaux préside le Sicudef, le syndicat intercommunal – à cheval sur Puteaux, Courbevoie et Nanterre – qui a attribué le marché public. En cause, un virement suspect de 750 000 euros au Luxembourg lors de la signature du marché, non éclairci à ce jour. Charles Ceccaldi-Raynaud affirme qu'il a bien eu vent de rumeurs de pots-de-vin autour de ce marché public, mais clame son innocence. Il évoque même un héliportage au Grand Duché ! Mais « aucun pilote d'hélicoptère n'a fait état de mon déplacement au moment de l'attribution de la concession ; je n'en connais aucun, aucun ne me connaît[2] ». Un conseiller financier installé au Luxembourg a, pour sa part, confirmé l'existence de possibles détournements de fonds portant sur 15 millions d'euros.

Lors des deux entretiens qu'il nous a accordés à son domicile de Puteaux en avril et en octobre 2010, Charles Ceccaldi-Raynaud a clairement accusé sa fille Joëlle d'avoir perçu de l'argent dans ce dossier, nous indiquant le nom de la banque dans laquelle l'argent avait été déposé. Il nous a également communiqué le nom des

---

1. Pierre-Yves Lautrou, « La cagnotte de La Défense », www.lexpress.com, 28 octobre 2005.
2. Renaud Lecadre, « L'ex-suppléant de Sarkozy à l'Assemblée mis en examen », *Libération*, 14 août 2007.

différents titulaires sous lesquels les comptes avaient été ouverts, sans toutefois étayer ses accusations par la moindre preuve. « Quand la juge de Nanterre Isabelle Prévost-Desprez a perquisitionné le domicile de ma fille, puis quelques mois plus tard son bureau à l'Assemblée nationale en 2003, cet argent a été placé dans des assurances-vie », assure le « renard argenté des Hauts-de-Seine[1] ». « Pour plus de discrétion, les rendez-vous ne se tiennent plus à Luxembourg, mais à Metz. Le juge d'instruction possède toutes les preuves. Les mises en examen ne vont pas tarder à tomber. Ma fille étant présidente de l'Épad, ça va faire du bruit! », se réjouit Charles Ceccaldi-Raynaud, en guerre ouverte contre sa fille[2]. Depuis cette déclaration, qui remonte à une année, rien n'a bougé dans ce dossier, qui prend la poussière au palais de justice.

Isabelle Prévost-Desprez, aujourd'hui présidente de la chambre financière du tribunal de grande instance de Nanterre, raconte qu'elle a également perquisitionné des résidences en Corse de l'ancien maire de Puteaux, Charles Ceccaldi-Raynaud, ainsi que les locaux de sa mairie et son bureau au Sénat. Évoquant ce dossier, elle écrit : « Le déroulement de cette perquisition illustrait, de façon frappante, le climat d'obstruction permanente qui régnait dans cette affaire. J'ai compris qu'ils trouveraient tous les moyens pour faire obstacle et que rien ne les arrêterait puisque, pensaient-ils, je n'étais pas "contrôlable". Pour eux, la justice n'était qu'une présence importune dont il fallait se débarrasser. J'avais à leurs yeux franchi des frontières invisibles[3]. »

La modestie de l'appartement occupé par Charles Ceccaldi-Raynaud, au dernier étage d'une tour des Jar-

1. Entretien avec l'auteur, Puteaux, avril 2010.
2. Entretien avec l'auteur, Puteaux, octobre 2010.
3. Isabelle Prévost-Desprez et Jacques Follerou, *Une juge à abattre*, Fayard, 2010, p. 235.

dins Boieldieu à Puteaux, nous a suffisamment frappés pour que nous évoquions ce détail avec l'une des personnes ayant participé aux perquisitions dans l'île de Beauté. Celle-ci a aussitôt souri, se contentant de répondre : « On voit tout de suite que vous n'avez pas visité ses demeures en Corse, ce sont de véritables châteaux ! Rien à voir avec son appartement de Puteaux. [...] Je ne suis pas optimiste. Comme je l'exprime dans mon livre, le pouvoir de l'argent a vaincu la justice. Cela se sent tout particulièrement dans les Hauts-de-Seine, ce département considéré comme un "duché présidentiel". Philippe Courroye, le procureur de Nanterre, agit en gardien des intérêts du sommet de l'État. Le pouvoir politique ne considère même plus les procureurs comme des magistrats. L'Élysée leur donne des ordres, comme à des préfets, et même à des sous-préfets », déplore Isabelle Prévost-Desprez[1].

Une ambition mégalomaniaque

Apparemment, la justice prend tout son temps dans cette affaire. Dix ans déjà. Saurons-nous un jour la vérité ? Charles Ceccaldi-Raynaud a eu quatre-vingt-six ans en juin 2011. En 2001, deux des heureux bénéficiaires du marché de la chaufferie de La Défense étaient déjà âgés de quatre-vingt-huit et de soixante-douze ans. Que fabriquait Alain Afflelou dans cette galère ? On sait seulement que le lunettier a été entendu comme témoin assisté par Richard Pallain, le juge chargé de l'instruction, en septembre 2010.

En prenant la présidence du conseil général des Hauts-de-Seine et, dans la foulée, la présidence de l'Épad le 1er avril 2005, Nicolas Sarkozy, par ailleurs ministre de l'Intérieur et de l'Aménagement du territoire,

1. Entretien avec l'auteur, Nanterre, mai 2010.

prend conscience du déclin de La Défense. « Treize des soixante et onze tours, soit 20 % de la surface du parc de bureaux du quartier des affaires, sont invendables du fait de leur obsolescence[1]. » Dès 2006, Nicolas Sarkozy lance un plan de renouveau : 150 000 mètres carrés seront démolis et reconstruits, auxquels s'ajouteront 300 000 mètres carrés de bureaux neufs supplémentaires. Cela représente un chiffre d'affaires de 4 à 5 milliards d'euros, et un bénéfice pour l'Épad de près d'un milliard d'euros en droits de construire.

Or, les 160 hectares de La Défense approchent de la saturation. Il faut donc dénicher d'autres terrains. Par chance, il existe une alléchante réserve foncière de 320 hectares située sur la commune de Nanterre, juste derrière la Grande Arche. Le problème est que cette zone est gérée par un autre établissement public, l'Établissement public d'aménagement de Seine-Arche (Épasa). Or, Nanterre vote à gauche, et son maire, Patrick Jarry, président de l'Épasa, est alors membre du Parti communiste. Il est peu disposé à ce que des tours de haut standing viennent assombrir le ciel de sa commune. Mais peu importe, Patrick Jarry n'est même pas consulté lorsque Philippe Chaix, ancien conseiller RPR de Paris, ancien secrétaire général de la préfecture des Hauts-de-Seine et homme de confiance de Nicolas Sarkozy, coiffe en octobre 2008 les deux casquettes de directeur général de l'Épad et de l'Épasa. La fusion peut être amorcée.

Curieux hasard, la réunion des deux établissements publics est justement planifiée lorsque Jean Sarkozy se porte candidat à la présidence de l'Épad. Il est en effet prévu que le fils du président de la République prenne la tête à court terme de l'Établissement public d'aménagement de La Défense Seine-Arche, l'Épadsa. Un gâteau

---

1. Béatrice Jérôme, « Pourquoi Nicolas Sarkozy ne veut pas perdre la maîtrise de l'Épad. Le renouveau de 2005 n'a pas porté ses fruits », *Le Monde*, 23 octobre 2009.

représentant 30 % du PIB de l'Ile-de-France, 10 % de celui de la France. Ce nouveau géant n'est pas concurrent « des autres pôles d'affaires hexagonaux, mais des grandes capitales économiques internationales : Londres, Francfort et Barcelone pour l'Europe, New York et Tokyo[1]. »

Nous n'en sommes encore qu'à l'apéritif. Aux 160 hectares de La Défense et aux 320 hectares de Seine-Arche, devront encore s'ajouter 290 hectares pris sur les communes de Nanterre et de La Garenne-Colombes. À vingt-trois ans, le conseiller général de Neuilly aurait rayonné sur 770 hectares, le plus grand centre d'affaires du monde. La nomination de Jean Sarkozy ne relève pas d'une simple lubie, mais bien d'un plan mégalomaniaque méticuleusement préparé depuis des années. À la même époque, Christian Blanc, alors secrétaire d'État chargé du développement de la région capitale, annonçait que La Défense gagnerait cent soixante mille emplois supplémentaires d'ici à quinze ans. « Nicolas Sarkozy compte bien déshabiller Paris et le reste de la région parisienne au profit des Hauts-de-Seine. Ce département, *son* département, dont le PIB dépasse celui du Maroc ou de la Grèce, deviendrait une sorte d'émirat, accueillant le siège des multinationales, et peuplé de cadres supérieurs[2]. »

Derrière ce projet fastueux se cache un autre plan, plus machiavélique : celui de faire subir à Nanterre le même sort qu'à Puteaux. À savoir, changer la population pour que la commune bascule à droite. Chef-lieu des Hauts-de-Seine, Nanterre est une ville de gauche sans discontinuité depuis 1935. Son maire, Patrick Jarry, a quitté le Parti communiste en 2010 pour prendre l'étiquette

---

1. « La Défense Seine-Arche : des établissements publics d'État au service d'un territoire stratégique », document fourni par La Défense Seine-Arche, 13 octobre 2009.
2. Ian Hamel, « Le 9-2, retraite dorée de Sarko », *Siné Hebdo*, 2 décembre 2009.

Gauche citoyenne. Cette ville de quatre-vingt-dix mille âmes, divisée en trois cantons – votant tous à gauche -, a une superficie de douze hectares. L'Épadsa lui ferait perdre le contrôle de plus de la moitié de son territoire. En y construisant des bureaux et des logements haut de gamme, on y attirerait une population plus fortunée, et cette verrue rouge disparaîtrait du visage des Hauts-de-Seine. « Il faut bien comprendre que Nicolas Sarkozy ne raisonne plus en élu, mais en homme d'affaires, en servant les intérêts particuliers de quelques grands groupes financiers. Pour servir au mieux ses amis industriels, qu'il s'agisse de la vente des droits à construire, de l'exploitation des espaces publics, de la gestion opaque de l'Établissement public, il est indispensable de mettre à la tête un homme de confiance », analyse Séverine Tessier, ancienne conseillère municipale de Clichy et fondatrice de l'association Anticor, qui lutte contre la corruption[1].

En mars 2011, Vincent Franchi a finalement été élu aux élections cantonales à Puteaux, battant au second tour d'une courte tête (52,3 %) Christophe Grébert, candidat du MoDem, l'auteur de la pétition contre l'élection de Jean Sarkozy à la présidence de l'Épad. « Les systèmes s'effondrent dans les Hauts-de-Seine, celui de Puteaux ne tient plus qu'à un fils », ironise Christophe Grébert, qui compare son combat à ceux menés victorieusement par Jean-Christophe Fromantin à Neuilly, par Arnaud de Courson à Levallois et par Jean-André Lasserre à Courbevoie. « Nous demandons un développement plus humain, écologique et équilibré à La Défense. Et que propose Joëlle Ceccaldi-Raynaud, présidente de l'Épad depuis plus d'un an ? La seule fois où elle a ouvert la bouche c'est pour suggérer d'organiser des bals à La Défense ! », sourit Christophe Grébert[2].

1. Entretien avec l'auteur, décembre 2009.
2. Entretien avec l'auteur, Puteaux, mars 2011.

Quittons les rivages parfois boueux des Hauts-de-Seine pour nous remémorer l'histoire des sous-marins que la France a vendus au Pakistan en 1994, et dont des rétrocommissions auraient pu alimenter la campagne électorale d'Édouard Balladur – dont le bras droit, à cette époque, n'était autre que Nicolas Sarkozy. Il s'agit certes d'une histoire ancienne, mais qui est loin, très loin d'être terminée. Nous nous intéresserons également à la façon dont le pouvoir actuel met systématiquement des bâtons dans les roues de la justice. Notamment en usant, et en abusant, du fameux « secret défense ».

24
Sous-marins en eaux troubles

Atteindre le bureau « bunkérisé » du juge antiterroriste Marc Trévidic relève presque du parcours du combattant. De peur de voir les visiteurs errer dans les couloirs, le service d'information du palais de justice de Paris préfère leur fournir un plan afin de leur permettre de rejoindre la fameuse galerie Saint-Éloi, immortalisée par Jean-Louis Bruguière. Marc Trévidic dresse un portrait savoureux de son prestigieux prédécesseur : « C'est Zeus et Poséidon réunis. Au deuxième jour, il a créé le pôle antiterroriste. Quand il était son coordinateur, il était le seul à posséder la foudre[1]. » Jean-Louis Bruguière était surnommé « l'Amiral ». Plus modestement, Marc Trévidic se décrit comme un sous-marinier. Il ajoute aussitôt : « Je ne dis pas cela seulement à cause de l'affaire de Karachi. J'explore les profondeurs avec constance. Je n'ai pas peur des eaux troubles et des bas-fonds. C'est dans les eaux profondes que l'on trouve les plus beaux poissons, les plus inattendus. » Le magistrat pourrait bien accrocher un jour, au bout de ses lignes, quelques beaux spécimens. Un ancien Premier ministre, un ancien ministre de la Défense, et un ancien ministre du Budget devenu président de la République. Depuis le 16 mai 2011, les relations se sont dégradées entre

1. Marc Trévidic, *Au cœur de l'antiterrorisme*, JC Lattès, 2011, p. 8 et 312.

Jean-Louis Bruguière et son successeur. Marc Trévidic a convoqué « l'Amiral », pour lui demander des comptes « sur l'escamotage d'une pièce du dossier de l'attentat de Karachi[1] ».

Commissions et rétrocommissions

L'histoire remonte à 1993, quand la droite gagne les élections législatives, alors que François Mitterrand termine son septennat à l'Élysée. Jacques Chirac conserve un très mauvais souvenir de son séjour à Matignon lors de la première cohabitation entre 1986 et 1988. Édouard Balladur, son « ami de trente ans », promet de se dévouer. Il lui chauffera la place jusqu'à l'élection présidentielle de 1995. Mais rien ne se passe comme prévu. L'appétit venant en mangeant, Édouard Balladur lorgne rapidement sur l'Élysée. Les sondages ne lui sont-ils pas largement favorables? Il est très vite encouragé dans son dessein par Nicolas Sarkozy, jusqu'alors proche de Jacques Chirac et de sa fille Claude. Le problème, c'est qu'une élection présidentielle coûte fort cher, et que le maire de Paris tient bien solidement la cagnotte du RPR. Alors, comment trouver très rapidement quelques millions de francs? Il est un domaine dans lequel les profits peuvent rapidement devenir gargantuesques: celui des ventes d'armes. Grâce aux rétrocommissions.

Pour arracher le marché, on doit se montrer très généreux avec le pays acquéreur. Il faut alors graisser la patte, depuis le concierge jusqu'au chef de l'État, en passant par les officiers supérieurs de l'armée. Jusqu'en 2000, il était autorisé à corrompre les décideurs étrangers. Il suffisait de baptiser les bakchichs « frais commerciaux exceptionnels ». Qui peut connaître le degré de

1. Nicolas Cori et Patricia Tourancheau, « Le juge déjugé », *Libération*, 15 juillet 2011.

gourmandise du pays acheteur? Personne, en dehors des négociateurs. Il suffit donc de prétendre que le corrompu réclame 50 millions, alors qu'il se contentait de 30. Et le corrupteur garde pour lui 20 millions, ni vu ni connu. Ce sont les fameuses rétrocommissions.

De 1993 à 1995, le ministère de la Défense était occupé par François Léotard, membre de l'UDF. Après la victoire de Jacques Chirac, Charles Millon, également membre de l'UDF, lui succède. Quelque temps plus tard, l'élu de la région Rhône-Alpes se rend en Arabie saoudite. « L'un des dignitaires du royaume me lancera, excédé : "Vous vous rendez compte, vos amis sont beaucoup trop gourmands sur les contrats, avec les commissions : ils me donnent 8 % et gardent pour eux les 10 % restants. C'est n'importe quoi ! Qu'ils ne reviennent jamais ici ou je leur coupe la langue" », raconte Charles Millon[1].

En 1994, quatre pays sont sur les rangs pour vendre des sous-marins au Pakistan, la Chine, la Grande-Bretagne, la Suède et la France. Paris l'emporte. Le marché porte sur trois sous-marins de la catégorie Agosta, moyennant 5,5 milliards de francs (826 millions d'euros). Islamabad est l'un des pays les plus corrompus du monde. Benazir Bhutto, Premier ministre de 1993 à 1996, est mariée à Asif Ali Zardari, surnommé « Monsieur 10 % », et actuel chef de l'État. Cette fois, le couple va se contenter d'un peu moins. Au départ, il a été prévu de verser des pots-de-vin, équivalents à 6,25 % du contrat, à des intermédiaires pakistanais (51,6 millions d'euros). Dont 4 % doivent revenir à Benazir Bhutto et à Asif Ali Zardari. Des militaires de haut rang se partageant le reste.

Premier coup de théâtre : alors que l'affaire est déjà conclue, le pouvoir politique français – c'est-à-dire des proches d'Édouard Balladur, et plus particulièrement le

1. Fabrice Arfi et Fabrice Lhomme, *Le Contrat. Karachi, l'affaire que Sarkozy voudrait oublier*, Stock, 2010, p. 215.

ministère de la Défense – impose deux autres intermédiaires, Ziad Takieddine et Abdul Rahman El-Assir, destinataires de 4 % de commissions, soit 33 millions d'euros. Plus étrange encore, les deux hommes entendent toucher immédiatement la totalité de la somme. Alors qu'habituellement les versements se font au prorata des paiements du client.

Mais, en 1995, Édouard Balladur est battu dès le premier tour de l'élection présidentielle. Dès son arrivée à l'Élysée, Jacques Chirac n'a qu'une obsession: couper les vivres à Édouard Balladur en faisant cesser les commissions. C'est Charles Millon, nouveau ministre de la Défense, qui est chargé de la besogne. « Dans les contrats d'armement, ne vous y trompez pas, il y a du financement occulte de parti, mais aussi toujours un peu d'enrichissement personnel pour ceux qui trempent dedans[1] », confie-t-il aux journalistes de Mediapart, sans toutefois livrer de noms. La DGSE retrouve la trace d'éventuelles rétrocommissions au Luxembourg, en Suisse, à Malte, en Espagne, à Chypre, mais les enquêtes ne vont pas plus loin.

L'attentat de Karachi

L'affaire aurait pu en rester là, comme traditionnellement dans les ventes d'armes. La cour d'appel de Paris n'a-t-elle pas relaxé Charles Pasqua dans l'affaire de l'Angolagate en avril 2011? L'ancien ministre de l'Intérieur avait pourtant été condamné à trois ans d'emprisonnement, dont un ferme, par le tribunal correctionnel pour « trafic d'influence ». « Le marché de l'armement est laissé à l'entière discrétion du pouvoir exécutif. Celui-ci s'offusque qu'on puisse lui demander les informations les plus basiques. Il oppose immédiatement le secret

1. *Ibid.*, p. 214.

défense ! Ce qui est incroyable en France, c'est que les parlementaires ne possèdent aucun pouvoir de contrôle. Je m'étonne qu'aucun parti politique ne fasse une proposition de loi pour tenter de faire sauter ce verrou », déplore le juge antiterroriste Marc Trévidic[1]. Mais le 8 mai 2002, quinze personnes, dont onze Français, qui travaillaient pour la Direction des constructions navales (DCN) à la construction des sous-marins à Karachi, au Pakistan, sont tués dans l'explosion de leur bus devant l'hôtel Sheraton. Le contrat prévoyait un transfert de technologie, les sous-marins étant construits à Cherbourg et dans le port de Karachi.

Pendant plusieurs années, les autorités pakistanaises ont désigné un coupable, al-Qaida, et la France a accepté cette thèse. Puis Claude Thévenet, un ancien agent du contre-espionnage français de 1976 à 1991, employé par la DCN comme « agent de recherches privé », avance une autre hypothèse dans un rapport baptisé « Nautilus » : et si l'attentat était à mettre sur le compte de militaires pakistanais furieux de ne pas avoir perçu de commissions occultes ? Dans son rapport, on peut lire : « Les personnalités militaires ayant instrumentalisé le groupe islamiste qui a mené à bien l'action poursuivaient un but financier. Il s'agissait d'obtenir le versement de commissions non honorées. »

Marc Trévidic, en charge de ce dossier depuis le printemps 2009, abandonne la piste al-Qaida pour s'orienter vers un règlement de comptes entre Pakistanais et Français. Brutalement, l'affaire devient ultrasensible. Elle fait remonter à la surface une boue qui n'avait pas été remuée depuis plus d'une quinzaine d'années. Nicolas Sarkozy, ministre du Budget d'Édouard Balladur, est depuis devenu président de la République. « Il a eu à connaître les moindres détails du contrat Agosta

1. Entretien avec l'auteur, Paris, mars 2011.

et l'a autorisé, malgré son montage financier absurde, ses intermédiaires sulfureux et l'étonnante précipitation mise à les imposer dans ce juteux marché », soulignent Fabrice Arfi et Fabrice Lhomme[1].

En 1994, les trois sous-marins ont été bradés au Pakistan, faisant perdre autour de 80 millions d'euros à l'État français. C'est le ministre du Budget qui valide les plans de financement des contrats d'armement. Pourquoi ce gâchis? Si ce n'est que l'objectif prioritaire du clan Balladur était d'obtenir de l'argent le plus rapidement possible pour pouvoir mener la campagne présidentielle de 1995. Selon une source citée par les journalistes du service investigation de Mediapart, les rétrocommissions auraient été de l'ordre de 50 millions de francs. « La moitié de cette somme a servi à financer la campagne d'Édouard Balladur, l'autre moitié à renflouer les caisses du Parti républicain[2]. »

« Des trucs comme ça »

Plusieurs médias ont relevé le comportement particulièrement étrange de Nicolas Sarkozy vis-à-vis des familles des victimes de l'attentat de Karachi. En avril 2008, alors que l'affaire n'a pas encore resurgi, le président les reçoit à l'Élysée. D'habitude, il touche, embrasse ses interlocuteurs. « Ce jour-là, son attitude est plus aride, son sourire plus figé. Magali Drouet, dont le père Claude, chef d'équipe à Karachi, est mort dans l'attentat, en garde un souvenir aussi précis que dénué d'émotion. "Cela faisait six ans que c'était arrivé, il n'y avait aucune empathie. Ça a duré un quart d'heure. Il s'est bâfré de chocolat" », raconte Dorothée

1. F. Arfi et F. Lhomme, *Le Contrat. Karachi, l'affaire que Sarkozy voudrait oublier*, Stock, mai 2010, p. 15.
2. *Ibid.*, p. 317.

Moisan[1]. À partir du moment où la piste al-Qaida est abandonnée et que la justice commence à explorer un univers plus financier, Nicolas Sarkozy refuse de recevoir les familles des victimes, prétextant qu'il ne peut s'immiscer dans une instruction en cours…

Le 19 juin 2009, Nicolas Sarkozy est à Bruxelles. Un journaliste de l'Agence France Presse l'interroge sur la piste suivie par le juge Marc Trévidic. Le visage du chef de l'État, jusqu'ici détendu, se décompose brutalement, agité par des tics nerveux. « D'abord incrédule, le président finit par s'esclaffer. S'ensuit une tirade hallucinante au cours de laquelle, entre bafouillages et ricanements, Nicolas Sarkozy tourne en dérision la nouvelle version révélée aux familles par le juge Trévidic : "Franchement, c'est ridicule… Soit il y a des éléments, donnez-les-nous… C'est grotesque, qu'est-ce que vous voulez que je vous dise ?" », lâche Nicolas Sarkozy avant d'ajouter : « Qui peut croire à une fable pareille ? » Puis, après un éclat de rire, le chef de l'État se permet de dire : « Non, pardon, hein, je ris pas du tout parce que Karachi, c'est la douleur de familles et des trucs comme ça[2]… » Des « trucs » que ne digéreront jamais les familles des victimes.

1. D. Moisan, *op. cit.*, p. 265.
2. F. Arfi et F. Lhomme, *Le Contrat. Karachi, l'affaire que Sarkozy voudrait oublier*, *op. cit.*, p. 132.

25
L'ENQUÊTE SUISSE INQUIÈTE LE PRÉSIDENT

Les faits sont effectivement embarrassants pour le président de la République. En novembre 1994, Nicolas Sarkozy et Nicolas Bazire, le directeur de cabinet d'Édouard Balladur, valident la création d'une société-écran, baptisée Heine, au Luxembourg, où transitent les commissions versées à Ziad Takieddine et Abdul Rahman El-Assir. Un rapport adressé à la justice française par la police luxembourgeoise mentionne qu'en dix ans la société Heine a vu transiter sur ses comptes 76 millions d'euros. « Il semble exclu, vu le montant, qu'il se soit agi uniquement de consulting, mais [il est vraisemblable] qu'il ne s'agissait de rien d'autre que de corruption[1]. » Les fonds prennent ensuite le chemin de l'île de Man, avant d'être virés sur le compte d'un intermédiaire au Liechtenstein.

« La justice de la principauté aurait dû investiguer pour connaître le bénéficiaire final. Apparemment, elle ne l'a pas fait à l'époque », confie un magistrat genevois[2]. Toutefois, l'horizon pourrait s'éclaircir pour Marc Trévidic et pour son homologue Renaud Van Ruymbeke, chacun en charge d'un volet différent du dossier des sous-marins. En effet, depuis le passage du procureur Bernard Bertossa entre 1990 et 2002, le canton de

1. Hervé Gattegno, « Karachi, l'affaire qui mine la droite », *Le Point*, 25 novembre 2010.
2. Ian Hamel, « Demande d'entraide judiciaire à Genève », *L'Agefi*, 25 novembre 2010.

Genève compte quelques magistrats pugnaces. Et la principauté du Liechtenstein, sous la pression notamment de l'Allemagne, comme nous avons pu le découvrir dans un chapitre précédent consacré à l'affaire Bettencourt, se refait une virginité. Elle accepte dorénavant de répondre aux commissions rogatoires internationales.

Les sociétés-écrans de Benazir Bhutto

Si Marc Trévidic travaille sur l'attentat de Karachi lui-même, Renaud Van Ruymbeke et le juge Roger Le Loire sont chargés d'une information judiciaire pour « abus de biens sociaux, recel et complicité de recel ». En clair, ils s'intéressent aux rétrocommissions. La Suisse possède un volumineux dossier sur le Pakistan. Benazir Bhutto et Asif Ali Zardari ont longtemps été mis en examen à Genève pour « blanchiment aggravé ». Ils étaient soupçonnés d'avoir perçu en 1994 pour 12 millions de dollars de pots-de-vin de deux entreprises suisses, la SGS et la Cotecna. Benazir Bhutto, qui a toujours nié les faits, était aussi accusée « d'avoir créé des sociétés-écrans en Suisse, mais domiciliées aux îles Vierges et à Panama, pour camoufler l'origine des fonds[1] ». Les enquêteurs suisses retrouvent même des sociétés au nom de Nusrat Bhutto, la mère de Benazir. En juillet 2002, Benazir Bhutto et son époux sont condamnés à six mois avec sursis. Le couple fait appel. Le dossier est renvoyé à l'instruction. Finalement, Daniel Zappelli, le procureur général de Genève, décide de classer la procédure en 2008. Motif : Benazir Bhutto a disparu tragiquement et son mari est devenu président du Pakistan !

Quel rapport avec les sous-marins ? Pendant onze ans, de 1997 à 2008, trois juges d'instruction genevois (Daniel

---

1. Ian Hamel, « Un os suisse dans la gouvernance pakistanaise », *Le Matin Dimanche*, 7 octobre 2007.

Devaud, Christine Junod et Vincent Fournier) ont accumulé une impressionnante documentation bancaire, qui ne concerne pas seulement le contrat passé avec la SGS et la Cotecna. On y traite aussi de tracteurs acquis en Pologne et de sous-marins vendus par la France. Benazir Bhutto et Asif Ali Zardari utilisaient souvent les mêmes circuits financiers, et les mêmes intermédiaires, tels que Amir Lhodi et Abdul Rahman El-Assir. La version suisse du dossier pakistanais pèse une bonne centaine de classeurs. Dans le cadre d'une demande d'entraide judiciaire, Marc Trévidic a réclamé au palais de justice de Genève la transmission de pièces susceptibles de l'éclairer. « Il n'a pas été déçu de sa visite et a sollicité la transmission de certains documents très ciblés », a précisé la magistrate Alix Francotte Conus, après le passage fin mai 2010 du juge aux abords du lac Léman[1].

Renaud Van Ruymbeke s'est également rendu à Genève. Au moment où nous écrivons ces lignes, nous ignorons s'il pourra pousser ses investigations jusqu'à Vaduz, la petite capitale de la principauté du Liechtenstein. Ziad Takieddine, l'un des intermédiaires, est soupçonné d'y avoir créé une société-écran, baptisée la Rabor Anstalt, « fondée le 22 septembre 1993, année où les balladuriens, alors au pouvoir, s'intéressaient à ces contrats. Administrée officiellement par deux avocats à Vaduz, elle a été mise en liquidation le 9 octobre 2008, alors que le volet financier de l'enquête entrait dans une phase décisive », révèlent Jean-Marie Pontaut et Anne Vidalie[2]. « Seules des investigations complexes à l'île de Man, au Liechtenstein, en Suisse et dans les Caraïbes sur les circuits offshore empruntés par les commissions sont

1. Fati Mansour, « Attentat de Karachi : le juge français à Genève », *Le Temps*, 5 juin 2010.
2. « Ventes d'armes : le mystère de Vaduz », *L'Express*, 9 mars 2011.

de nature à permettre la manifestation de la vérité », écrit Renaud Van Ruymbeke[1].

Son interlocuteur à Genève est le procureur Jean-Bernard Schmid – depuis le 1er janvier 2011, il n'y a plus de juge d'instruction dans la cité de Calvin. « La coopération franco-suisse se passe bien. Van Ruymbeke a pu participer au tri des pièces. L'objectif est de reconstituer une chaîne. Des fonds sont arrivés à Genève pour repartir ensuite ailleurs. Je ne suis pas sûr que les intermédiaires, qui répondaient aux instructions de la DCN, connaissent les destinataires finaux. Ce n'est pas révéler un scoop que de dire que certains de ces mouvements financiers ont eu pour destination finale la France[2] », commente le magistrat suisse. L'avocat genevois Hans-Ulrich Ming, mandataire de la société Mercor Finance – domiciliée au Panama et par laquelle auraient transité les rétro-commissions –, n'a d'ailleurs pas été inquiété par la justice suisse.

Les entraves du pouvoir

Et si la lumière dans le dossier des sous-marins venait de la Suisse et du Liechtenstein, deux pays longtemps jugés non coopératifs par la justice internationale ? Car en France les portes demeurent hermétiquement closes. « À chacune de mes demandes pour avoir accès à des documents, je me vois opposer le "secret défense" », déplore Marc Trévidic. Dans son livre, il raconte que l'on ne donne aux magistrats que la bibliothèque rose, pas la bibliothèque verte. Or, dit-il, il aimerait bien lire Jules Verne. « Je suis particulièrement intéressé par la

---

1. Gérard Davet, « Le juge Renaud Van Ruymbeke retrouve en Suisse la trace de l'intervention de l'intermédiaire Ziad Takieddine », *Le Monde*, 2 mars 2011.
2. Entretien avec l'auteur, mars 2011.

version intégrale de *Vingt mille lieues sous les mers*[1]. » Un secret défense que le pouvoir n'oppose pas seulement aux magistrats ; la mission parlementaire d'enquête sur Karachi n'a pas été mieux traitée, si l'on en croit Bernard Cazeneuve, député-maire de Cherbourg-Octeville et rapporteur de cette mission. Il dénonce « l'absence totale de coopération de l'exécutif et du gouvernement ». « Mon intime conviction est que des rétrocommissions ont bel et bien été versées. Nous avons aujourd'hui trois témoignages dans ce sens, celui de l'ancien ministre de la Défense Charles Millon, celui de l'ancien secrétaire général de l'Élysée Dominique de Villepin, et celui de Michel Mazens, ancien président de la société d'État chargé des relations avec les intermédiaires. Il ne manque que l'audition de Jacques Chirac lui-même[2]. »

Bernard Cazeneuve est encore plus précis : « Il y a eu une opération d'entrave, menée par les plus hautes autorités de l'État, visant à empêcher notre mission de travailler. Sans doute le gouvernement a-t-il eu peur qu'en coopérant il expose le président de la République. En tout cas, les prérogatives du Parlement, supposé contrôler l'exécutif, ont été bafouées[3]. » Bernard Cazeneuve va plus loin en dénonçant « l'incapacité de l'État à créer autour de cette affaire un climat qui donne confiance aux familles, qui leur garantisse que les plus hauts responsables de la République seront à leur côté pour les accompagner dans la recherche de la vérité[4] ».

Ce qui n'empêche pas Nicolas Sarkozy d'affirmer publiquement qu'il est pour la levée du secret défense.

---

1. M. Trévidic, *op. cit.*, p. 289.
2. « Karachi : "Il faut relancer l'enquête parlementaire" », www.lejdd.fr, 20 novembre 2010.
3. F. Arfi et F. Lhomme, *Le Contrat. Karachi, l'affaire que Sarkozy voudrait oublier*, *op. cit.*, p. 289.
4. Fabrice Arfi, « Karachi : le député Cazeneuve dénonce un "cynisme d'État" », www.mediapart.fr, 2 mai 2011.

Une contre-vérité reprise en chœur par Michèle Alliot-Marie, alors ministre de la Justice, et par Hervé Morin, chargé de la Défense. François Baroin, alors ministre du Budget, pousse le bouchon encore plus loin en affirmant que « Tout le monde travaille à livre ouvert. [...] Le président de la République a été très clair. Tous les documents sont à la disposition de la justice, et l'État les donnera en temps et en heure[1]. »

Est-ce un pur hasard si l'intermédiaire Ziad Takieddine, actif dans la vente des sous-marins au Pakistan en 1994, est revenu en course en 2007 après l'élection de Nicolas Sarkozy ? Il a notamment joué un rôle majeur dans l'affaire des infirmières bulgares détenues en Libye et qui, selon la légende, auraient été libérées par Cécilia Sarkozy. Proche de Brice Hortefeux, de Jean-François Copé et du ministre des Relations avec le Parlement Patrick Ollier, le compagnon de Michèle Alliot-Marie, Ziad Takieddine a fait parler de lui à nouveau en mars 2011, en facilitant une rencontre entre des journalistes du *Journal du dimanche* et le colonel Kadhafi. À son retour en France, il s'est fait intercepter par les services des douanes. L'intermédiaire libanais transportait 1,5 million d'euros en liquide[2].

Dix millions en grosses coupures

Rappelons qu'en 1995 le Conseil constitutionnel s'est longuement interrogé sur l'origine de 10,25 millions de francs (1,56 million d'euros) déposés en espèces sur le compte de l'Association pour le financement de

1. Jean-François Achilli, Jean-Jérôme Bertolus et Françoise Fressoz, « François Baroin : "Tout le monde travaille à livre ouvert" sur l'affaire de Karachi », *Le Monde*, 23 novembre 2010.
2. Raphaëlle Bacqué, « L'étrange voyage de journalistes du *JDD* en Libye avec l'intermédiaire Ziad Takieddine », *Le Monde*, 8 mars 2011.

la campagne d'Édouard Balladur (Aficeb). Le candidat malheureux prétendait que cette somme correspondait à des dons de militants et à la vente de tee-shirts et autres gadgets lors des meetings... Curieusement, les billets étaient neufs, et il n'y avait pas de petites coupures. L'agence du boulevard Haussmann du Crédit du Nord avait réceptionné le 16 novembre 2010 des mains de René Galy-Dejean, ancien député-maire RPR et ancien trésorier de la campagne d'Édouard Balladur, « quatre sacs bourrés de quelque vingt mille billets de 500 et 100 francs. Soit une vingtaine de kilos », rapporte *Le Canard enchaîné*. Le lendemain, la banque recevait un reliquat de 200 000 francs, toujours en liquide[1]. Selon les enquêteurs, « ce versement en espèces de 10,25 millions ne correspond à aucune recette provenant de collectes, de ventes d'articles publicitaires, de remboursements de frais ou de dons de particuliers, et, par conséquent, que cette somme n'est pas justifiable sur le plan comptable[2] ». Les rapporteurs du Conseil constitutionnel, soulignant que « 77,5 % des recettes en espèces ont été versées en une seule fois, et sans aucun justificatif », avaient recommandé l'annulation du compte de campagne d'Édouard Balladur. Mais Roland Dumas, alors président du Conseil constitutionnel, « pèsera de tout son poids pour que les comptes soient finalement validés[3] ». Saura-t-on un jour pourquoi?

Restons en territoire étranger et retrouvons Vincent Bolloré, le P-DG de Havas et du groupe Bolloré. Il appartient à la bande du Fouquet's et a mis son yacht à la disposition du président au lendemain de sa vic-

1. H. M., « Le trésorier de Balladur et ses 20 kilos de billets neufs », *Le Canard enchaîné*, 19 janvier 2011.
2. Gérard Davet et Fabrice Lhomme, « La justice cible la campagne d'Édouard Balladur en 1995 », *Le Monde*, 1er juillet 2011.
3. Gérard Davet, « Karachi : les mystérieux versements en espèces de la campagne de M. Balladur », *Le Monde*, 2 mars 2011.

toire. Depuis quatre ans, Nicolas Sarkozy lui a renvoyé l'ascenseur au centuple. Comme nous le découvrons dans cette attribution controversée du port de Conakry, en Guinée, au groupe Bolloré.

26
Le joli port de Conakry

En mai 2007, le *Paloma*, le yacht de l'homme d'affaires Vincent Bolloré, devient en un jour le bateau le plus photographié de France. Cela ne tient pas à son jacuzzi sur le pont supérieur, ni aux écrans plasma géants du grand salon, mais à la présence à bord d'un hôte prestigieux, Nicolas Sarkozy, vainqueur de la dernière élection présidentielle. Avant le second tour, l'entourage de l'ancien maire de Neuilly a laissé entendre qu'il irait se recueillir dans un monastère, une sorte de retraite pour prendre la « mesure de sa charge ». En pratique, après une nuit au Fouquet's, Nicolas Sarkozy, son épouse Cécilia et son fils Louis se sont envolés pour Malte, à bord d'un Falcon 900EX appartenant à Vincent Bolloré. Le patron de Havas leur offrait, au large de ce petit archipel méditerranéen, une croisière de trois jours sur son yacht de luxe de soixante mètres, acheté 3,5 millions de dollars et retapé pour 5 millions supplémentaires[1].

Bolloré sous la protection de l'armée

Vite rattrapé par des journalistes alors qu'il faisait son jogging à Malte, Nicolas Sarkozy joue les naïfs. Il ne voit pas en quoi cette retraite hors norme pourrait choquer le commun des mortels. « Je n'ai pas l'intention

1. Gilles Bruno, « C'est sur le yacht de Vincent Bolloré que se repose Nicolas Sarkozy », www.observatoiredesmedias.com, 8 mai 2007.

de me cacher, je n'ai pas l'intention de mentir, je n'ai pas l'intention de m'excuser », déclare-t-il sur Europe 1, avant d'ajouter : « Je ne vois pas la polémique. » Vincent Bolloré ne comprend pas non plus. Car son groupe, assure-t-il, « ne fait pas partie du CAC 40 et n'a jamais eu aucune relation commerciale avec l'État français ». Dès le 9 mai 2007, le site Rue89 dévoile que l'homme d'affaires prend quelques petites libertés avec la réalité, en publiant des extraits du *Bulletin officiel des annonces des marchés publics*[1]. Pour Franz-Olivier Giesbert, le patron du *Point*, Nicolas Sarkozy a, dès son avènement, baissé le masque afin de montrer « le visage de la jouissance et de l'affairisme ». Pour preuve, n'a-t-il pas partagé sa victoire avec uniquement les « donateurs de l'UMP, les copains de la jet-set, les frères de la haute, les goinfres du CAC 40, les adorateurs de saint-frusquin[2] ». Apparemment sourd aux critiques, Nicolas Sarkozy a réutilisé en décembre 2007 le Falcon 900 de son ami Vincent Bolloré pour prendre quelques jours de vacances à Louxor, en Égypte, avec sa nouvelle compagne Carla Bruni.

Bien des Français croient un peu naïvement que les hommes politiques fréquentent les riches pour profiter des miettes du festin. De grosses miettes. Un vol en avion privé et une croisière sur un yacht reviennent à plusieurs centaines de milliers d'euros. Le *Paloma* ne prend pas la mer sans ses dix-sept hommes d'équipage. Ce que les électeurs ne voient malheureusement pas, c'est que ce ne sont pas des centaines de milliers d'euros, mais des centaines de millions d'euros que les hommes d'affaires retirent en retour de leur fréquentation assidue du locataire de l'Élysée. Quelques semaines à peine après cette escapade sur le *Paloma*, Nicolas Sarkozy reçoit son homologue sénégalais Abdoulaye Wade à l'Élysée.

1. « Bolloré n'a jamais travaillé avec l'État. Jamais, vraiment? », www.rue89.com, 9 mai 2007.
2. F.-O. Giesbert, *op. cit.*, p. 72.

Selon un membre de la délégation africaine, le président français aurait fait pression pour que la balance penche en faveur du groupe Bolloré, opposé à la société Dubaï Port World, pour le contrôle du terminal à conteneurs du port de Dakar. En vain, c'est la société des Émirats Arabes Unis qui l'emporte sur le Français[1]. Mais ce premier échec va vite être oublié.

Pour résumer l'affaire, il ne s'est passé que quelques semaines entre la victoire d'Alpha Condé à l'élection présidentielle guinéenne – une élection « parrainée » par Vincent Bolloré – et l'expulsion par l'armée de Getma International, la société française qui exploitait la zone portuaire de Conakry, son remplacement par le groupe Bolloré, et la visite à l'Élysée d'Alpha Condé.

Le nouveau président jouit plutôt d'une bonne image. Opposant historique aux despotes corrompus qui se sont succédé en Guinée depuis l'indépendance, cet ancien professeur de droit de soixante-quatorze ans arrive au pouvoir le 3 décembre 2010. Une élection quelque peu surprenante. Il n'avait recueilli que 18 % des voix au premier tour. Mais sa campagne électorale était entre de bonnes mains, celles d'Euro RSCG Worldwide, une agence de communication contrôlée par le holding familial de Vincent Bolloré. C'est cette même agence qui avait pris en charge – avec moins de réussite – la campagne électorale de Laurent Gbagbo en Côte d'Ivoire. En juin 2010, le journaliste Jean Bothorel, auteur d'une biographie autorisée de Vincent Bolloré[2], a sorti également un livre d'entretiens avec Alpha Condé[3]. Le but de cet ouvrage est de présenter le candidat guinéen comme

---

1. Serigne Saliou Samb, « Bataille autour de la cession du terminal du port de Dakar. Sarkozy fait pression sur le président Wade », *L'Observateur*, 12 juin 2007.

2. Jean Bothorel, *Vincent Bolloré, une histoire de famille*, Jean Picollec, 2007.

3. Jean Bothorel, *Un Africain engagé*, Jean Picollec, 2010.

un nouveau Mandela. Alpha Condé fut un camarade de lycée de Bernard Kouchner, l'ancien ministre des Affaires étrangères, lui-même très proche de Vincent Bolloré.

L'État de droit en Guinée

Le 21 décembre 2010, dans son discours d'investiture, le nouveau chef de l'État déclare : « La Guinée est de retour ! L'événement que nous célébrons aujourd'hui annonce une nouvelle ère, une ère fondée sur l'État de droit, le rétablissement de l'autorité de l'État, la bonne gouvernance des affaires publiques et un fonctionnement plus efficace du système judiciaire qui doivent assurer la protection du pays, de ses investisseurs. » Pierre-Olivier Sur connaît bien le nouveau président guinéen. Il a été son élève à Sciences Po, puis son avocat, écopant lui-même d'une interpellation musclée et d'une reconduite à la frontière à l'époque où Alpha Condé, alors dans l'opposition, était incarcéré en Guinée. « Le 3 février 2011, Vincent Bolloré se rend à Conakry. Il est logé dans la résidence privée d'Alpha Condé », raconte Pierre-Olivier Sur[1]. Le flamboyant homme d'affaires visite avec le chef de l'État les installations portuaires, accompagné de motards de la garde présidentielle. Que se prépare-t-il ?

En 2008, le gouvernement guinéen a choisi de confier à un opérateur privé la gestion du port à conteneurs de Conakry, ainsi que son extension. Le groupe Bolloré, qui gère déjà de nombreux ports en Afrique, tente d'obtenir cette concession dans le cadre d'un marché de gré à gré. Il échoue. Le gouvernement organise un appel d'offres international. Il est remporté par Getma International, qui appartient au groupe français NCT Necotrans,

---

1. Entretien avec l'auteur, Paris, mars 2010.

devant trois autres concurrents. Bolloré n'arrive qu'en deuxième position. La concession, signée le 22 septembre 2008, est accordée sur vingt-cinq ans.

Vincent Bolloré n'a pas digéré cet échec face à un groupe non négligeable – il réalise 800 millions d'euros de chiffre d'affaires, dont environ la moitié dans les activités portuaires –, mais bien moins connu que le sien. Dès le mois de février, Pierre-André Wiltzer, ancien ministre de la Coopération de Jacques Chirac devenu conseiller de Richard Talbot – le président de Necotrans –, apprend que Vincent Bolloré fait le forcing pour mettre la main sur le port. Pierre-Olivier Sur et son associé Cédric Fischer, avocats de Necotrans, rencontrent Alpha Condé le 7 mars au soir à Conakry. « Nous ne parlerons pas du port. J'ai pris ma décision. C'est Bolloré qui prend la suite de la concession. L'entretien est fini », se fige le chef de l'État, qui annule le dîner prévu avec les deux avocats. Le 8 mars, Alpha Condé résilie par décret, avec effet immédiat, la convention de concession du terminal à conteneurs. Le soir même, les forces armées guinéennes expulsent les salariés de Necotrans des installations portuaires, confisquent le matériel, des grues aux ordinateurs, la documentation et les archives. Dès le lendemain, des salariés de Bolloré Africa Logistics, arrivés de France et de Côte d'Ivoire, prennent possession des locaux. Le 11 mars, le groupe de Vincent Bolloré obtient une nouvelle convention de concession du port de Conakry.

« Cette expulsion est d'autant plus scandaleuse que, le 25 janvier, nous avons reçu un courrier du directeur national de la marine marchande adressant des félicitations de la part du ministre délégué aux Transports. Necotrans venait d'accueillir le plus gros bateau jamais entré dans le port de Conakry, transportant mille conteneurs. À aucun moment, l'État guinéen n'a formulé à notre encontre le moindre reproche », proteste Grégory Quérel, le secrétaire général de Necotrans. Bernard Kouchner, qui conseille

Alpha Condé et œuvre à la construction d'un hôpital de la Mère et de l'Enfant en Guinée, a-t-il donné un coup de pouce à son ami Vincent Bolloré, comme le suggèrent plusieurs publications[1] ? « Il existe une petite cité d'affaires à Conakry. Les locaux de Bolloré sont installés à quelques centaines de mètres des nôtres. On aperçoit très souvent Bernard Kouchner dans les bureaux du groupe Bolloré », constate Grégory Quérel[2].

Le 16 mars 2011, Necotrans dépose une plainte devant le procureur de la République de Paris pour « des faits qui pourraient recevoir les qualifications de corruption internationale, violation de domicile, vol en réunion avec violence et intrusion dans les systèmes automatisés de données ». Dans un communiqué, Cédric Fischer et Pierre-Olivier Sur assurent que « la proximité affichée et revendiquée entre Vincent Bolloré et Alpha Condé laisse nécessairement planer un doute sérieux sur les réels motifs de la résiliation de la concession et la mise en place, par les forces armées, du groupe Bolloré, en lieu et place de Getma International ». En clair, c'est la guerre. À cela, Dominique Lafont, le directeur général Afrique du groupe Bolloré, répond qu'il s'agit d'une « pure calomnie » et « d'accusations sans preuve ». Selon lui, ce changement brutal est à mettre sur le compte des défaillances de Necotrans. « Le président élu a constaté que la promesse faite d'investir 30 millions d'euros dans les installations portuaires n'avait jamais été tenue. Il sait que la défaillance du port compromet l'attractivité de son pays », déclare-t-il au *Monde*[3].

---

1. Lire notamment Sylvain Courage, « Micmac à Conakry », *Le Nouvel Observateur*, 24 mars 2011.
2. Entretien avec l'auteur, Paris, avril 2011.
3. Philippe Bernard, « Guinée : le groupe Bolloré obtient la concession du port de Conakry après avoir organisé la campagne du président », *Le Monde*, 24 mars 2011.

« Bien évidemment, on pourra toujours reprocher à Necotrans de ne pas avoir rempli tous ses objectifs. Mais c'est oublier que la Guinée était pratiquement en guerre civile entre 2008 et 2010. De toutes les manières, Alpha Condé n'avait aucune raison d'agir aussi brutalement, et de renvoyer d'une façon aussi voyante l'ascenseur à son ami Bolloré[1] », constate Antoine Glaser, l'ancien directeur de *La Lettre du continent*. Cela fait désordre avant la visite d'Alpha Condé du 22 au 24 mars 2011 à Paris, durant laquelle il est reçu par Nicolas Sarkozy, François Fillon, Christine Lagarde, Gérard Longuet, le ministre de la Défense, et Henri de Raincourt, le ministre de la Coopération. Le locataire de l'Élysée peut bien évidemment jurer ses grands dieux n'être pour rien dans ce conflit d'intérêts africain, il ne peut empêcher la presse de profiter de l'occasion pour lui rappeler ses vacances sur le yacht de son ami Bolloré.

« Pour les habitués du vol Conakry-Paris, il n'y a pas de hasard ; cette réception en grande pompe avec tapis rouge et garde républicaine serait la contrepartie de la faveur accordée à Bolloré l'Africain », glisse *Le Nouvel Observateur*[2]. D'autres médias se demandent si le dragage à une profondeur de treize mètres du chenal du port de Conakry ne sera pas soutenu financièrement par l'Agence française de développement (AFD), disposant d'un budget de 6,2 milliards d'euros, et présidée par Dov Zerah, ancien élu de Neuilly et ami de Nicolas Sarkozy[3]. En clair, l'aide de la France aux pays

1. Entretien avec l'auteur, mars 2011. *Cf.* également Antoine Glaser et Stephen Smith, *Sarko en Afrique*, Plon, 2008.
2. Sylvain Courage, « Micmac à Conakry », *op. cit.*
3. Jean-Pierre Béjot, « Le "printemps africain" de Alpha Condé pourrait être mis à mal par quelques gelées tardives », www.lefaso.net, 29 mars 2011.

pauvres bénéficierait, en priorité, aux entreprises françaises « amies » de l'Élysée.

C'est également par le plus grand des hasards que le groupe de BTP Bouygues Construction profite d'un joli contrat à la suite de la visite d'Alpha Condé à Paris. « Bouygues a été retenu pour la construction d'un vaste complexe hôtelier dans le quartier Kipé de la capitale Conakry[1]. » Un complexe hôtelier d'une capacité de trois cents chambres, dont une cinquantaine de suites présidentielles. « Le "B to B" (Bouygues-Bolloré) revient décidément en force en Guinée ! », conclut *La Lettre du continent.*

1. « Guinée. Bouygues en force en Guinée », *La Lettre du continent*, 21 avril 2011.

27
Le président qui n'aimait pas l'Afrique

La nomination de Dov Zerah à la tête de l'Agence française de développement (AFD) en 2010 a été aussitôt perçue comme une instrumentalisation politique par l'Élysée de l'aide au développement. « Ce n'est pas un signe de rupture avec la Françafrique, mais un vrai message de continuité adressé à certains chefs d'État pour qu'ils continuent à dormir tranquilles », déclare Bernard Pinaud, délégué général du Comité catholique contre la faim et pour le développement (CCFD)[1]. Conseiller municipal de Neuilly, proche du président de la République comme de son fils Jean, Dov Zerah a la réputation d'être lié aux réseaux africains. Depuis, l'homme n'a cessé de confirmer les craintes qu'inspira sa promotion. « L'image de l'AFD devient pathétique. On passe pour des Mickey pilotant un bateau ivre », lâche un diplomate dans *Libération*[2]. Ainsi, Caroline Cornu, trente et un ans, la nouvelle directrice exécutive des relations extérieures et des partenariats de l'AFD, n'a-t-elle pour principal titre de gloire que d'avoir été l'attachée de presse du très sarkozyste Christian Estrosi, lorsque celui-ci était ministre de l'Outre-mer.

---

1. Marie-Christine Corbier, « La nomination du patron de l'Agence française de développement provoque des remous », *Les Échos*, 31 mai 2010.
2. Christian Losson, « Développement : Zerah de conduite », *Libération*, 10 mars 2011. Également : Thomas Hofnung, « La Françafrique s'invite à l'aide au développement », *Libération*, 5 juin 2010.

Lomé dans l'escarcelle de Bolloré

Quelques jours après la visite d'Alpha Condé à Paris, le groupe Bolloré annonçait son intention d'investir massivement pour agrandir le port de Conakry. « Nous prévoyons de multiplier par trois le terminal conteneurs, pour le porter en deux temps de deux cent soixante-dix à neuf cents linéaires et à treize mètres de profondeur », déclare Dominique Lafont, le directeur général Afrique du groupe[1]. La nouvelle convention dont bénéficie Bolloré commence à faire polémique en Guinée. Elle ne porte plus sur 120 000, mais sur 250 000 mètres carrés et englobe toutes les activités commerciales. « Dans aucun port africain ou européen, il n'existe une exclusivité sur toutes les opérations et sur tous les types de fret », révèle une étude publiée par *La Lettre du continent*, ce qui reviendrait à « mettre le commerce extérieur de la Guinée sous le contrôle d'un seul opérateur durant vingt-cinq ans[2] ».

La mésaventure survenue au groupe Necotrans en Guinée est loin d'être un cas unique. La guerre des docks fait rage sur toutes les côtes africaines. Jacques Dupuydauby, fondateur de Progosa, une société de manutention portuaire, a subi le même genre de déconvenue en 2009 au Togo. Le 1er juin 2009, l'homme d'affaires apprend que son rendez-vous avec le président Faure Gnassingbé est repoussé de plusieurs jours et que ce dernier est parti au Burkina Faso. Jacques Dupuydauby décide de se rendre lui aussi à Ouagadougou, mais il ne parvient pas à s'entretenir avec le président togolais. Coup de théâtre, le soir, le patron de Progosa apprend « que la police a investi ses bureaux de Lomé et

1. « Guinée : Bolloré va agrandir le port de Conakry », www.lemoniteur.fr, 1er avril 2011.

2. « Bolloré joue la montre face à Necotrans », *La Lettre du continent*, 12 mai 2011.

saisi des documents et des disques durs. Le site officieux du gouvernement, Republicoftogo.com, prétend alors qu'il est accusé de fraude fiscale, et qu'il a pris la fuite et même jeté des disques durs à la mer depuis un petit avion », écrit Étienne Gingembre[1]. La suite du feuilleton? La gestion du port de Lomé est aussitôt tombée dans la poche du groupe Bolloré.

Jacques Dupuydauby ne se gêne pas pour dénoncer la collusion entre Vincent Bolloré et Nicolas Sarkozy. « Dans toute l'Afrique, on sait que le chef de l'État togolais a besoin du soutien de la France pour remporter la présidentielle de 2010, qui se présente fort mal pour lui. Or, Nicolas Sarkozy n'a rien à refuser à son grand ami Bolloré », confie-t-il au mensuel économique *Capital.* Les soucis de Jacques Dupuydauby ne s'arrêtent pas à Lomé. En 2007 déjà, il s'était fait souffler l'exploitation partielle des ports d'Owendo et de Port-Gentil au Gabon au profit du groupe Bolloré. Le 22 février 2011, il a déposé une plainte pour « détournements d'actions à des fins de profit personnel », qui vise le président du Gabon, Ali Bongo Ondimba, en sa qualité d'ancien président du conseil d'administration de l'Office des ports et rades du Gabon[2]. Vincent Bolloré gère ainsi pas moins de treize ports africains. Autre avantage sur ses concurrents : il peut dérouler le tapis rouge aux chefs d'État du continent noir en visite à Paris, et peut leur consacrer des reportages élogieux dans ses journaux gratuits, *Direct Matin* et *Direct Soir*, ainsi que sur sa chaîne Direct 8.

En revanche, de quelle manière Vincent Bolloré va-t-il recoller les morceaux avec Alassane Ouattara en Côte d'Ivoire? Sans doute aura-t-il besoin de l'appui de Nicolas Sarkozy, chaud partisan de Ouattara, alors

1. « Comment l'ami de Sarko a fait main basse sur le Togo », *Capital*, juillet 2009.
2. « Gabon : Dupuydauby porte plainte contre Bongo Ondimba », *Jeune Afrique*, 27 février 2011.

que Bolloré, qui gère le port d'Abidjan – poumon économique du pays et pourvoyeur de 85 % des recettes douanières –, appuyait sans vergogne Laurent Gbagbo. Actif en Côte d'Ivoire dans le transport, le cacao, le caoutchouc et le tabac, Vincent Bolloré a aussi dirigé la communication de l'ancien président, via Euro RSCG Worldwide, lui fournissant pendant la dernière campagne électorale « une série de sondages qui tous lui prédisaient une éclatante victoire[1] ». Nicolas Sarkozy est devenu très ami d'Alassane Ouattara par l'intermédiaire de l'un de ses proches, Martin Bouygues. Ce dernier a obtenu la concession de l'eau et de l'électricité de Côte d'Ivoire en 1990, quand Ouattara était Premier ministre d'Houphouët-Boigny.

« Ces informations n'ennuient pas encore trop Vincent Bolloré. Pour le public, ce ne sont que des affrontements entre son groupe et d'autres groupes implantés en Afrique. En revanche, il redoute beaucoup plus les investigations journalistiques susceptibles de dégrader l'image qu'il cultive de "patron social" », souligne Benoît Collombat, grand reporter à France Inter[2]. En 2009, le journaliste réalise pour l'émission « Interception » un reportage en Afrique[3]. Il y dépeint un homme d'affaires omniprésent dans ce pays, exploitant des lignes de chemin de fer, gérant le port de Douala, par lequel transite 85 % des importations du Cameroun, et à la tête de vastes plantations de palmiers. Ce n'est « qu'une longue addition de passe-droits, de contournements des lois, de travailleurs mal payés… une saga peu reluisante au regard des critères sociaux minimum,

1. Philippe Bernard, « Gbagbo : retour sur investissement », *Le Monde*, 16 février 2011.
2. Entretien avec l'auteur, Paris, avril 2011.
3. « Cameroun : l'empire noir de Vincent Bolloré », France Inter, 29 mars 2009.

y compris en Afrique », écrit David Servenay[1]. Dans certaines plantations, les conditions de travail sont effroyables, à la limite de « l'esclavage ». Un an auparavant, *Libération* avait qualifié les plantations de palmiers à huile de « *Germinal* sous les tropiques ».

Vincent Bolloré ne laisse pas passer l'affront. Il attaque en diffamation Benoît Collombat et France Inter devant le tribunal correctionnel de Paris. « Le groupe Bolloré a prétendu que je n'avais, à aucun moment, tenté de les contacter. C'est faux. Dès que je m'annonçais, toutes les portes se fermaient. Autre accusation: je serais un adversaire, un ennemi de Vincent Bolloré. Mon CV répond pour moi, je suis un enquêteur, pas un militant », se défend Benoît Collombat. Alors, Vincent Bolloré est-il un négrier moderne ou un patron social? Des dizaines de témoins camerounais ont témoigné à charge et à décharge. Le tribunal correctionnel n'a pas vraiment tranché, condamnant le journaliste et un responsable de France Inter à 1000 euros d'amende le 6 mai 2010. Sur quarante-cinq minutes de reportage, le tribunal ne retient comme diffamatoires que trois courts passages. En revanche, Benoît Collombat est relaxé sur toute la partie d'investigation concernant les conditions de travail dans les plantations, qualifiées d'« esclavagistes » par des travailleurs camerounais.

Le trésor du groupe Rivaud

L'amitié entre Nicolas Sarkozy et Vincent Bolloré a une autre origine, fort bien cachée: celle du trésor du groupe Rivaud. « Le groupe Rivaud est un étonnant concentré de ce que le capitalisme français a pu produire de plus exécrable: colonial et opaque, il prospère depuis un siècle à l'abri des regards, en s'appuyant sur

---

1. « Voyage au cœur de "l'empire noir" de Bolloré au Cameroun », www.rue89.com, 28 mars 2009.

le compagnonnage politique et les paradis fiscaux », observent Nathalie Raulin et Renaud Lecadre[1]. Créé au début du XXe siècle en Malaisie, au temps des colonies, le groupe Rivaud est devenu un géant, propriétaire de centaines de milliers d'hectares de plantations en Asie et en Afrique, et riche de milliards d'euros dissimulés dans les paradis fiscaux, du Liechtenstein au Vanuatu, en passant par Jersey et le Luxembourg. C'est un écheveau inextricable de cent vingt-sept holdings aux noms exotiques, Caoutchoucs de Padang, Mines de Kali-Sainte-Thérèse, Plantations de Terres rouges, Compagnie du Cambodge. Cette forteresse possédait un établissement financier, la banque Rivaud, que des mauvais esprits avaient baptisé « la banque du RPR ».

Après de longs travaux d'approche amorcés en 1989, le « gentil » Vincent Bolloré met définitivement la main sur ce mystérieux empire en 1996. Depuis, l'homme d'affaires breton n'a pas tellement cherché à rendre le groupe moins opaque. Celui-ci compte toujours des dizaines de sociétés et de filiales dans le monde, dont seulement une petite partie est établie en France. Combien l'ensemble pèse-t-il ? « Peut-être 5, peut-être 10 milliards d'euros, peut-être plus. [...] Il y a des actifs partout, parfois inscrits à leur valeur historique des années 1950 ou d'avant. [...] La Financière de Mars a plus de deux milliards d'euros de réserves », dévoile Martine Orange[2]. Et comment s'y retrouver quand on sait que Plantations des Terres rouges détient 61,7 % de la Compagnie du Cambodge, qui possède 36 % de Moncey, qui elle-même détient 42 % de Financière d'Artois, actionnaire de 22 %... de Plantations des Terres rouges.

---

1. Nathalie Raulin et Renaud Lecadre, *Vincent Bolloré, enquête sur un capitaliste au-dessus de tout soupçon*, Denoël, 2000, p. 182.
2. « Enquête sur la face cachée de l'empire Bolloré », www.mediapart.fr, 2 février 2009.

À quoi peut bien servir ce trésor de guerre ? À assouvir l'appétit insatiable de Vincent Bolloré ? Vient-il toujours à la rescousse de l'UMP, comme il le faisait naguère pour le RPR, en lui avançant une partie de ses frais de campagne électorale ? Le fisc et la justice se sont intéressés un temps au groupe Rivaud, mais leur curiosité n'a pas duré. La journaliste Martine Orange rappelle que le juge d'instruction Jean-Paul Delahaye, qui avait ouvert une information judiciaire, a rejoint depuis « le groupe Bolloré comme directeur des services juridiques ». Heureuse coïncidence.

Balkany, émissaire officieux

La politique africaine de Nicolas Sarkozy ne se résume bien évidemment pas à ses relations amicales avec Vincent Bolloré, l'un des hommes d'affaires français les plus impliqués sur le continent noir. Contrairement à ses prédécesseurs à l'Élysée, et notamment à Jacques Chirac, Nicolas Sarkozy n'aime pas l'Afrique. Quand il est contraint de s'y rendre, il y va au pas de charge, visitant le Bénin et le Mali en deux jours en mai 2006. À Bamako, il s'agace des moustiques « et préférait se reposer au bord de la piscine plutôt que de rencontrer ministres ou acteurs de la société civile[1] ». Alors que Jacques Chirac raffole des bains de foule et se passionne pour les traditions africaines, Nicolas Sarkozy cligne des yeux, se plaint de la chaleur, tente d'écourter les défilés, et ne s'intéresse qu'au business. Toutefois, l'ancien maire de Neuilly a très vite compris qu'un président français se doit de s'intéresser à l'Afrique. C'est l'unique continent sur lequel l'Hexagone, devenu une puissance moyenne, peut encore jouer un rôle. On l'a vu en 2011 en Libye et en Côte d'Ivoire.

---

1. G. Labarthe, *op. cit.*, p. 128.

Ses deux premiers mentors, Achille Peretti, le maire de Neuilly, et Charles Pasqua, le patron gaulliste des Hauts-de-Seine, l'ont initié aux subtilités de la Françafrique – que certains appellent la « France-à-fric ». Si Paris joue toujours de son influence dans les capitales africaines pour imposer ses entreprises, les chefs d'État africains, qui jouissent de certaines libertés avec le Trésor public, influent à leur tour sur la vie politique tricolore. Si les valises d'argent ne font pas une élection, elles contribuent à départager les concurrents. Ce n'est sans doute pas un hasard si Patrick Balkany, le maire de Levallois-Perret, multiplie les déplacements sur le continent noir depuis 2007, n'hésitant pas à s'acoquiner avec de sulfureux intermédiaires. Il sillonne l'Afrique « avec pour tout viatique son statut, volontiers invoqué, d'intime de "Nicolas". Ce qui, sous les lambris et les stucs présidentiels, vaut bien davantage qu'un maroquin ministériel ou un titre d'ambassadeur[1]. »

Des notes datant de juillet 2009, obtenues par WikiLeaks et exhumées par *El País*, évoquent la correspondance entre l'ambassadeur américain au Cameroun et Hillary Clinton. Il y est question du scandale de la Banque des États de l'Afrique centrale (Béac), une banque centrale commune à six pays, dont le Gabon, le Cameroun et le Congo-Brazzaville. Quelque 30 millions d'euros issus de cette banque auraient profité à des « partis politiques français des deux camps, mais surtout à droite, en particulier Chirac, mais aussi Sarkozy[2] ». Évoquant la générosité d'Omar Bongo vis-à-vis de la classe politique française, *Le Canard enchaîné* citait pêle-mêle, outre Sarkozy : Rocard, Dumas, Fabius, Kouchner à gauche ; Villepin, Alliot-Marie, Hortefeux, Fillon à droite, qui se

1. Vincent Hugeux, « La Françafrique de Patrick Balkany », *L'Express*, 18 décembre 2009.
2. Renaud Lecadre, « Des chèques africains sous le parquet parisien », *Libération*, 31 décembre 2010.

bousculaient dans sa suite luxueuse au Meurice ou au Crillon lorsque le président gabonais se déplaçait à Paris[1].

Finalement, Nicolas Sarkozy ne se comporterait pas différemment de ses prédécesseurs à l'Élysée. Pourtant, « lorsqu'il était encore candidat à l'élection présidentielle, Sarkozy avait à plusieurs reprises évoqué la nécessité d'une "rupture" avec les pratiques paternalistes et néocoloniales de ses prédécesseurs. Il a parlé de "débarrasser la relation franco-africaine des réseaux d'un autre temps, des émissaires officieux qui n'ont d'autre mandat que celui qu'ils s'inventent[2]". » Or, force est de constater que, depuis son élection en 2007, Nicolas Sarkozy fait exactement le contraire de ce qu'il promettait. Plus exactement, il copie ses prédécesseurs, mais en pire. Tout passe par l'Élysée ; le ministère des Affaires étrangères et de la Coopération est quant à lui court-circuité par ces fameux « émissaires officieux » : le sulfureux Patrick Balkany, mais aussi l'avocat Robert Bourgi, ancien conseiller de Jacques Chirac passé au service de son successeur.

Pour bien des observateurs, souligne encore Gilles Labarthe, la ligne d'action de l'Élysée se borne à « réaliser des coups » médiatiques ou financiers. « La principale préoccupation de Sarkozy réside dans l'approvisionnement énergétique de la France, tout particulièrement en pétrole et en uranium. C'est lui le vrai patron d'Areva, le numéro un mondial du nucléaire. « Le président français s'est ainsi investi personnellement lors de sa visite officielle au Niger, en mars 2009, dans le projet d'exploitation du gisement d'uranium d'Imouraren, le deuxième au monde. Il a également favorisé les permis de recherches d'uranium d'Areva sur l'ensemble du territoire de la République démocratique du Congo »,

1. « Comment les partis font leur marché noir au Gabon », *Le Canard enchaîné*, 5 janvier 2011.
2. G. Labarthe, *op. cit.*, p. 6.

relève Antoine Glaser, l'ancien responsable de *La Lettre du continent.*

Pour l'anecdote, Vincent Bolloré n'a pas eu la main très heureuse lors de sa récente acquisition. Le 13 janvier 2011, Bolloré Africa Logistics enlevait la gestion portuaire de la zone franche libyenne de Misrata, une ville située à 200 kilomètres à l'est de Tripoli, devenue ville martyre pendant la guerre civile qui a endeuillé le pays. Cette concession a-t-elle été obtenue de gré à gré, sans appel d'offres? Dominique Lafont, le responsable de Bolloré Africa Logistics, jure que ce contrat n'a pas été négocié avec le régime libyen, ni avec la famille Kadhafi. Mais le site Mediapart a découvert que la zone franche de Misrata était une émanation du fonds souverain libyen, The Economic and Social Development Fund Company, dirigé par des ministres et des anciens ministres. « À première vue, la distance du fonds avec le pouvoir libyen semble être de l'ordre d'une feuille de papier à cigarette[1]. »

Les entreprises tricolores pourraient profiter du conflit libyen. S'inspirant des méthodes américaines, Nicolas Sarkozy entend décrocher des contrats de reconstruction en marge des interventions militaires. La lettre confidentielle Intelligence Online raconte que le vol humanitaire français qui a atterri le 13 avril 2011 à Benghazi transportait neuf tonnes de matériel médical, mais aussi des hommes d'affaires[2]. En recevant le Conseil national de transition libyen à l'Élysée, le président de la République leur a-t-il suggéré de s'approvisionner en Rafale, issus des usines de son ami Martin Bouygues, après leur victoire sur le colonel Kadhafi?

---

1. Martine Orange, « En janvier, Bolloré signait encore avec la Libye », www.mediapart.fr, 25 mars 2011.
2. « L'Élysée fait monter le CAC 40 au front », Intelligence Online, 28 avril 2011.

Intéressons-nous à présent à un pays voisin de la Libye, la Tunisie, dont le soulèvement fut à l'origine du « Printemps arabe » de 2011. Les manifestations ont provoqué la fuite du dictateur Ben Ali, ardemment soutenu par la France. Et ces révoltes ont mis fin à la carrière politique de celle qui fut souvent présentée comme futur Premier ministre, Michèle Alliot-Marie, ministre des Affaires étrangères.

28
Notre ami le dictateur tunisien

On compare parfois l'avenue Mohamed-V de Tunis à nos Champs-Élysées, où chaque mètre carré vaut de l'or. Un hectare représente un véritable trésor. C'est justement la superficie de la Fondation Bouebdelli, regroupant un collège et une école primaire. Ingénieur-informaticien de formation, Mohamed Bouebdelli a longtemps travaillé en France, avant de revenir en Tunisie en 1972. Avec son épouse Madeleine, ils sont à la tête du premier groupe d'enseignement privé de Tunisie. Ils ont également créé l'Université libre de Tunis. « Je ne l'ai pas compris tout de suite, mais les Trabelsi, la belle-famille de Ben Ali, n'avait qu'une seule idée en tête, me chasser de l'avenue Mohamed-V afin d'édifier à la place de l'école une grande surface. Vous rendez-vous compte du niveau de leurs préoccupations ? », s'indigne Mohamed Bouebdelli. Puis l'homme, à la stature imposante, ajoute : « Je ne souhaite à personne de subir la vie que ma femme et moi avons vécue ces dernières années. Entre les écoutes téléphoniques, les menaces, les comptes bancaires bloqués, et le fisc installé presque à demeure chez nous. Le pouvoir a tout fait pour nous casser[1]. »

1. Entretien avec l'auteur, Tunis, février 2011.

Sarkozy boude le lycée Pasteur

D'où vient cette hostilité vis-à-vis d'un couple très estimé, n'ayant pas d'activités politiques déclarées, et qui accueille dans ses salles de classe les enfants de la bourgeoisie et de l'élite tunisienne ? Un premier accroc a lieu lorsque la famille régnante tente à tout prix d'y inscrire une de ses filles, qui n'a que huit sur vingt de moyenne. Les Bouebdelli, qui tiennent à la réputation de leur école, refusent. Mohammed Bouebdelli est immédiatement convoqué par le ministre de l'Éducation nationale. Ce dernier menace de fermer son école s'il maintient son opposition. Il en faut plus pour impressionner Mohammed Bouebdelli. En 2002, le président Ben Ali lui propose alors, en tête à tête, de « travailler ensemble privé et public ». Ce n'est malheureusement pas pour le bien des élèves. « Il m'a suggéré que nous pourrions faire 50/50 concernant les bénéfices ! J'ai joué à celui qui ne comprenait pas », raconte le directeur d'école.

Les vraies menaces commencent quand Leila Ben Ali, l'épouse du président, décide de créer l'École internationale de Carthage, en association avec Souha Arafat, la veuve de l'ancien dirigeant palestinien. Les deux femmes commencent par mettre la main sur un terrain appartenant à l'Agence foncière d'habitation, un organisme d'État. Elles reçoivent ensuite une subvention de 850 000 euros. « Sans parler des enseignements pris en charge par le budget de l'État ou des motards officiels acheminant les courriers du lycée aux parents d'élèves », racontent Nicolas Beau et Catherine Graciet dans un ouvrage longtemps interdit en Tunisie, et qui fait un tabac depuis la révolution du jasmin[1].

1. Nicolas Beau et Catherine Graciet, *La Régente de Carthage. Main basse sur la Tunisie*, La Découverte, 2009, p. 100.

Pour Leila, qui n'a guère fait d'études (elle n'est titulaire que d'un CAP de coiffure), il s'agit d'accaparer un pan financièrement juteux de l'économie tunisienne. L'enseignement privé prospère en raison de la dégradation de l'éducation publique. Il lui faut faire table rase de la concurrence. Elle s'en prend au lycée Louis-Pasteur ouvert en 2005 par Madeleine et Mohammed Bouebdelli. Le 10 mai 2007, quelques mois avant l'ouverture de l'École internationale de Carthage, ces derniers reçoivent l'ordre du ministère de l'Éducation nationale de fermer leur établissement. Motif? Ils auraient accueilli des élèves sans avoir reçu la moindre autorisation! Ce qui, bien évidemment, est faux.

Les Bouebdelli décident de se tourner vers la France. Ils possèdent tous deux des passeports tricolores et leur lycée prépare (avec succès) au baccalauréat français. Mais ni Nicolas Sarkozy ni Bernard Kouchner ne lèvent le petit doigt en faveur de l'établissement Louis-Pasteur. L'ouvrage *La Régente de Carthage* raconte que Madeleine Bouebdelli, invitée à un cocktail à l'ambassade de France à l'occasion de la visite de François Fillon en Tunisie en avril 2009, tente d'approcher Valérie Pécresse, ministre de l'Enseignement supérieur et de la Recherche. « Madeleine Bouebdelli s'avance vers elle, commence à s'expliquer, mais elle n'a pas le temps de terminer sa phrase : la ministre a déjà tourné les talons[1] ! »

« Non seulement Nicolas Sarkozy n'a rien fait pour nous, mais il a œuvré pour que l'École internationale de Carthage obtienne son accréditation au bout d'un an au lieu de deux. Nous avons reçu beaucoup plus de soutien de la part des Américains. C'est d'ailleurs en me rendant aux États-Unis que j'ai pris conscience que Washington allait lâcher Ben Ali », commente Mohammed Bouebdelli. Depuis la révolution, il a porté plainte

1. *Ibid.*, p. 104.

contre l'ancien président et les anciens ministres de l'Éducation nationale et de l'Enseignement supérieur, leur réclamant des dommages et intérêts.

Notre ami le despote

L'attitude de la France n'était-elle pas prévisible? Le 28 avril 2008, en visite officielle en Tunisie, Nicolas Sarkozy déclare sans hésitation: « Aujourd'hui, l'espace des libertés progresse. Ce sont des signaux encourageants que je veux saluer. » Paris profitait de ce voyage pour signer plusieurs contrats pour un montant de plus de 1,3 milliard d'euros et concluait un accord-cadre dans le nucléaire civil. Pour Nicolas Sarkozy, le pouvoir tunisien possède une qualité essentielle: il est intransigeant avec les islamistes. Ben Ali, lui au moins, ne laissera pas s'installer « un régime de type taliban au nord de l'Afrique ». Peu importe donc, comme le rappelle *Libération* dans un dossier intitulé « Sarkozy à Tunis, notre ami le despote », que « quelque 1500 jeunes hommes croupissent en prison, arrêtés ou condamnés en vertu de la loi antiterroriste entrée en vigueur en 2004. Un chiffre qui fait de la Tunisie l'un des pays arabes comptant le plus de prisonniers politiques par rapport à sa population totale[1]. »

Les propos du président de la République sont à mettre en parallèle avec ceux prononcés par le candidat Sarkozy le 6 mai 2007: « Je veux lancer un appel à tous ceux qui, dans le monde, croient aux valeurs de tolérance, de liberté, de démocratie et d'humanisme, à tous ceux qui sont persécutés par les tyrannies [...] pour leur dire que la France sera à leur côté. » Nicolas Sarkozy promettait alors la rupture partout, et une diplomatie ouvrant grande la porte aux droits de l'homme.

1. Christophe Ayad, « En visite dans une Tunisie verrouillée », *Libération*, 29 avril 2008.

Ouvrons une parenthèse sur cette laïcité tunisienne tant vantée par l'Élysée. Hamadi Redissi, professeur à la faculté de droit et de sciences politiques de Tunis, rappelle que l'État est islamique en Tunisie comme il l'est en Jordanie ou en Mauritanie. « D'un côté l'État a aboli du religieux (suppression des biens de mainmorte et des tribunaux religieux en 1956) ; de l'autre, il a restructuré du religieux, faisant du "mufti de la Tunisie", le "mufti de la république" (en 1962) et absorbant l'université religieuse dans l'enseignement public sécularisé (en 1961) ; enfin, l'État a réinventé du religieux en créant le Conseil islamique supérieur (en 1987) et le ministère des Affaires religieuses (en 1994) », rappelle ce militant de la laïcité[1].

« Il faut dégager l'islam de l'arène politique et proclamer la neutralité de l'État en matière de religion. Cela dit, l'État peut gérer le culte, mais il ne doit pas avoir de point de vue religieux », ajoute Hamadi Redissi[2]. Martine Vautrin-Djedidi, élue à l'Assemblée des Français de l'étranger et membre du conseil d'administration de Français du Monde-ADFE, évoque également cette semi-laïcité à la tunisienne. « Une fille n'hérite que d'une demi-part, et un non-musulman ne peut pas hériter d'un musulman. Un non-musulman doit se convertir s'il veut épouser une musulmane[3]. »

Le président de la République a montré la marche à suivre. Dans ce contexte, l'aveuglement dont va faire preuve Michèle Alliot-Marie, ministre des Affaires étrangères, pendant – et après – ses vacances en Tunisie, entre Noël et le Premier de l'an, alors que le pays s'enflamme, s'explique un peu mieux. Même s'il s'agit de l'un des ministres les plus solides du gouvernement Fillon. La fille

1. Hamadi Redissi, *La Tragédie de l'islam moderne*, Seuil, 2011, p. 85.
2. Entretien avec l'auteur, Tunis, février 2011.
3. Entretien avec l'auteur, Tunis, février 2011.

de Bernard Marie, ancien député gaulliste des Pyrénées-Atlantiques, fit son entrée au gouvernement en 1986 comme secrétaire d'État à l'Enseignement. Jusqu'à ce monumental couac, elle avait suivi un parcours presque sans fautes. Ancienne présidente du RPR, celle que l'on appelle « MAM » est une gaulliste austère, sans « bling-bling ». Quelques semaines auparavant, elle était encore présentée comme possible Premier ministre. Avec son compagnon Patrick Ollier, député UMP des Hauts-de-Seine et, depuis novembre 2010, ministre chargé des Relations avec le Parlement, elle fréquente les plages de l'île de Djerba dans le Sud tunisien. Lors d'un séjour, ils font la connaissance d'Aziz Miled, un homme d'affaires qui a largement profité des largesses de Ben Ali. C'est le plus important voyagiste de Tunisie. Il est également propriétaire de la compagnie aérienne Nouvelair.

Coopération sécuritaire avec Ben Ali

Reprenons la chronologie : le 17 décembre 2010, Mohamed Bouazizi, un jeune vendeur ambulant, s'immole à Sidi Bouzid. C'est le début des manifestations populaires, durement réprimées par le pouvoir tunisien. Le 11 janvier – soit trois jours avant la fuite de Ben Ali –, Michèle Alliot-Marie, loin de critiquer un régime qui tire à balles réelles sur la foule, lui propose depuis l'Assemblée nationale une coopération sécuritaire ! « Nous proposons que le savoir-faire de nos forces de sécurité, qui est reconnu dans le monde entier, permette de régler des situations sécuritaires de ce type », déclare-t-elle. Des propos scandaleux. De plus, la ministre des Affaires étrangères atteste de sa méconnaissance de la situation en Tunisie. Elle ne se doute pas que le régime est au bord du gouffre.

Toutefois, Michèle Alliot-Marie n'est pas la seule coupable. Elle a reçu le feu vert de Matignon, comme de la présidence de la République, « pour fournir cette réponse lors d'une séance de questions au gouvernement à l'Assemblée nationale », divulgue Natalie Nougayrède[1]. Le mot d'ordre reste de ne jamais critiquer les méthodes sanglantes de Ben Ali. La presse découvre que Paris a aussi autorisé l'exportation de matériel de maintien de l'ordre peu avant la chute du régime tunisien (grenades lacrymogènes, boucliers, matraques et gilets pare-balles). Avec l'aval du Quai d'Orsay, des ministères de l'Intérieur et de la Défense[2]. MAM semble ainsi avoir joué « un rôle central dans la délivrance d'agréments pour l'exportation de grenades lacrymogènes aux forces de l'ordre tunisiennes qui allaient réprimer dans le sang la révolte[3] ». Les commandes ne seront finalement pas honorées, mais pour des raisons indépendantes de la volonté du gouvernement français.

Malgré les critiques virulentes, MAM – qui n'a jamais été auparavant la tête de Turc de la presse – ne s'attend nullement à un lynchage. Elle reconnaît qu'elle a passé ses vacances de fin d'année 2010 en Tunisie. « Comme des millions de Français, je vais en Tunisie. Voilà tout », explique-t-elle dans *Le Parisien.* C'est sans compter sur la sagacité du *Canard enchaîné*, qui révèle que, contrairement à des millions de Français, la ministre des Affaires étrangères a voyagé « dans un jet privé du clan Ben Ali ». On apprend que MAM, accompagnée de ses parents et de Patrick Ollier, a passé quelques jours à Hammamet, puis s'est rendue à Tabarka au Sendito Beach, un hôtel appartenant à Aziz Miled.

---

1. « MAM doit assumer seule sa formule "pas très heureuse" », *Le Monde*, 22 janvier 2011.
2. Éric Pelletier, « MAM. Grenades à retardement », *L'Express*, 19 février 2011.
3. Jacques Follerou, « La France a autorisé, fin 2010, quatre livraisons de grenades lacrymogènes à la Tunisie », *Le Monde*, 27 janvier 2011.

Michèle Alliot-Marie assure que c'est par le plus pur hasard qu'elle a croisé Aziz Miled, « un ami de longue date », à Tunis, et que ce dernier aurait proposé à la patronne du Quai d'Orsay et à sa famille de grimper dans son Challenger 600, un avion de neuf places[1]. « Il n'a pas mis son avion à ma disposition, nous l'avons accompagné dans son déplacement », jure-t-elle. Première fausse note de MAM : elle garantit que Aziz Miled est un opposant et même une « victime » de Ben Ali, « spolié » par le régime. « Oubliant » ainsi que l'homme d'affaires est associé à Belhassen Trabelsi, frère de l'épouse du président tunisien, et l'un des bailleurs de fonds des campagnes électorales de Ben Ali.

Plus grave, la ministre des Affaires étrangères de l'ancienne puissance coloniale ne voit pas d'inconvénients à passer des vacances dans un pays en ébullition, alors que des manifestations sont réprimées sauvagement. Pour se couvrir, MAM jure que les troubles n'ont commencé qu'« à la fin de son séjour ». Alors que pour son compagnon, Patrick Ollier, « l'immolation, c'était le jour de notre arrivée »... Autant de contrevérités : la révolution a commencé le 17 décembre. Très vite s'ajoute un autre mensonge. *Le Nouvel Observateur* révèle que MAM a effectué d'autres vols dans l'avion de son ami Aziz Miled, ce qui laisse entendre que ce n'est pas complètement par hasard qu'elle a croisé le millionnaire tunisien. La ministre est contrainte de reconnaître des excursions dans le sud de la Tunisie, « au motif qu'elle était "claquée" et baignait dans "un cadre amical". Elle s'engage cependant à "ne pas recommencer[2]" ». Elle commet aussitôt une nouvelle gaffe en lâchant « Quand je suis en vacances, je ne suis pas ministre des

---

1. Brigitte Rossigneux, « L'escapade de MAM-la-Gaffe dans un jet privé du clan Ben Ali », *Le Canard enchaîné*, 3 février 2011.
2. Nicolas Cori, « Au fil des versions et des contradictions », *Libération*, 17 février 2011.

Affaires étrangères. » Deux jours plus tard, elle doit corriger le tir : elle est bien ministre vingt-quatre heures sur vingt-quatre et trois cent soixante-cinq jours par an. Les Français commencent à se demander s'il y a bien un ministre dans l'avion…

29

MAM EXPLOSE EN PLEIN VOL

Le Canard enchaîné ne lâche pas sa proie. Il en remet rapidement une couche : « Le papa de MAM était en voyage d'affaires ». Aziz Miled et son fils sont propriétaires d'une société civile immobilière, Ikram, « dans laquelle figurent aussi, en tant qu'associés minoritaires, avec environ 13 % du capital, Bernard Marie et son épouse, les parents de MAM[1] ». Les Miled décident de vendre toutes leurs parts le 30 décembre 2010 à Bernard et Renée Marie. L'hebdomadaire satirique estime que cette opération a été préparée de longue date, « en Tunisie, la cession d'un bien immobilier n'est pas une simple formalité. Surtout quand l'acquéreur est étranger. » Ce qui signifie, pour enfoncer un peu plus le clou, que MAM a menti : la rencontre n'avait absolument rien de fortuit. Faire du business, alors que des gens meurent dans les rues, ce n'est pas des plus judicieux. Pour *Le Canard enchaîné*, ce n'est sans doute pas un bien mal acquis, mais « juste acquis au plus mauvais moment ».

Quoique : les parents de MAM ayant respectivement quatre-vingt-quatorze et quatre-vingt-douze ans, l'hebdomadaire évoque, dans un numéro suivant, la transmission par héritage de cette fameuse SCI, dont l'administration fiscale française aurait pu tout ignorer.

1. Jérôme Canard, « Pour MAM une succession… d'odieux soupçons », *Le Canard enchaîné*, 23 février 2011.

« Mais cela implique que l'héritier dissimule délibérément cette propriété, ce qui est bien sûr exclu de la part d'une famille qui témoigne chaque jour d'un patriotisme économique sans faille et d'une aversion profonde pour le mélange des genres », lâche, cyniquement, le journal[1].

Discrète réunion sécuritaire

Michèle Alliot-Marie n'est pas au bout de ses tourments. Le site Mediapart obtient la confirmation que la ministre française « a eu un bref entretien téléphonique avec M. Ben Ali ». Un entretien qu'elle a omis de signaler dans les multiples interviews qu'elle donne à la presse en janvier et février 2011 pour tenter de se justifier. « Une bonne partie de la stratégie de communication de la ministre tombe à l'eau. Début février, elle affirmait n'avoir eu "aucun contact privilégié" avec le président Ben Ali avant sa fuite[2]. » Même en vacances avec des amis et même « claquée », MAM suivait au jour le jour la situation en Tunisie. Peut-on imaginer que Ben Ali lui ait demandé l'assistance de la France pour en finir avec la révolte ? Dans ce cas, que lui aurait-elle répondu ?

Le 21 février 2011, *Tunis Hebdo* enfonce le clou en affirmant en première page que Michèle Alliot-Marie a eu une discrète réunion sécuritaire de deux heures à Tabarka avec Rafik Hadj Kacem, l'ancien ministre de l'Intérieur, et Ali Seriati, l'ancien chef de la garde présidentielle. Deux hommes emprisonnés après la révolution. Cette réunion, selon l'hebdomadaire, se serait tenue dans le salon d'honneur de l'hôtel Tabarka Beach.

1. Brigitte Rossigneux, « Le papa de MAM était en voyage d'affaires », *Le Canard enchaîné*, 16 février 2011.
2. Lénaïg Bredoux et Mathieu Magnaudeix, « Alliot-Marie a bien eu Ben Ali au téléphone en Tunisie », www.mediapart.fr, 15 février 2011.

« C'est au cours de cet entretien secret que MAM, sous la "pression" d'Ali Seriati, a fini par s'entretenir téléphoniquement avec Ben Ali[1]. » L'information doit être laissée au conditionnel, elle n'a pas été confirmée.

Le journaliste français Nicolas Beau, qui séjournait au même moment en Tunisie, précise que l'ancien ministre de l'Intérieur est originaire de Beja, une ville proche de Tabarka, et qu'il s'y trouvait vraisemblablement à cette période. Selon lui, la réunion se serait plutôt tenue à Beja. Il précise que, en descendant de son jet privé, MAM est accueillie au salon d'honneur par Fawzi Ben Arab, le gouverneur de la ville de Jendouba, dont dépend la commune de Tabarka. Or, Fawsi Ben Arab est un intime de Rafik Hadj Kacem[2]. Interrogé par le journaliste, ancien patron du site Bakchich.info, Fawzi Ben Arab affirmera ne se souvenir de rien.

Malgré cette cascade de révélations, plus désastreuses les unes que les autres pour son image, Michèle Alliot-Marie continue de nier tout mélange des genres. Comme son ancien collègue Éric Woerth quelques mois plus tôt, elle ne voit pas où est le problème. Malgré une chute vertigineuse dans les sondages et les cris de l'opposition qui réclame sa démission, MAM s'accroche à son poste. Elle se dit scandalisée que l'on puisse « s'attaquer à la famille des politiques, et dans le cas présent à [ses] parents ».

Ballade à Marrakech du président

Mais qui peut, à la tête de l'État, lui jeter la première pierre ? Nicolas Sarkozy, annonciateur d'une « République

1. Maher Chaabane, « Michèle Alliot-Marie s'est réunie, le 27 décembre à Tabarka, avec Rafik H. Kacem et Seriati », *Tunis Hebdo*, 21 février 2011.
2. Nicolas Beau, « Précisions sur MAM à Tabarka » et « Du chaud brûlant sur MAM, suite », nicolasbeau.blogspot.com, 23 et 25 février 2011.

irréprochable », a commencé son quinquennat sur le yacht du milliardaire Vincent Bolloré dans les eaux turquoise de la Méditerranée. De plus, l'escapade tunisienne de Michèle Alliot-Marie met le Premier ministre dans ses petits souliers : à la même période, François Fillon profitait de l'avion du président égyptien Hosni Moubarak. Un dictateur qui a suivi de peu Ben Ali dans sa chute. C'est une nouvelle fois *Le Canard enchaîné* qui s'en prend aux vacances du locataire de Matignon et de sa petite famille. Ils se sont fait héberger par le pays hôte dans la maison privée dépendant d'un hôtel de luxe, le Mövenpick, sur l'île Éléphantine. Ils ont utilisé l'avion prêté par le raïs pour aller d'Assouan à Abou-Simbel, dans le sud du pays. Enfin, François Fillon a eu un entretien d'une heure et demie avec le dictateur égyptien[1].

Toutefois, ce déplacement, quoiqu'un peu gênant, ne plombe pas le Premier ministre. Il a l'intelligence de raconter les faits et de ne pas s'enfoncer dans des demi-vérités ou de vrais mensonges. De plus, l'Égypte, lorsque François Fillon y séjourne, n'est pas encore en proie aux troubles. *Le Canard enchaîné* rappelle à sa une que MAM et Fillon ne sont pas les seuls à adorer les ballades en avion, Nicolas Sarkozy, quant à lui, « vient de partir en week-end privé à New York à bord d'un jet de la République payé au prix d'ami d'un vol régulier. Exemplarité, quand tu nous tiens[2]… »

Cerise sur le gâteau, l'hebdomadaire *Marianne* dévoile que le chef de l'État était lui aussi en fin d'année en Afrique du Nord, invité d'honneur du roi Mohammed VI du Maroc. Avec son épouse Carla, il a passé quelques jours au palais royal de Jnane Lekbir, situé à trois kilomètres de Marrakech. Perverse, la publication

1. Brigitte Rossigneux, « Fillon en goguette dans le jet de Moubarak », *Le Canard enchaîné*, 9 février 2011.
2. Erik Emptaz, « Un gouvernement qui décolle à plein tube ! », *Le Canard enchaîné*, 9 février 2011.

ajoute qu'en octobre 2010, « alors que l'Élysée le disait au cap Nègre, Sarkozy et son épouse se faisaient bronzer à Marrakech le temps d'un week-end, toujours à l'invitation du roi[1] ». Certes, Nicolas Sarkozy et ses ministres ne sont pas les premiers à profiter des largesses des dictateurs. Avant lui, François Mitterrand et Jacques Chirac avaient leurs habitudes sur la rive Sud de la Méditerranée. Certains hivers, on aurait pratiquement pu tenir un conseil des ministres au Maroc, en Tunisie ou en Égypte, tant s'y bousculaient de membres du gouvernement[2].

« La différence, on ne le martèlera jamais assez, est que Nicolas Sarkozy s'est fait élire sur une promesse de rupture avec ces pratiques, que ces privilèges se sont étendus pour son clan et ses obligés et que, surtout, la crise est passée par là. La crise a modifié la sensibilité des Français aux excès de leurs élites », se fâche Joseph Macé-Scaron, directeur adjoint de la rédaction de *Marianne*[3]. En d'autres temps, à un ami qui l'incitait à acheter au Maroc, Nicolas Sarkozy aurait répondu : « On ne devient pas président de la République en ayant un riad à Marrakech. » Devenu président de la République, il n'en a pas besoin puisqu'il se fait prêter un palais par le roi du Maroc…

« Casse-toi Boillon ! »

Le 23 février 2011, un groupe d'ambassadeurs choisit le pseudonyme de « Marly » pour faire dans *Le Monde* un état des lieux accablant. « La voix de la France a disparu dans le monde. Notre suivisme à l'égard des États-Unis

---

1. Vanessa Schneider, « Et Sarkozy ? En vacances aux crochets de Mohamed VI », *Marianne*, 12 février 2011.
2. Lire à ce sujet l'excellent article de Raphaëlle Bacqué et Gérard Davet, « Les palaces de la République », *Le Monde*, 10 février 2011.
3. « Les malotrus », *Marianne*, 12 février 2011.

déroute beaucoup de nos partenaires. [...] Nous n'intéressons plus grand monde, car nous avons perdu notre visibilité et notre capacité de manœuvre diplomatique. [...] Notre politique étrangère est placée sous le signe de l'improvisation et d'impulsions successives, qui s'expliquent souvent par des considérations de politique intérieure », estime le groupe Marly. Il dénonce à la fois « l'amateurisme », « l'impulsivité » et les « préoccupations médiatiques à court terme » de l'Élysée[1]. Le médecin, écrivain et ancien ambassadeur Jean-Christophe Rufin n'appartient pas au groupe Marly, mais il tire dans le même sens. « Le Quai d'Orsay est complètement dépossédé de la politique étrangère, conçue par le président de la République et mise en œuvre par un réseau parallèle d'hommes à lui[2]. » On pense en particulier au sulfureux Patrick Balkany, le député-maire de Levallois, très actif en Afrique depuis 2007.

Certes, Pierre Ménat, soixante ans, l'ambassadeur de France en Tunisie, n'a pas montré beaucoup de perspicacité face à la révolution tunisienne en marche. Quelques heures avant la fuite du président tunisien, il adressait une note à Paris estimant que Ben Ali... « peut reprendre la main ». Fallait-il pour autant le rapatrier aussi vite et nommer, sans même demander l'agrément au gouvernement provisoire tunisien, un nouvel ambassadeur de France? En l'occurrence Boris Boillon, quarante et un ans, très proche de Nicolas Sarkozy dont il a été l'un des conseillers diplomatiques en 2007 à 2009. Ambassadeur en Irak, arabisant, c'est un diplomate au langage cru et aux méthodes expéditives. Il est décrit comme

1. Voir la tribune du groupe Marly, « On ne s'improvise pas diplomate », *Le Monde*, 23 février 2011
2. Angélique Mounier-Kuhn, Catherine Frammery et Nathalie Versieux, « Démoralisée, la diplomatie française blâme Nicolas Sarkozy », *Le Temps*, 24 février 2011.

un personnage « arrogant, très sûr de lui et amoureux des caméras[1] ».

En effet, cinq jours à peine après son arrivée à Tunis, Boris Boillon invite à déjeuner des journalistes locaux à la résidence de France à La Marsa. Dans une interview à Radio Mosaïque, Wissal Hasnaoui évoque « l'inquiétude des Tunisiens sur l'avenir des relations entre les deux pays, en rapport [...] de la délicatesse de la position de la France, qui n'a pas vraiment soutenu la révolution ». Le jeune ambassadeur lui réplique : « N'essayez pas de me faire tomber sur des trucs débiles, franchement, vous croyez que j'ai ce niveau-là ? », avant de se lever et de quitter la table. Cette réaction, fort peu diplomatique, montre de la part du jeune diplomate un inquiétant manque de self-control.

La scène, filmée par l'un des participants, passe presque aussitôt en boucle sur Internet, provoquant un tollé à Tunis. Des centaines de Tunisiens descendent manifester le 19 février devant l'ambassade de France, située sur la grande avenue Habib-Bourguiba. Parmi les slogans brandis : « Casse-toi Boillon ! », « Dégage ! », ou encore « Sarkozy, la Tunisie n'est pas l'Irak ni Neuilly ». La page Facebook « Boris Boillon, dégage ! » attire rapidement plus de seize mille fans. Les Tunisiens, musulmans dans leur immense majorité, n'ont guère apprécié par ailleurs que le nouvel ambassadeur s'exhibe en maillot de bain sur le site Copains d'avant[2]. Boris Boillon est contraint de faire amende honorable à la télévision, promettant de parler « dorénavant de manière plus polie ». « Il pense nous impressionner en maîtrisant l'arabe ; c'est gamin, ridicule. Cela n'a rien d'exceptionnel qu'un ambassadeur en Tunisie maîtrise l'arabe. De

1. Claude Angeli, « Un ambassadeur comme les aime Sarko », *Le Canard enchaîné*, 2 février 2011.
2. Ava Djamshidi, « Cinq jours à Tunis... et l'ambassadeur est déjà contesté », *Le Parisien*, 20 février 2011.

plus, Boillon utilise un vocabulaire branché pour plaire aux jeunes. Nous attendons d'un diplomate qu'il use un langage châtié », souligne Olfa Belhassine, journaliste à *La Presse de Tunisie*, et parfaitement bilingue arabe-français[1].

Surnommé « Sarko-boy », ou pire encore « Sliplomate[2] », Boris Boillon a eu le tort de braquer les projecteurs sur lui. En poste à Bagdad, il passait pour un surdoué. À présent, les médias découvrent ses insuffisances – WikiLeaks parle d'un « vantard pas toujours compétent » – et recensent ses déclarations malheureuses. Évoquant le colonel Kadhafi, n'a-t-il pas déclaré : « Il a été un terroriste. Il ne l'est plus, il ne faut pas laisser libre cours aux clichés. Dans la vie, on fait tous des erreurs et on a tous droit au rachat. » Pas étonnant que le dictateur libyen appelle Boris Bouillon son « fils » ! Concernant l'Irak, le jeune ambassadeur assure que ce pays « est le vrai laboratoire de la démocratie dans le monde arabe. Et, qu'on le veuille ou non, tout cela a été obtenu grâce à l'intervention américaine de 2003[3]. »

Nous étions en reportage en Tunisie durant ces événements. Avant notre départ, nous avons appelé l'ambassade, puis envoyé un mail, demandant un rendez-vous avec l'ambassadeur. Arrivés à Tunis, nous avons, à nouveau, téléphoné à plusieurs reprises. Nous n'avons jamais reçu la moindre réponse. « Peu après son arrivée, Boris Boillon a reçu les Français de Tunisie. Première erreur, il nous a expédiés à toute vitesse. Deuxième erreur, il nous a remerciés d'être restés pen-

1. Entretien avec l'auteur, Tunis, février 2011.
2. David Fontaine, « Boris Boillon le sliplomate », *Le Canard enchaîné*, 2 mars 2011. Les manifestants tunisiens criaient : « Sarko-boy, ce n'est pas le festival du slip ici ! », slogan cité par *Le Parisien*, 20 février 2011.
3. Jean-Michel Thénard, « Le Quai en slip », *Le Canard enchaîné*, 23 février 2011.

dant la révolution ! Apparemment, il ne savait même pas que 70 % des vingt-cinq mille Français de Tunisie sont des doubles nationaux. Nous ne sommes pas, comme en Libye, des expatriés travaillant pour des compagnies pétrolières. La Tunisie, c'est notre pays », raconte une Franco-Tunisienne[1]. Dorénavant, quand Boris Boillon « fait son jogging sur la plage de La Marsa, c'est en compagnie de six gardes du corps[2] ».

Patrick Ollier, l'ami de Kadhafi

Inutile de revenir sur le départ pitoyable de MAM qui, jusqu'au dernier moment, s'est accrochée à son fauteuil. Arrêtons-nous, en revanche, sur son compagnon Patrick Ollier. Nommé ministre chargé des Relations avec le Parlement depuis novembre 2010, il était lui aussi du voyage en Tunisie. Il reste au gouvernement. Faut-il rappeler que, dans la classe politique française, Patrick Ollier est considéré comme un ami des Libyens et un proche du tyran de Tripoli ? Né en 1944, maire de Rueil-Malmaison et député UMP des Hauts-de-Seine, il fonde en 2003 le groupe d'amitié France-Libye à l'Assemblée nationale – dans lequel siège notamment Olivier Dassault, député UMP de l'Oise et administrateur de Dassault Aviation. En 2007, Ollier déclare que Mouammar Kadhafi est un « homme surprenant », qu'il a « totalement renoncé » au terrorisme, et qu'on ne peut plus rien lui reprocher, si ce n'est « quelques reliquats de pratiques anciennes comme la torture dans les prisons ». Bref, des broutilles. Patrick Ollier assure que le colonel libyen « lit Montesquieu »...

1. Entretien avec une responsable des Français de l'étranger qui souhaite conserver l'anonymat.
2. Nicolas Beau et Arnaud Muller, *Tunis et Paris, les liaisons dangereuses*, Jean-Claude Gawsewitch, mai 2011, p. 48.

De son côté, le Guide de la révolution libyenne l'appelle son « frère ». L'activisme du compagnon de MAM en faveur du dictateur de Tripoli a intrigué les services français, en particulier le général Philippe Rondot, comme le rappelle Karl Laske[1]. Dans ses fameux carnets, l'ancien agent secret écrit le 9 janvier 2004 : « Compromission de POL (Patrick Ollier), Irak, Libye, Syrie. » Toutefois, si le mot « compromission » est évoqué à son égard, aucune action illégale ne lui a été reprochée. Dans une enquête consacrée aux amis français du colonel, *Le Monde* rappelle que de nombreux observateurs « font remarquer que les mirobolants contrats (nucléaire, armement, etc.) soutenus par M. Ollier et mis en avant lors de la visite de M. Sarkozy à Tripoli en juillet 2007, n'ont jamais été conclus[2] ».

En fait, Patrick Ollier a surtout mené sa carrière dans l'ombre de sa compagne, ce qui lui vaut le sobriquet de « POM » pour « Patrick Ollier-Marie ». Pour rappel, quand Michelle Alliot-Marie était présidente du RPR, Patrick Ollier était « conseiller à la présidence ». Le seul titre de gloire du maire de Rueil-Malmaison a été celui de président de l'Assemblée nationale. Mais il ne s'agissait que d'un mandat de transition, de mars à juin 2007.

Pourquoi Nicolas Sarkozy, qui ne goûte guère Patrick Ollier, ne s'en est-il pas débarrassé en même temps que MAM ? Le chef de l'État a craint en réalité que, lâché dans la nature, le couple crie vengeance en 2012. Michèle Alliot-Marie compte toujours des supporters parmi les gaullistes de l'UMP. L'ancienne ministre des Affaires étrangères sait que Nicolas Sarkozy l'a poignardée dans le dos, l'éjectant sans ménagement du gouvernement. Claude Guéant, alors secrétaire géné-

---

1. « "POL", époux de MAM et ami de Kadhafi », *Libération*, 17 février 2011.
2. Philippe Bernard et Marion Van Renterghem, « Les amis français du colonel », *Le Monde*, 20 mars 2011.

ral de l'Élysée, aurait à cette occasion livré à des journalistes des détails sur les relations de MAM et de ses parents avec le milliardaire tunisien Aziz Miled[1]. Pour éviter toute attitude vindicative de la part de MAM, on décide alors de garder en laisse Patrick Ollier sur son strapontin.

Moralité de cette histoire? Il n'y en a évidemment pas. Le dessinateur Willem croque le tyran tunisien en train de se noyer et qui appelle à l'aide. Carla Bruni tend l'oreille et souffle à son époux: « On dirait Ben Ali, qui crie quelque chose. » Sans se retourner, Nicolas Sarkozy lui lance: « Un ami qui perd n'est plus un ami. »

Retour en France pour décortiquer les liens complexes de Nicolas Sarkozy avec la justice. En fait, le président de la République ne supporte qu'une catégorie de magistrats: ceux qui reçoivent des ordres de sa part. Les autres, il s'en méfie. Il voulait supprimer les juges d'instruction, il ne l'a pas encore fait lors de ce quinquennat. Il compte bien y parvenir à l'occasion d'un second mandat.

1. « Comment "MAM" s'est fait piéger », *La Lettre A*, 4 mars 2011.

30
Haro sur les juges d'instruction

Dans un ouvrage précédent, nous donnions deux explications à la nomination de Rachida Dati au ministère de la Justice en 2007. Soit Nicolas Sarkozy, qui tentait à l'époque de reconquérir Cécilia, acquiesçait à toutes ses exigences. Or, Rachida, la « sœur » de Cécilia, rêvait justement de devenir garde des Sceaux. Cette hypothèse est-elle sérieuse? Il suffit de passer plusieurs minutes avec Rachida Dati pour prendre conscience d'une incompétence qu'elle dissimule sous de petits rires nerveux. Soit, et c'est plus vraisemblable, Alain Minc a convaincu le nouveau président que les socialistes hésiteraient à critiquer une beurette, de peur d'être soupçonnés de racisme. Résultat, pendant plusieurs mois, Nicolas Sarkozy a pu passer en parfaite tranquillité toutes les lois liberticides qu'il a voulu[1]. Rachida Dati amusait la galerie, pendant que le discret Patrick Ouart œuvrait à l'Élysée en tant que réel ministre de la Justice.

Couper les ailes aux enquêteurs

Dorothée Moisan, journaliste à l'Agence France-Presse, fait mine de s'interroger sur l'arrivée place Vendôme de la beurette de Chalon-sur-Saône : s'agit-il d'une provocation délibérée ou d'une erreur de casting? « Rachida constitue

---

1. Ian Hamel, *Xavier Bertrand, les coulisses d'une ambition*, L'Archipel, 2010, p. 138.

la plus grande claque que le président ait jamais infligée à la magistrature. Avec la bénédiction de l'Élysée, la locataire de la place Vendôme a rudoyé les magistrats, étrillé les juridictions et vilipendé l'institution », écrit-elle[1]. Après Rachida Dati, même le très modeste Michel Mercier, l'actuel ministre de la Justice, fait figure de génie. Dans son dernier livre consacré à Nicolas Sarkozy, Franz-Olivier Giesbert assassine en deux lignes et demie l'ex-meilleure amie de l'ex-Mme Sarkozy : « Passons, par politesse, sur le cas de Rachida Dati, ex-garde des Sceaux, une blague qui n'aura finalement fait rire personne[2]. »

Ce n'est pas tant la personnalité de l'ancienne ministre de la Justice de Nicolas Sarkozy qui importe, que l'expression à peine voilée de la détestation du chef de l'État pour la justice. Pour l'ancien maire de Neuilly, la justice ne peut être qu'un instrument exclusivement à son service, chargé de régler ses affaires politiques et personnelles. Les Français, eux, ont surtout constaté une banalisation du copinage et la multiplication des conflits d'intérêts. Impression confirmée par l'organisation Transparency International : en trois ans, la France a perdu huit places dans l'indice de perception de la corruption. Dorénavant, elle pointe au 25e rang mondial derrière le Danemark, la Suède, les Pays-Bas, l'Allemagne, le Royaume-Uni, entre autres. Plus grave, pour 66 % des personnes sondées, la corruption a augmenté depuis trois ans dans l'Hexagone. Pour 28 % la corruption est restée la même. Ils ne sont que 7 % à penser qu'elle a pu diminuer[3].

À peine élu, Nicolas Sarkozy se rend le 30 août 2007 à l'université d'été du Mouvement des entreprises de France (Medef). Devant les managers, il lâche que « la

1. D. Moisan, *op. cit.*, p. 83.
2. F.-O. Giesbert, *op. cit.*, p. 261.
3. Transparency International France, « Indice de perception de la corruption 2010 : la France recule encore », www.transparence-france.org.

pénalisation de notre droit des affaires est une grave erreur, je veux y mettre un terme ». Il ajoute : « On ne peut continuer à mener aux entrepreneurs une guerre judiciaire sans merci. » Le président de la République n'a pas attendu longtemps pour répondre aux aspirations de ses amis du CAC 40. Le chef de l'État souhaiterait offrir l'absolution aux P-DG indélicats, confondant leurs poches et celles de leurs entreprises. Comment ? Grâce à la prescription des délits financiers au bout de trois ans à compter de la commission des faits, et non pas à compter de la date de découverte des faits. Or, comme les délits financiers sont par nature dissimulés, on ne découvre la plupart du temps les infractions que de nombreuses années plus tard…

Le plus grave, c'est que cette indulgence de Nicolas Sarkozy vis-à-vis de la délinquance en col blanc était fort prévisible. Dans son livre *Libre*, publié en 2001, Nicolas Sarkozy écrivait déjà : « Ne serait-il pas plus juste de réserver la prison à la seule punition des crimes et délits ayant porté atteinte à l'intégrité physique de la victime[1] ? » Si, dans les textes, Nicolas Sarkozy n'a pas réussi en quatre ans à dépénaliser totalement le droit des affaires, dans les faits, c'est presque le cas. Les condamnations pour des infractions financières ou économiques ne représentent pas plus de 1 % des condamnations pénales. En revanche, les petits casseurs, les voleurs de scooters ou les gens du voyage ne bénéficient pas de la même mansuétude.

Juges d'instruction au pain noir

Pour que les délits financiers disparaissent, il suffit de couper les ailes aux enquêteurs en démantelant les

1. Augustin Scalbert, « Rue89 publie des extraits du "Justicier", première enquête à montrer comment le président contrôle ou contourne les juges », www.rue89.com, 6 janvier 2011.

pôles financiers des juridictions. En effet, s'il n'est pas trop compliqué d'instruire le dossier d'un vendeur de drogue pris en flagrant délit, la démonstration d'abus de biens sociaux nécessite en revanche des mois, sinon des années, d'investigations. Spécialement si le patron indélicat a créé des dizaines de sociétés fantômes dissimulées dans presque autant de paradis fiscaux. Dans un communiqué diffusé le 8 mars 2011, l'Association française des magistrats instructeurs (Afmi) constatait que « le ministère de la Justice réduit significativement les moyens humains et matériels des enquêtes au pôle économique et financier du TGI de Paris ». Entre 2009 et 2011, les effectifs des juges d'instruction sont passés de vingt-trois à dix-huit. « Parallèlement, le ministère de la Justice réduit d'un tiers la surface des locaux de l'instruction, chassant ainsi des juges d'instruction et des assistants spécialisés de leurs bureaux pour y installer des services administratifs. »

L'Afmi est présidée par le juge antiterroriste Marc Trévidic, dont nous avons parlé plus haut dans les chapitres consacrés à la vente de sous-marins au Pakistan. « La disparition des juges d'instruction n'était pas dans le programme du candidat Sarkozy. Face à l'hostilité du monde judiciaire, le président de la République a préféré reporter la réforme de la procédure pénale qui prévoyait la suppression du juge d'instruction. Mais à présent nous sommes prévenus : si Sarkozy repasse en 2012, nous saurons à quoi nous en tenir. Il veut que la justice devienne un service public comme un autre, qui ne s'oppose pas au pouvoir exécutif », lâche le vice-président chargé de l'instruction au pôle antiterroriste[1]. L'objectif de l'Élysée est limpide : il s'agit de transférer la totalité des enquêtes aux procureurs qui, contrairement aux juges d'instruction, sont dépendants du pouvoir politique.

---

1. Entretien avec l'auteur, Paris, mars 2011.

Le juge d'instruction est un magistrat du siège indépendant, dont la carrière ne dépend aucunement de l'exécutif. Pour Nicolas Sarkozy, c'est forcément un homme dangereux. Imaginez une justice libre qui décide de mettre son nez dans les innombrables affaires des Hauts-de-Seine ! Depuis son élection, le chef de l'État ne se gêne pas pour anticiper sa réforme de la procédure pénale repoussée, bien malgré lui, aux calendes grecques. « Depuis 2007, aucune affaire sensible, en dehors des procédures criminelles ou terroristes, n'échappe à la vigilance des magistrats du parquet, dont l'avancement dépend du pouvoir », constate Cécile Prieur[1].

La Cour européenne des droits de l'homme ne se gêne pas d'écrire que les procureurs français « ne remplissent pas l'exigence d'indépendance à l'égard de l'exécutif ». Or, il n'y a que l'information judiciaire qui offre des garanties conformes aux règles d'une procédure équitable. Certes, un procureur peut enquêter tout aussi bien qu'un juge d'instruction, mais la défense n'a pas accès au dossier… Les juges d'instruction étaient autrefois saisis de 20 % des affaires. Ils ne le sont plus que dans 4 % des cas ! Il est assez simple de mettre à l'écart un juge d'instruction : ce juge ne peut enquêter de sa propre initiative, il reçoit uniquement les dossiers que lui donne le parquet.

L'homme des affaires sensibles

Depuis fort longtemps, Nicolas Sarkozy a placé ses hommes à lui aux postes clés. Dorothée Moisan cite une conversation, remontant à 2002, entre quelques journalistes et l'homme qui occupe alors le ministère de la

1. « La gestion partisane des affaires sensibles sous la présidence Sarkozy », *Le Monde*, 2 octobre 2010.

place Beauvau : « Je me garderai toujours d'intervenir dans les dossiers. J'ai des moyens beaucoup plus efficaces... », leur répond Nicolas Sarkozy, le sourire carnassier[1]. Il laisse le soin à d'autres de se salir les mains.

Premier cité, Yves Bot, un temps vice-président de l'Association professionnelle des magistrats (APM) – un syndicat très marqué à droite. Il fait la connaissance de Nicolas Sarkozy en 1995 en devenant procureur de Nanterre dans les Hauts-de-Seine. Le courant passe suffisamment bien entre eux pour que le maire de Neuilly, devenu ministre de l'Intérieur en 2002, le fasse nommer procureur de la République de Paris. Puis, deux ans plus tard, procureur général. Le président l'appelle « mon président » ; les ennemis d'Yves Bot le surnomment « Pol Bot ».

Autre personnage majeur dans la galaxie judiciaire du président : Patrick Ouart. Ce dernier occupait depuis l'Élysée les réelles attributions de garde des Sceaux pendant que Rachida Dati « officiait » au gouvernement. Il est retourné dans le privé fin 2009, devenant membre du comité exécutif du groupe LVMH, mais continue de suivre les dossiers sensibles. Les écoutes effectuées chez Liliane Bettencourt, révélées par la presse, témoignent de son influence à l'Élysée, même après son départ. À l'instar d'Yves Bot, il a fréquenté l'Association professionnelle des magistrats, devenant un temps son secrétaire général. Conseiller sur les questions de justice au cabinet d'Édouard Balladur en 1993, c'est là qu'il fait la connaissance de Nicolas Sarkozy. Passé un temps dans le privé, il rejoint l'ancien maire de Neuilly en 2007 en tant que conseiller pour les affaires judiciaires. En fait, à l'Élysée, c'est « l'homme des nominations, des réformes et des affaires sensibles. Celui qui agit dans l'ombre du président[2]. »

---

1. D. Moisan, *op. cit.*, p. 37.
2. *Ibid.*, p. 54.

Dans les enregistrements effectués clandestinement chez Liliane Bettencourt, on entend Patrice de Maistre, son gestionnaire de fortune, dire le 21 juillet 2009 qu'il a eu au téléphone le matin même Patrick Ouart, « le conseiller juridique, à l'Élysée, que je vois régulièrement pour vous ». Il ajoute : « Il m'a dit que le procureur Courroye allait annoncer le 3 septembre, normalement, que la demande de votre fille était irrecevable. Donc, classer l'affaire. Il ne faut le dire à personne, cette fois-ci. » Le 23 avril 2010, Patrice de Maistre déclare : « C'est que j'ai vu, euh, l'ancien conseiller de Nicolas Sarkozy pour les affaires juridiques et judiciaires, Patrick Ouart, qui n'est plus à l'Élysée, mais qui n'a pas été remplacé et qui travaille chez Bernard Arnault, et qui m'aime beaucoup. Et il a voulu me voir l'autre jour et il m'a dit, M. de Maistre, le président continue de suivre ça de très près[1]... »

Peut-on rêver plus bel exemple de collusion entre le pouvoir judiciaire, l'Élysée et les nantis ? Liliane Bettencourt habite Neuilly et conviait souvent à déjeuner dans son hôtel particulier Nicolas Sarkozy, maire de la cité de 1983 à 2002.

1. F. Arfi et F. Lhomme, *L'Affaire Bettencourt, op. cit.*, p. 38.

31
Philippe Courroye,
le procureur aux deux visages

Philippe Courroye, cinquante-deux ans, procureur du tribunal de Nanterre, incarne à lui seul cette justice aux ordres. Le personnage intrigue d'autant plus qu'il fut, au début de sa carrière, l'incarnation du juge indépendant, faisant tomber deux poids lourds du mouvement gaulliste : Michel Noir, maire de Lyon, et Alain Carignon, édile de Grenoble. Ce dernier a écopé de cinq ans de prison, dont quatre fermes, pour « corruption », « abus de biens sociaux » et « subornation de témoins ». Philippe Courroye s'en est également pris à Patrick Poivre d'Arvor, présentateur vedette de *TF1*, et à Martin Bouygues, l'un des meilleurs amis de Nicolas Sarkozy. Ce même magistrat a, depuis, radicalement tourné sa veste, devenant l'ami des puissants, des hommes politiques et des grands industriels. Pour finalement perdre tout crédit dans l'affaire Bettencourt, en ouvrant quatre enquêtes préliminaires, qu'il conserve sous son contrôle strict, et en refusant de se dessaisir au profit d'un juge indépendant, malgré une interpellation du procureur général de la Cour de cassation.

Décoré par Nicolas Sarkozy

Surnommé par ses détracteurs « l'ami du président et du CAC 40 », Philippe Courroye n'a pas vu d'inconvénient à partager un dîner en août 2008, chez François Pinault, avec le couple Chirac, alors que l'ancien président de la République est mis en cause dans une enquête à Nanterre ! Nicolas Sarkozy a tenu à lui remettre personnellement l'ordre national du Mérite le 24 avril 2009 à l'Élysée, en présence de Martin Bouygues. Signe que Philippe Courroye s'est réconcilié avec le géant du BTP, qu'il avait renvoyé en correctionnelle quelques années plus tôt. Airy Routier raconte que l'ancien magistrat implacable fréquente dorénavant les grands patrons : outre François Pinault, il côtoie désormais Patrick Ricard, P-DG du groupe Ricard, ou Jean-Charles Naouri, P-DG du groupe Casino. Philippe Courroye est même invité à chasser sur les terres de Martin Bouygues en Sologne[1]...

Certes, rien de ceci ne constitue un délit. En revanche, sa manière de traiter les affaires très sensibles du département des Hauts-de-Seine, notamment celles pouvant impliquer les anciens présidents du conseil général et ses amis, ne manque pas de surprendre – désagréablement. Né à Lyon, d'abord magistrat sur les bords du Rhône, Philippe Courroye se spécialise dans les affaires économiques. Devenu l'un des hommes de loi les plus connus de France, il intègre en 1999 le pôle financier à Paris comme premier juge d'instruction, rejoignant d'autres stars, telles que Renaud Van Ruymbeke et Eva Joly. Il y passe huit ans, collectionnant les dossiers sensibles, comme l'affaire des ventes d'armes à l'Angola – dans laquelle il plaça en détention provisoire Jean-Christophe Mitterrand –, ou encore celles du Sentier, ou l'affaire Pétrole contre nourriture, ou enfin celle de Pierre Bédier, ancien secrétaire d'État et ancien président du conseil général des Yvelines.

Comment ce magistrat intègre a-t-il pu virer si radicalement de bord ? « C'est d'autant plus inconcevable

1. Airy Routier, *Enquête sur un juge au-dessus de tout soupçon. Philippe Courroye, un pouvoir*, Fayard, 2011, p. 26.

que le pouvoir politique ne considère même plus les procureurs comme des magistrats », s'étonne Isabelle Prévost-Desprez, présidente de chambre au tribunal de Nanterre. Elle a longtemps travaillé en bonne harmonie avec Philippe Courroye au pôle financier à Paris. Aujourd'hui, les deux magistrats, en poste à Nanterre, se vouent une haine sans limites[1].

Laissant la parole à Charles Pasqua, ancien ministre de l'Intérieur et ancien président du conseil général des Hauts-de-Seine, le journaliste Airy Routier avance une explication : Philippe Courroye n'aurait ciblé Michel Noir que pour complaire à Jacques Chirac et le débarrasser d'un concurrent potentiel au RPR. Idem pour l'affaire de l'Angolagate, qui met en cause Charles Pasqua. « Peut-être a-t-il un sens aigu de ses intérêts et de sa carrière », laisse entendre Charles Pasqua en parlant du magistrat. « Ce que je sais, c'est que mes ennuis judiciaires ont commencé en 2000, quand j'ai laissé entendre que je serais peut-être candidat à la présidentielle de 2002. Dès lors, tout a été fait pour m'abattre et le juge Courroye a joué un rôle dans cette opération », assure l'ancien ministre[2].

Si l'on suit cette hypothèse, le magistrat aurait été au service de Jacques Chirac jusqu'en 2007, puis de son successeur. C'est d'ailleurs conjointement que Jacques Chirac, en fin de mandat, et Nicolas Sarkozy, candidat de l'UMP à l'élection présidentielle, font le forcing en mars 2007 – malgré l'avis très négatif du Conseil supérieur de la magistrature – pour imposer Philippe Courroye à la tête du parquet de Nanterre, l'un des plus importants de France. Pour le Syndicat de la magistrature, chiraquiens et sarkozystes, malgré leurs détestations réciproques, se sont entendus sur le nom

1. Entretien avec l'auteur, Nanterre, mai 2010.
2. A. Routier, *op. cit.*, p. 145.

de Courroye pour étouffer les affaires sensibles de la droite. « L'impression de verrouillage est renforcée par le fait que le dossier des emplois fictifs à la mairie de Paris, pour le RPR, dans lequel Jacques Chirac est mis en cause, est instruit à Nanterre[1]. » Jusqu'à présent, l'ancien maire de Paris ne s'en est pas trop mal sorti avec la justice. Quant à son successeur, il n'a pas non plus à se plaindre du sort qui lui est réservé, ainsi qu'à ses amis, dans les Hauts-de-Seine.

En mars 2007, *Le Canard enchaîné* révèle qu'en 1997 Nicolas Sarkozy, maire de Neuilly, aurait consenti un rabais de 775 000 euros sur des terrains municipaux à un promoteur immobilier[2]. Ce dernier lui aurait renvoyé l'ascenseur en lui offrant une ristourne de 300 000 euros sur son duplex acheté sur l'île de la Jatte à Neuilly. De plus, Cécilia et Nicolas Sarkozy n'auraient pas payé la totalité des travaux effectués. Que fait Philippe Courroye à peine arrivé dans les Hauts-de-Seine ? Il ouvre une enquête préliminaire sur cette affaire. Il garde pour lui tout seul le dossier et le classe sans suite… Ce qui fait dire à Airy Routier : « Se saisir des affaires dangereuses pour les traiter sous sa seule responsabilité, sans prendre le risque de les confier à un juge d'instruction indépendant – c'est-à-dire incontrôlable : tel est le mode opératoire du procureur de Nanterre[3] ». Quant à Isabelle Balkany, alors vice-présidente du conseil général, elle n'a, curieusement, jamais été entendue dans un dossier touchant d'anciens fonctionnaires du département soupçonnés de prise illégale d'intérêts et de favoritisme. L'enquête préliminaire avait été diligentée par Philippe Courroye.

1. *Ibid.*, p. 223.
2. « *Le Canard enchaîné* accuse à nouveau Nicolas Sarkozy », AFP, 14 mars 2007. Dépêche notamment reprise par TF1 et *La Croix*.
3. A. Routier, *op. cit.*, p. 256.

Condamné pour « favoritisme »

Autre proche de Nicolas Sarkozy, Manuel Aeschlimann, l'ancien maire d'Asnières dans les Hauts-de-Seine. L'homme est toujours député, même si son fauteuil ne tient plus qu'à un fil. Plus jeune, moins connu et surtout moins caricatural que Patrick Balkany, cet universitaire brillant fut élu maire en 1999 à trente-cinq ans et entra à l'Assemblée nationale à trente-huit ans. Il a été très proche de Nicolas Sarkozy, qui fut présent à son mariage et qui est le parrain de son fils aîné Lohengrin. Manuel Aeschlimann était la tête chercheuse du futur président de la République, notamment dans le marketing politique, les sondages et les enquêtes d'opinion. En 2005, Nicolas Sarkozy lui confie le soin de réaliser des études « sur les états d'âme des Français, leurs souhaits, leurs frustrations, leurs attentes[1] ». Le maire d'Asnières, professeur à Sciences Po, planche sur des thèmes comme « l'appartenance religieuse ou les électeurs du Front national ».

« Manuel Aeschlimann est brillant, mais il n'a pas de limites. Il pratique la politique comme le jeu d'échecs, mêlant en permanence tactique et rapport de force. Il a une grande soif de reconnaissance et de pouvoir », raconte Philippe Petit, directeur de la publication du site Asnierois.org. « Les Hauts-de-Seine sont un département où tout était verrouillé, à commencer par l'information. Mais Nicolas Sarkozy et ses amis n'ont pas vu venir l'arrivée des blogs, qui ébranlent leurs fondations[2] », ajoute ce militant de l'association Anticor. Nous l'avions signalé dans un chapitre précédent consacré au scandale de l'Épad : Nicolas Sarkozy, que l'on croyait moderne, peine à saisir l'impact d'Internet, un outil qui permet pourtant de contourner la propagande officielle.

1. H. Constanty et P.-Y. Lautrou, *op. cit.*, p. 247.
2. Entretien avec l'auteur, Paris, avril 2010.

L'UMP Manuel Aeschlimann, qui rêvait de faire d'Asnières une ville de quatre-vingt mille âmes, le laboratoire de « la France d'après », a été le premier à chuter dans le 9-2, perdant les élections municipales de 2008. Plus grave, il est condamné en mars 2009 à dix-huit mois avec sursis pour « favoritisme et complicité de favoritisme », et à une peine d'inéligibilité de quatre ans. Pour sa part, Fabienne Van Aal, qui dirigeait une association paramunicipale, écope de trois mois avec sursis. Elle est la fille de Louis-Charles Bary, l'ancien maire de Neuilly, successeur de Nicolas Sarkozy.

En janvier 2011, l'ancien maire d'Asnières voit en appel son inéligibilité réduite à un an. Il annonce aussitôt qu'il va se pourvoir en cassation. « Je ferai ce qu'il faut pour être candidat en 2012 », assure Manuel Aeschlimann, qui dit avoir gardé un « contact régulier avec Nicolas Sarkozy ». Ce dernier l'a invité en février 2011 à l'Élysée en compagnie de son épouse Marie-Dominique, présidente du microparti « 100 % Asnières ». Le mois suivant, la droite perd le canton d'Asnières-Nord. Philippe Courroye a également tenté de mettre son nez dans le dossier de la mairie d'Asnières.

Prenant prétexte que l'avocat de la ville – passée à gauche – s'était rendu en novembre 2009 dans le bureau d'Isabelle Prévost-Desprez, présidente de la 15e chambre correctionnelle du tribunal de grande instance de Nanterre, « le procureur n'a pas hésité à suggérer que j'avais moi-même convaincu le conseil de la commune d'Asnières de citer M. Aeschlimann aux fins de poursuite dans cette affaire. S'entendre avec l'une des parties contre une autre : cette accusation est l'une des plus graves qui puissent être faites à un magistrat », dénonce la magistrate[1].

Le 29 avril 2011, Manuel Aeschlimann a été relaxé dans un autre dossier où il était poursuivi pour « trafic

1. I. Prévost-Desprez et J. Follorou, *op. cit.*, p. 35.

d'influence passif ». De quoi lui redonner le moral. S'il gagne en 2012, « je reviens et je les mange tous[1] ! », promet-il.

« On connaît très bien le procureur »

À l'occasion de la sortie de son ouvrage, nous avions pris rendez-vous avec Isabelle Prévost-Desprez. L'accès à son bureau s'est transformé en parcours du combattant. À l'entrée du tribunal de Nanterre, la réception a d'abord prétendu qu'elle ne connaissait pas d'Isabelle Prévost-Desprez. Devant notre insistance, une « hôtesse » nous a expédiés au cinquième étage, de quoi perdre un bon quart d'heure à chercher vainement le bureau de la magistrate. Retour à l'accueil, où une autre hôtesse nous oriente, cette fois, vers le premier étage. Toujours dans la mauvaise direction. Finalement, il a fallu appeler Isabelle Prévost-Desprez sur son téléphone portable pour qu'elle puisse nous guider jusqu'à son petit bureau encombré de dossiers[2]. Incompétence ou mauvaise volonté ?

Finalement, Philippe Courroye en fait trop. En réclamant la tête d'Isabelle Prévost-Desprez, il s'est définitivement brûlé les ailes. Nicolas Sarkozy lui avait promis le poste de procureur de Paris. Le président a fait machine arrière pour ne pas se mettre à dos la grande majorité des magistrats. Le procureur de Neuilly ne s'est-il pas définitivement discrédité dans l'affaire Bettencourt, finalement délocalisée à Bordeaux ? Reportons-nous, une fois encore, aux enregistrements clandestins effectués chez la femme la plus riche de France. On y apprend que le

---

1. Béatrice Jérôme, « Relaxé, Manuel Aeschlimann veut reconquérir Asnières », *Le Monde*, 2 mai 2011.
2. L'auteur a raconté ses mésaventures dans le reportage « Affaire Bettencourt : une juge à abattre », *Le Courrier*, 31 juillet 2010.

procureur Philippe Courroye « est un ami », et qu'il sera « de notre côté ». En revanche, Isabelle Prévost-Desprez est traitée de « folle complète » et de « saloperie de présidente de tribunal ». Évoquant le conflit qui l'oppose à sa fille unique, la milliardaire interroge : « Ce procès, on va le gagner ? » Son entourage lui répond : « En première instance, on ne peut rien faire de plus, mais en cour d'appel, si vous perdez, on connaît très bien le procureur. L'Élysée suit cette affaire de près. »

L'ancienne magistrate Eva Joly porte un jugement particulièrement sévère sur son ancien collègue : « Il semble souffrir du même syndrome que Nicolas Sarkozy, celui de la toute-puissance et de l'impunité. D'autant que le procureur Courroye est au cœur d'un conflit d'intérêts : il est cité dans les enregistrements clandestins, et c'est lui qui a classé l'enquête sur l'abus de faiblesse visant l'entourage de la milliardaire. Il n'est pas l'homme de la situation. C'est un procureur aux ordres[1]. »

Intéressons-nous à présent à une farce d'État. À savoir la manière dont le chef de l'État n'a pas hésité à mobiliser les services secrets français, non pas pour traquer des terroristes, mais pour connaître l'identité des personnes à l'origine de cancans sur sa vie privée.

Des cancans qui ont coûté cher aux contribuables français. À combien revient la journée de travail d'un agent secret plongé dans la lecture des SMS de Rachida Dati ?

1. Gérard Davet, « Eva Joly : "M. Courroye est un procureur aux ordres" », *Le Monde*, 16 juillet 2010.

32
Ragots sur l'Élysée

La scène se déroule en juin 2010 dans un café bondé de Neuilly, donnant sur la bruyante avenue du général-de-Gaulle. Nous évoquons avec le militant d'un parti politique – pas spécialement de gauche – la personnalité d'une élue de l'UMP des Hauts-de-Seine réputée proche de Nicolas et de Jean Sarkozy. « Savez-vous comment on la surnomme? "La Goulue". Elle est aussi nulle que paresseuse. Elle doit son poste au simple fait d'avoir été la maîtresse du président », sourit notre interlocuteur. Même son de cloche dans un autre bistro, quelques heures plus tard, de la part d'une élue socialiste. « Vous mettriez une robe à une chèvre, Sarkozy lui sauterait dessus. Les petites, les grandes, les belles, les moches, les grosses, les filiformes, elles devaient toutes y passer quand il était maire de Neuilly », raconte-t-elle sans pincettes. À en croire les ragots, le chef de l'État se conduirait à peine mieux vis-à-vis des femmes que Dominique Strauss-Kahn, l'ancien patron du FMI.

Une farce d'État

Encore une fois, ce ne sont que des ragots. La Direction centrale du renseignement intérieur (DCRI) n'a pas lâché ses plus fins limiers sur ces deux personnalités de Neuilly – l'une de droite, l'autre de gauche – afin de savoir si leurs médisances envers le chef de l'État ne relevaient pas d'une vaste conspiration internationale. Les bonnes fortunes prêtées à l'ancien maire de Neuilly sont un secret de polichinelle. « Je n'étais pas avare de sentiments, j'étais jeune, fougueux, capable de sauter sur tout ce qui bouge[1] », raconte Nicolas Sarkozy, évoquant sa jeunesse. Lui-même ne se montre pas le plus discret sur ce sujet. Comment, dans ce cas, expliquer qu'une simple rumeur, quelques semaines plus tôt, prêtant, d'une part, une liaison adultère entre Nicolas Sarkozy et Chantal Jouanno, secrétaire d'État à l'écologie, et d'autre part une aventure extraconjugale entre Carla Bruni et le chanteur Benjamin Biolay, soit devenue une véritable affaire d'État ?

Pour une histoire de cornecul, l'Élysée en folie a mobilisé les services secrets, tandis que de proches collaborateurs du président de la République se répandaient, évoquant l'existence d'un complot concocté depuis l'étranger, « avec des mouvements financiers ».

Ce feuilleton politico-people n'implique pas seulement le chef de l'État et son épouse. Il met également en cause une ancienne favorite de Nicolas Sarkozy, Rachida Dati, ancienne garde des Sceaux et aujourd'hui député européen, ainsi que Sophie Douzal, ex-épouse de François Sarkozy, le frère cadet du président de la République. Ces dames sont toutes deux soupçonnées d'avoir colporté l'horrible rumeur dans les dîners en ville. Il s'en est d'ailleurs fallu de peu pour que l'Élysée incrimine également un ancien Premier ministre, Dominique de Villepin ! Dans la plupart des autres pays européens, un tel pataquès aurait provoqué des démissions en chaîne, voire de nouvelles élections générales. Rien de tout cela dans la République des conflits d'intérêts. Seul Pierre Charon, conseiller du président de la République, surnommé « le lanceur de boules puantes »,

1. Catherine Nay, *Un pouvoir nommé désir*, Grasset, p. 65.

a été mis à l'écart. Il siège désormais au Conseil économique et social.

Annonçant la sortie de la bande dessinée *Sarkozy et les femmes*, Laurent Neumann ironise : « Comment peut-on oser colporter des ragots aussi odieux sur un couple qui, dès le jour de sa rencontre, a refusé le mélange des genres vie publique-vie privée, évité la "peopolisation" et joué, en tous lieux et en toutes circonstances, la discrétion, la retenue, la sobriété[1] ? » Nicolas Sarkozy ne s'est jamais montré spécialement discret sur ses rapports avec les femmes. Quant à sa troisième épouse, l'ancien mannequin Carla Bruni, elle cultivait plutôt une réputation de croqueuse d'hommes, de Mick Jagger à Arno Klarsfeld en passant par le philosophe Raphaël Enthoven. En 2007 encore, elle confiait au *Figaro Magazine*: « Je suis monogame de temps en temps, mais je préfère la polygamie et la polyandrie[2]. » Aux dernières nouvelles, « elle ne s'est pas fait Benoît XVI », ose même le dessinateur Hermann, dans la pourtant très sérieuse *Tribune de Genève*. L'hebdomadaire *Marianne* parle même de « "la Bruni", cette pétroleuse aux mille amants[3] ».

Le mariage de Nicolas et de Carla, quelques semaines à peine après le divorce mouvementé du président de la République avec Cécilia, sa deuxième épouse, n'a pas forcément convaincu la France profonde. Un mariage trop hâtif pour être honnête, murmurèrent les mauvaises langues, peinant à croire à ce conte de fées. Comme la rumeur reste l'une des activités humaines les plus répandues, des « bruits » sur les infidélités de Nicolas et de Carla ont vite couru dans le Tout-Paris politique, littéraire et artistique. Chez les élus et dans les rédactions, de droite comme de gauche.

1. « Mais quel talent de séducteur ! », *Marianne*, 4 septembre 2010.
2. Vanessa Schneider, « Le problème Carla », *Marianne*, 15 au 21 mai 2010.
3. *Ibid.*

« *Bruni croque Biolay* »

Si la presse écrite, parlée et télévisée sait se montrer prudente, il n'en va pas de même d'Internet, qui ne hiérarchise guère l'information. Résultat, dans la nuit du 8 au 9 mars 2010, un blog hébergé par *Le Journal du dimanche* met les pieds dans le plat, évoquant les supposées infidélités croisées du couple présidentiel. Sous le titre « Rumeurs : Carla Bruni croque Benjamin Biolay, Sarkozy se console avec Jouanno ? », le site publie les portraits des quatre supposés protagonistes, assurant que pendant que Carla Bruni serait tombée sous le charme de Benjamin Biolay, Nicolas Sarkozy « aurait trouvé réconfort auprès de notre nouvelle championne de France de karaté et secrétaire d'État à l'Écologie, Chantal Jouanno ».

L'auteur, âgé de vingt-trois ans, signe sous le pseudo « Miklo7 ». Il ne s'agit pas d'un journaliste, mais pas non plus d'un blogueur anonyme. Salarié par Newsweb, filiale de Lagardère Active, prestataire des blogs du site Lejdd.fr – mais également de Parismatch.com et de Europe1.fr –, il a pour mission de faire du « clic » avec des informations croustillantes. « Miklo7 » a donc repris cette rumeur, qui courait depuis plusieurs semaines sur le réseau Twitter avant d'envahir tout le web. L'info n'est effacée que le 9 mars en fin d'après-midi. Entre-temps, des dizaines de milliers de personnes l'ont lue, en particulier des journalistes étrangers, qui n'ont pas les mêmes pudeurs vis-à-vis de Nicolas Sarkozy que leurs homologues tricolores. L'*Indian Times* en fait sa une, et l'information fait les gorges chaudes de journaux britanniques comme *The Daily Telegraph* ou de tabloïds tels que *The Sun*. Avec la caution du *JDD*, la rumeur est devenue une information fiable. De passage à Londres le 12 mars pour rencontrer le Premier ministre Gordon Brown, Nicolas Sarkozy est interrogé sur ce sujet. Des questions qu'il balaye d'un revers de main. Il n'a pas « une seconde [...] même pas une demi-seconde » à perdre avec de telles « élucubrations ».

Ce n'est pas tout à fait exact. Tant que les ragots restaient circonscrits aux dîners à Paris, le président de la République pouvait encaisser. Mais leur propagation dans le monde entier l'a mis dans une rage folle, et incontrôlée. Premières victimes : « Miklo7 » et le directeur des opérations de Newsweb, contraints de démissionner. Olivier Jay, le directeur de la rédaction du *JDD*, adresse une lettre d'excuses à Nicolas Sarkozy. Le journal appartient à Arnaud Lagardère, qui se considère comme le « frère » de l'ancien maire de Neuilly. Curieusement, Christophe Bigot, l'avocat de Hachette et conseil du *JDD*, dépose une plainte contre X pour « introduction frauduleuse de données dans un système informatique ». Selon la plainte, l'article aurait été posté « en fraude des procédures habituelles, ce qui affecte la crédibilité de la société et lui cause un préjudice important de réputation ». D'où l'étonnement de Me Gérard Haas, avocat spécialisé dans le droit du Net : « Miklo7 », salarié de Newsweb, a accédé d'une façon parfaitement régulière à son blog. « Il ne s'agit donc pas d'un mode de pénétration irrégulier dans un système de traitement automatisé de données[1]. » De son côté, le site du *Nouvel Observateur* laisse entendre que l'Élysée a fait pression sur le groupe Lagardère pour que celui-ci porte plainte[2].

Nouvelle victime autrement plus médiatique, Rachida Dati. Le 14 mars, au soir du premier tour des élections régionales, l'ancienne garde des Sceaux se voit retirer d'un coup par Brice Hortefeux, alors ministre de l'Inté-

1. Cyril Da, « La rumeur, boomerang anti-blogueurs », www.bakchich.info, 8 avril 2010.
2. Marie-France Etchegoin, « Rumeur sur le couple Sarkozy : poussé par l'Élysée, le *JDD* porte plainte », //tempsreel.nouvelobs.com, 2 avril 2010.

rieur, sa voiture de fonction, son chauffeur et ses gardes du corps. Autant de privilèges qu'elle avait conservés, malgré son départ du ministère de la Justice en juin 2009.

Rachida Dati en embuscade

La sanction vient de tout en haut. Nicolas Sarkozy suspecte Rachida Dati, sinon d'être à l'origine des rumeurs, tout au moins de les disperser à tout vent. Dans *Carla et les ambitieux*, une biographie consacrée à la dernière épouse du chef de l'État, on découvre que Rachida Dati et Sophie Douzal, l'ancienne belle-sœur de Nicolas Sarkozy, tentaient d'organiser deux putschs sentimentaux parallèles. D'un côté, en cherchant à séparer Carla de Nicolas, et de l'autre, en faisant éclater le couple Cécilia-Richard Attias, qui vit actuellement aux États-Unis. Objectif final : le retour de Cécilia vers Nicolas, juste avant l'élection présidentielle de 2012, qui permettrait aux deux comploteuses de revenir en grâce à l'Élysée…

Le tandem colporte-t-il des ragots? « Évidemment. Mais colporter n'est pas un délit! Elles ne font que ça toute la journée, c'est même leur principale occupation! », raconte l'un des patrons de la police française, proche du chef de l'État, à Michaël Darmon et Yves Derai[1]. Au lendemain du premier tour des élections régionales, Rachida Dati est à Genève pour donner une conférence à l'invitation d'une association proche de l'UMP locale. Arrivée au Mandarin, un palace cinq étoiles situé sur les berges du Rhône dans lequel elle a ses habitudes, l'ancien ministre de la Justice apprend que sa chambre, jugée trop onéreuse par le siège parisien de l'UMP, a été décommandée au profit du NH

1. Michaël Darmon et Yves Derai, *Carla et les ambitieux*, Éditions du Moment, 2010, p. 35; rééd. revue et augmentée, Archipoche, 2011.

Hôtel, « un établissement situé près de l'aéroport international de Genève, en bout de piste, route de Mategnin à Meyrin[1] ». Cerise sur le gâteau, Rachida Dati est même contrainte de partager sa chambre avec son attachée parlementaire...

L'histoire devient purement grotesque lorsqu'on apprend que Sophie et Rachida confient leurs fantasmes à un mage... En l'occurrence, un certain Jean Testanière, employé à la mairie de Levallois-Perret, mais aussi membre de la direction du Cercle Wagram, un cercle de jeux parisien que l'on dit proche de la pègre corse. En le mettant sur écoute en raison de ses fréquentations douteuses, la police apprend « qu'il tient des propos désobligeants à l'endroit de la Première dame. [...] Ne serait-il pas justement celui qui distille dans Paris ces affreuses rumeurs sur le couple présidentiel[2] ? » *Le Point* nous apprend que Jean Testanière, grand ami des Balkany, a malgré tout été décoré de l'ordre national du Mérite le 11 octobre 2010.

1. Alain Jourdan, « L'UMP refuse à Rachida Dati une nuit dans un cinq-étoiles genevois », *La Tribune de Genève*, 8 avril 2010.
2. Émilie Lanez et Armel Mehani, « Le mage et la rumeur », *Le Point*, 21 octobre 2010.

33
Les services secrets traquent les cancans

L'affaire aurait pu se terminer là. Mais Pierre Charon, conseiller spécial de Nicolas Sarkozy et Carla Bruni, maître des battues présidentielles et expert en colportage de ragots, remet le sujet sur le tapis le 30 mars lors d'un déjeuner avec des élus parisiens de la majorité. Il leur affirme qu'il existe des preuves matérielles de l'implication de Rachida Dati dans la propagation de la rumeur. Il va même plus loin en évoquant « une enquête sur les communications téléphoniques de l'ancienne ministre, se vantant d'avoir ses textos », rapportent Marie-France Etchegoin et Agathe Logeart[1]. Des propos particulièrement graves. À la demande de l'Élysée, la police ou les services secrets auraient-ils mis sur écoute une ancienne ministre de la Justice sous prétexte qu'elle véhiculerait de simples médisances ? S'il fallait traquer tous les instigateurs de cancans, dans la rue, le métro, au boulot, sur le Net et dans les cafés, cela ferait « beaucoup de monde à interpeller ; il faudrait songer à construire dès à présent de nouvelles prisons », ironise Franz-Olivier Giesbert, le patron du *Point*[2].

1. « Les secrets d'une étrange affaire », *Le Nouvel Observateur*, 15 avril 2010.
2. Franz-Olivier Giesbert, « Rumeur », *Le Point*, 8 avril 2010.

Un complot international

Dans un État de droit, les écoutes « judiciaires » ne peuvent être ordonnées que par un juge d'instruction. Les autres écoutes, « administratives » ou « interceptions de sécurité », ne sont autorisées qu'à titre exceptionnel, dans la lutte contre la grande criminalité ou le terrorisme. En aucun cas les grandes oreilles ne peuvent être actionnées pour de vulgaires histoires de fesses. Aurait-on perdu les pédales à la tête de l'État? Pierre Charon n'en finit pas de se lâcher. « Nous faisons de cette ignominie un *casus belli*. Nous voulons aller jusqu'au bout pour que cela ne se reproduise plus jamais. Comme on dit, la peur doit changer de camp », assure-t-il le 3 avril 2010[1]. Le lendemain, il en remet une couche : « Maintenant, on va voir s'il n'y a pas une espèce de complot organisé, avec des mouvements financiers, pourquoi pas[2] ? »

Certes, l'homme n'est pas très crédible. Il fut précédemment congédié de son poste de chargé de la communication à la mairie de Paris par Jacques Chirac. Motif? Il racontait à qui voulait l'entendre que sa fille, Claude Chirac, couchait avec tout Paris. Plus récemment, Pierre Charon a comparé Dominique de Villepin à un *chippendale*. Il n'empêche, l'homme était non seulement conseil à la présidence de la République, mais aussi chargé des élus UMP de Paris auprès de Xavier Bertrand, alors secrétaire général du parti du président. Il ambitionnait de devenir sénateur en 2011. Le 6 avril, Pierre Charon est relayé par Thierry Herzog, l'avocat de Nicolas Sarkozy. Sur RTL, celui-ci se demande « si ceux qui ont fait paraître ces rumeurs sur les blogs l'ont

1. Marie-France Etchegoin et Agathe Logeart, « Les secrets d'une étrange affaire », *Le Nouvel Observateur*, 15-21 avril 2010.
2. Augustin Scalbert, « Pierre Charon, conseiller de Sarkozy, s'interroge sur "une espèce de complot organisé avec des mouvements financiers" », Rue89, 4 mars 2010.

fait pour eux-mêmes ou étaient instrumentalisés, soit par des officines, soit par des particuliers qui auraient souhaité ou qui souhaiteraient déstabiliser la vie du couple Sarkozy ».Il ajoute : « Je ne peux pas exclure que ce soit une machination[1]. »

Le Point révèle qu'un ministre a confié à quelques journalistes que « le fait que ces rumeurs aient été relayées dans la presse en Grande-Bretagne, en Allemagne et en Suisse peut faire penser à un complot alors que la France s'apprête, en 2011, à prendre la présidence du G20[2] ». Un peu plus tard, Brice Hortefeux, chargé de l'Intérieur et fidèle compagnon de Nicolas Sarkozy, évoque à son tour la théorie du complot. « Pourquoi le ministre de l'Intérieur évoque-t-il d'aussi sombres scénarios? Pour masquer l'inavouable? Les écoutes administratives, autorisées par l'exécutif et hors procédure judiciaire, sont en effet possibles quand l'intérêt national ou la sécurité sont menacés[3]. »

Sortie de route pour Carla Bruni

On nage en plein délire, en ce mois d'avril. Les internautes se déchaînent. « Et on veut nous faire croire que Sarkozy fait tellement peur qu'un vaste complot est organisé par les puissances étrangères. Manquent pas d'air à l'Élysée pour essayer de remplumer le roitelet ! », lance l'un d'eux[4]. « Quand les Français ont tant de problèmes,

---

1. L'enregistrement se trouve sur le site du *Nouvel Observateur* (//tempsreel.nouvelobs.com), sous le titre « Rumeurs sur le couple présidentiel : l'avocat de Sarkozy évoque à son tour un complot », 6 avril 2010.
2. Cyriel Martin, « Me Herzog, avocat de Sarkozy : "Je ne peux pas exclure que ce soit une machination" », www.point.fr, 6 avril 2010.
3. Marie-France Etchegoin et Agathe Logeart, « Les secrets d'une étrange affaire », *Le Nouvel Observateur*, 15-21 avril 2010.
4. André M., « Faut pas pousser », www.point.fr, 6 avril 2010.

savoir qu'il y a complot ou pas par rapport à telle ou telle rumeur. Si c'est telle ou telle personne de l'entourage du président de la République ou une ancienne ministre qui l'alimente, tout cela paraîtrait dérisoire si ce n'était un signe de la décomposition même du système », s'inquiète François Hollande, ancien premier secrétaire du Parti socialiste[1].

Fine mouche, Rachida Dati comprend très vite tout le bénéfice qu'elle peut tirer des dérives monarchiques d'un pouvoir capable de faire une montagne d'un grain de sable. Championne dans l'art de la victimisation, elle proteste avec indignation dans un communiqué, le 4 avril, « contre les allégations de certains organes de presse lui prêtant une quelconque responsabilité dans la propagation de rumeurs absurdes et inadmissibles sur la vie privée du couple présidentiel ». Quelques jours plus tard, sur RTL, elle rappelle dans l'émission de Jean-Michel Aphatie qu'elle a été magistrate, garde des Sceaux, et qu'elle a travaillé au ministère de l'Intérieur. « Des éléments matériels, que ce soit des enquêtes ou des écoutes téléphoniques, c'est absolument impossible dans un État de droit. Je connais assez bien le président de la République, il a toujours combattu ce genre de pratiques. Donc, ça ne peut pas exister[2]. » De coupable présumée, Rachida Dati devient victime.

« La dernière chose dont Nicolas Sarkozy a besoin est bien d'un scandale lié à des soupçons de surveillance téléphonique menée à des fins privées », résument Michaël Darmon et Yves Derai[3]. Le jour même, Carla Bruni appelle Europe 1, la radio concurrente de RTL. À 16h30, elle débarque dans les studios, par le parking

1. Jean-François Achilli et Françoise Fressoz : « François Hollande : "Le système du pouvoir se décompose" », Les questions du mercredi France Inter/*Le Monde*, 9 avril 2010.

2. « Le Grand jury », RTL, 8 avril 2010.

3. M. Darmon et Y. Derai, *op. cit.*, p. 51.

en sous-sol, pour enregistrer dix minutes d'interview. Elle est accueillie par Alexandre Bompard, le P-DG de la station. *L'Express* croit savoir que la Première dame a demandé à la direction de la radio « de ne croiser personne et exigé qu'aucune webcam ne la filme, qu'aucun photographe ne la shoote[1] ». L'ancien mannequin se livre alors à un fantastique festival de langue de bois. « On ne fait pas d'enquête sur des commérages... C'est inimaginable de dire des choses pareilles. » Puis elle assure : « Rachida Dati reste tout à fait notre amie... L'accusation qui dirait qu'elle aurait propagé ces rumeurs est une rumeur. »

Le trouble du renseignement intérieur

Il suffit de connaître le peu d'estime dans lequel Carla Bruni tient l'ancienne ministre de la Justice – pour ne pas parler d'aversion – pour saisir tous les sacrifices que demande la vie publique. Pour la première fois dans les annales de la République, l'épouse du président affirme parler au nom de son mari, Nicolas Sarkozy ! Elle n'est d'ailleurs pas la seule à manger son chapeau. Après avoir déclaré le mardi au *Canard enchaîné* que le président « ne veut plus voir Dati », Claude Guéant, le secrétaire général de l'Élysée, se dédit dès le lendemain, assurant à l'AFP : « C'était hier. La vérité d'hier n'est peut-être pas la vérité d'aujourd'hui. »

Patatras ! À peine deux heures plus tard, Bernard Squarcini, le patron de la Direction centrale du renseignement intérieur (DCRI) met les pieds dans le plat, et dément les propos de Carla Bruni : il a bien enquêté sur l'origine des rumeurs concernant le couple présidentiel au mois de mars. De plus, il a agi sur instruction :

---

1. Éric Mandonnet et Ludovic Vigogne, « Ce que cache l'affaire Dati », *L'Express*, 15 avril 2010.

« Mon service a été saisi par mon autorité de tutelle, le directeur général de la police nationale, Frédéric Péchenard. » Plus tard, sur le site de Mediapart, Bernard Squarcini explique : « Nous avons mené des investigations techniques, notamment informatiques, afin d'essayer de déterminer d'où étaient parties ces rumeurs. » Tout en précisant que la DCRI n'a procédé « à aucune écoute téléphonique [...] ni à aucune enquête visant de près ou de loin Mme Rachida Dati ».

Précision importante, Bernard Squarcini n'a aucun compte à régler avec Nicolas Sarkozy, bien au contraire. C'est le président qui l'a nommé directeur de la DCRI en 2008. Il s'entend également très bien avec son supérieur, Frédéric Péchenard, tout aussi sarkozyste que lui. Invraisemblable cacophonie. On n'y comprend plus rien. « Cette affaire, à laquelle on n'attachait officiellement aucune importance, a mobilisé le bras armé de l'État. Drôle d'indifférence... Toute cette histoire serait dérisoire si elle ne traduisait les errements d'un style de gouvernement », écrit Laurent Joffrin dans son éditorial à *Libération*[1]. « Quelqu'un m'a dit qu'il n'y avait pas d'enquête », persifle à sa une le quotidien, montrant une grande Carla caressant le front d'un petit Nicolas.

Ainsi donc, après avoir murmuré qu'il n'y avait pas d'enquête, Carla Bruni, fort curieusement, n'a rien trouvé à redire aux propos inventés par ses biographes lors d'un appel téléphonique imaginaire de Carla à Cécilia : « J'ai un dossier de police que je tiens à votre disposition et qui montre que ces deux femmes (en parlant de Rachida Dati et de Sophie Douzal, ex-Sophie Sarkozy) complotent contre nous et donc, de fait, contre la présidence. Ce n'est d'ailleurs ni moi, ni mon mari, qui avons décidé d'initier cette enquête, mais les gens qui ont la

1. « Errements », *Libération*, 9 avril 2010.

mission de nous protéger[1]. » Les informations contenues dans ce livre, par ailleurs plutôt favorable à la Première dame de France, n'ont pas été démenties. Un régime capable d'utiliser à de telles fins les services de l'État n'est-il pas capable de tout ? Comme utiliser les services du contre-espionnage pour connaître les sources d'un journaliste du *Monde* dans l'affaire Woerth-Bettencourt ?

Seule victime apparente de ce vaudeville abracadabrantesque : le conseiller Pierre Charon, réduit au silence. Mais pour combien de temps ? En mars 2009, *Le Point* consacrait un portrait à Pierre Charon, présenté comme « L'homme qui murmure à l'oreille de Sarkozy ». Carla Bruni, qui l'adore, dit de lui : « Il est ludique et passionné. Il me guide et me protège dans ce monde politique qui m'est étranger. » Quant à Jean Sarkozy, qui le surnomme « Tonton », il en fait également l'apologie : « J'adore l'écouter et lui demander conseil. [...] C'est quelqu'un à qui on ne la fait pas. Il a un véritable flair politique[2]. »

Terminons maintenant sur les conflits d'intérêts. Nicolas Sarkozy, harcelé par les scandales, a promis de les combattre. Mais comment le pourrait-il ? Les conflits d'intérêts appartiennent à son mode de fonctionnement. On donne et on prend, on donne et on prend, encore et encore...

1. M. Darmon et Y. Derai, *op. cit.*, p. 38.
2. Saïd Mahrane, « L'homme qui murmure à l'oreille de Sarkozy », *Le Point*, 26 mars 2009.

34
Un conflit d'intérêts, quel conflit d'intérêts ?

Patrick Buisson ne fait pas mystère de ses opinions d'extrême droite. Il dit même appartenir à « la génération Occident », même s'il n'a jamais tenu de barre de fer dans ce groupuscule nationaliste cher à Patrick Devedjian et à Gérard Longuet. Grâce à ses conseils, Nicolas Sarkozy est parvenu en 2007 à siphonner une bonne partie de l'électorat du Front national. Depuis, cet ancien directeur de l'hebdomadaire *Minute*, chaud partisan de l'union de toutes les droites, est un conseiller écouté du chef de l'État. En lui remettant la Légion d'honneur en septembre 2007, Nicolas Sarkozy reconnaît qu'il doit sa victoire à Patrick Buisson. Mais cet intime des milieux nationalistes ne s'intéresse pas qu'aux idées, l'argent l'inspire également beaucoup. Sans perdre de temps, il a signé dès le 1er juin 2007 un accord avec la présidence de la République. Via ses deux cabinets de conseil Publifact et Publiopinion, Patrick Buisson abreuve en permanence l'Élysée de sondages. Des prestations facturées 1 474 000 euros en 2008 et 963 520 euros l'année suivante.

Le « facho » qui aimait l'argent

Selon la Cour des comptes, non seulement ces sondages sont chers, mais ils sont en outre commandés sans appels d'offres, ils sont surfacturés et, curieusement, donnent des résultats identiques à certaines enquêtes d'opinion publiées dans la presse (notamment par LCI et *Le Figaro*[1]). Pour faire simple, cette relation commerciale viole le Code des marchés publics. Patrick Buisson n'est d'ailleurs pas le seul à profiter de cette manne. Un rapport de Jean Launay, député socialiste, publié le 5 novembre 2009, montre que Nicolas Sarkozy place les enquêtes d'opinion au centre de la fonction présidentielle, et qu'il a déboursé pour cette marotte 3 millions d'euros en 2008. Soit l'équivalent d'un sondage par jour ouvrable.

Libération révèle que Patrick Buisson s'est fourni principalement auprès de l'institut OpinionWay, qui lui a vendu 110 études pour 190 000 euros. Ensuite, le conseiller de Nicolas Sarkozy a facturé les mêmes études 1,1 million à l'Élysée. « Sur l'opération, Buisson aurait donc réalisé un bénéfice de près de 910 000 euros, soit une marge de 83 %[2]. » Cette fièvre sondagière chronique inspire un éditorial au vitriol à Laurent Joffrin, alors patron de *Libération*. « Ainsi le sarkozysme n'est pas tant une idéologie qu'une méthode de vente, réfléchie et sophistiquée, ajustée au jour le jour dans un carrousel permanent d'interventions médiatiques, de petites phrases et d'images mises en scène », écrit-il[3]. En d'autres termes, c'est un mode de gouvernement essentiellement fondé sur la communication. Mais ce n'est pas que cela. C'est aussi une arnaque. Les fonds publics doivent-ils payer cette boulimie de sondages ? La Cour des comptes relève qu'« aucune des possibilités offertes par le Code des marchés publics pour respecter les règles de la mise en concurrence » n'a été appliquée. Autre subterfuge :

---

1. Cour des comptes, Rapport du 15 juillet 2009.
2. Lilian Alemagna, « Le juteux marché des études », *Libération*, 6 novembre 2009.
3. Laurent Joffrin, « Marketing », *Libération*, 6 novembre 2009.

l'Élysée « a pris l'habitude de faire acheter ses sondages par les services du Premier ministre, pour masquer sa propre boulimie d'études d'opinion[1] ».

L'association Anticor, présidée par le juge Éric Halphen, ancien spécialiste des affaires politico-judiciaires, décide de porter plainte en février 2010[2]. Cette association, fondée en 2002 par Séverine Tessier, une jeune assistante parlementaire, tire la sonnette d'alarme sur la persistance de la corruption sous toutes ses formes en France (détournements d'argent public, conflits d'intérêts, avantages fiscaux indus, trafics d'influence). Citant une étude du Centre de recherches politiques de Sciences Po, Anticor constate que 60 % des Français jugent leurs élus corrompus.

Le 25 octobre 2010, le procureur Jean-Michel Aldebert classe sans suite la plainte déposée par Anticor. Les motifs? Le parquet étend l'irresponsabilité pénale du chef de l'État à ses collaborateurs... En effet, selon l'article 67 de la Constitution, le président de la République n'est pas responsable des actes accomplis en cette qualité. Puisque c'est Emmanuelle Mignon, la directrice de cabinet de Nicolas Sarkozy, qui a signé la convention avec Patrick Buisson, le procureur estime qu'« un directeur de cabinet n'a juridiquement aucun pouvoir en propre, même en cas de délégation de signature ». En conséquence, « à supposer le délit de favoritisme établi, il apparaît que c'est la présidence de la République qui est réputée avoir contracté ». Et comme le chef de l'État bénéficie d'une irresponsabilité « permanente, absolue et réelle[3] », circulez, il n'y a rien à voir!

---

1. Mathilde Mathieu, « Sarkozy: plus de 180000 euros pour la Lanterne », Mediapart, 16 juin 2011.
2. www.anticor.org.
3. Gérard Davet et Pascale Robert-Diart, « Le statut pénal de l'équipe du président en question », *Le Monde*, 12 novembre 2010.

Anticor a aussitôt décidé de déposer une nouvelle plainte contre X avec constitution de partie civile pour délit de « favoritisme ». Une information judiciaire a été ouverte le 15 février 2011 au tribunal de grande instance de Paris. Cette affaire de sondages grassement payés par le contribuable éclate au moment de la publication du livre de Martin Hirsch, *Pour en finir avec les conflits d'intérêts*. L'ancien haut-commissaire aux Solidarités actives contre la pauvreté a quitté le gouvernement Fillon quelques mois auparavant. Que dit-il de si révolutionnaire ? Que la notion de conflits d'intérêts est tout simplement absente du droit pénal français ! Et qu'à l'École nationale d'administration « il n'y a toujours pas un seul cours sur le sujet, ni même sur la déontologie de la responsabilité publique[1] ».

Bref, il n'y a rien pour prévenir le conflit d'intérêts, rien pour le caractériser, tant qu'il ne s'est pas transformé. « C'est un peu comme si le fait d'avoir de l'alcool dans le sang au volant ne devenait un délit que si un accident survenait », constate Martin Hirsch. Poursuivant sa comparaison entre la vie politique et la conduite automobile, l'ancien président d'Emmaüs France évoque un manque de boussole et de repères. « C'est la zone grise. Le flou. [...] C'est comme si notre Code de la route de la vie publique avait été amputé de quelques panneaux, de quelques éléments signalétiques. On ne sait plus ce qui est de l'ordre du normal ou du déviant, du tolérable ou de l'inacceptable[2]. »

En matière d'honnêteté, la classe politique française n'a jamais été un modèle. Malgré tout, la corruption n'y était pas généralisée. On savait, sans trop se tromper,

---

1. Martin Hirsch, *Pour en finir avec les conflits d'intérêts*, Stock, 2010, p. 28.
2. *Ibid.*, p. 149.

qui était honnête et qui ne l'était guère. Une majorité d'élus demeurait, contre vents et marées, républicaine. Malgré leurs défauts, ces élus croyaient, au moins de manière abstraite, à l'intérêt général. François Mitterrand et Jacques Chirac faisaient usage de l'argent, mais ne lui vouaient pas un culte. Cette barrière est tombée avec Nicolas Sarkozy. Il le dit et le répète : « J'aime l'argent, j'ai beaucoup d'amis riches et je n'ai aucun complexe à le revendiquer ! » L'enquête menée par Renaud Dély et Didier Hassoux pose la question : « Que change au bon fonctionnement de la vie publique cette situation inédite, qui voit la France gouvernée par un homme qui aime tant l'argent et qui en dépend tellement, qu'il a tôt fait de se mettre, et de mettre les affaires publiques, à son service ? Quelle révolution ce cas de figure entraîne-t-il pour la société française[1] ? »

Le cas du sénateur UMP de Paris Philippe Dominati est particulièrement intéressant. Ce parlementaire, qui perçoit autour de 7000 euros d'indemnités par mois, quadruple ses revenus en pointant au conseil d'administration de Theolia, une société spécialisée dans l'énergie éolienne, et en présidant le conseil de surveillance de Teleperformance, filiale hexagonale du numéro un mondial des centres d'appels. Deux mandats privés qui lui auraient rapporté 230000 euros en 2010, selon Mathilde Mathieu et Michaël Hajdenberg[2]. Le site d'information raconte que Philippe Dominati, actif dans une société spécialisée dans l'éolien, siégeait en 2009 « à la commission des affaires économiques du Sénat, chargé des textes sur les énergies renouvelables et des questions suivantes : Quel prix de vente pour l'électricité éolienne ? Quelle réglementation pour préserver les paysages ? » Le plus scandaleux, c'est que Philippe

1. R. Dély et D. Hassoux, *op. cit.*, p. 21.
2. « Conflit d'intérêts : la triple vie du sénateur Dominati », www.mediapart.fr, 2 décembre 2010.

Dominati, par ailleurs condamné en première instance à six mois de prison avec sursis dans une affaire de faux électeurs, peine à saisir où il y aurait un problème.

Le clan des lobbyistes

Séverine Tessier insiste : « Il faudrait que les gens comprennent que les principaux bénéficiaires ne sont pas les hommes politiques, mais les hommes d'affaires. Si les premiers perçoivent des milliers ou des dizaines de milliers d'euros, les entreprises, en revanche, en tirent des millions de bénéfices, les grands groupes industriels se sentent tout puissants, ils imposent leur volonté par la force, au mépris de toutes les résistances. Il faut bien saisir que les multinationales se fichent totalement des élus comme des collectivités locales[1]. »

Autrefois, les rouages du pouvoir étaient un peu cachés. Les industriels suggéraient en catimini à leurs « amis » députés ou sénateurs des amendements favorables à leur business. Maintenant, tout se fait au grand jour, sans se préoccuper de l'opinion publique. Le bureau de l'Assemblée nationale autorise depuis le 13 juillet 2009 la circulation des lobbies dans l'enceinte du Parlement par l'attribution de badges ! « Loin d'avoir accru l'ouverture des travaux parlementaires à la société civile, cette décision a permis aux professionnels dotés de gros budgets de s'infiltrer davantage dans les rouages politico-administratifs du Parlement[2] », s'insurge l'association Anticor. Sans parler des assistants parlementaires qui sont carrément salariés de cabinets d'influence… « Chaque année, à la saison des feuilles mortes, tels des champignons, les lobbies sont de sortie pour tenter de

1. Entretien avec l'auteur, novembre 2009.
2. « Édifiante étude sur le lobbying au Parlement ! », www.anticor.org, 17 mars 2011.

peser sur l'élaboration de la loi de finances, dans le sens de leurs intérêts sectoriels, au mépris du bien commun », constate l'association de lutte contre la corruption dans son rapport sur « La France pillée ».

« Ce ne sont pas les puissants qui ont cherché un porte-parole, c'est Nicolas Sarkozy qui s'est mis à leur service. Plutôt que porte-parole, il faudrait mieux parler d'homme de main, capable de faire tout le sale boulot, comme de casser les prestations sociales », déplorent Michel Pinçon et Monique Pinçon-Charlot, sociologues, auteurs du *Président des riches*[1]. L'absolutisme présidentiel a fait le reste. Le poisson pourrissant par la tête, des élus qui auraient eu, en d'autres circonstances, un comportement « normal », perdent désormais tout sens moral, tout sens de l'intérêt public. « Cette décomplexion vis-à-vis de l'argent et du pouvoir est une marque de fabrique des Hauts-de-Seine. Les hommes politiques s'habillent comme des milords. Certains osent même les costumes rayés. Ils sont capables de garer leurs voitures de standing devant leurs mairies. Et, signe particulier, quand ils parlent, ils montrent du doigt », rappelle Pierre-Yves Lautrou, journaliste à *L'Express*, et coauteur de *9-2, le clan du président*[2].

Certains avancent que l'arrivée d'Éric Besson dans le camp de l'UMP à l'occasion de l'élection présidentielle n'était pas, de la part de Nicolas Sarkozy, une simple prise de guerre d'un dirigeant socialiste, cela pour deux raisons. D'une part, les deux hommes se connaissaient depuis une quinzaine d'années. D'autre part, le nouveau locataire de l'Élysée n'ignorait pas le goût pour l'argent de l'ancien député PS de la Drôme. « Les trois principales entreprises de l'eau françaises, Veolia, Suez Environnement et la Saur, sont particulièrement actives

---

1. Entretien avec les auteurs, Paris, octobre 2010.
2. Entretien avec l'auteur, Paris, novembre 2009.

au niveau du lobbying mené auprès des élus de droite comme de gauche. Éric Besson a été délégué général de la Fondation de la Compagnie générale des eaux, devenue Vivendi Universal, de juin 1998 à décembre 2002. Il a ainsi perçu pour l'année 2001 de la part de Vivendi eau 140 418 euros », rappelle Jean-Luc Touly, conseiller régional Vert d'Ile-de-France, et farouche adversaire des marchands d'eau[1].

---

1. Entretien avec l'auteur, Paris, décembre 2010. Jean-Luc Touly est président de l'Association pour le contrat mondial de l'eau (Acme).

35

La République s'efface et s'affaiblit

La France n'est pas seulement patraque. Elle souffre gravement des conflits d'intérêts. Il s'agit d'une véritable pandémie, que ce soit au niveau politique, économique, boursier, judiciaire ou sanitaire – avec le scandale du Mediator. Le plus inquiétant, c'est que ceux qui participent au pouvoir ne perçoivent plus la gravité de la situation. Michèle Alliot-Marie, un poids lourd du gouvernement, n'a démissionné que sous la contrainte. Avant elle, deux secrétaires d'État avaient fait leurs valises : Alain Joyandet pour une histoire de jet privé, et Christian Blanc pour une affaire de cigares, deux objets de luxe ostentatoire.

Et pourquoi se gêneraient-ils, dans la mesure où les malversations ne dérangent apparemment pas les électeurs ? Sanctionnés pour prise illégale d'intérêts, trafic d'influence ou corruption, les hommes politiques savent qu'ils parviendront toujours à se faire réélire, souvent triomphalement. Condamné à quatorze mois de prison avec sursis, Alain Juppé est revenu au gouvernement comme ministre d'État. Dans le fief de Serge Dassault, à Corbeil-Essonnes, la population n'a pas tenu rigueur dans les urnes à l'équipe sortante, dont la victoire avait pourtant été invalidée pour fraude. « À quoi bon annuler une élection, avancent les conseillers, lorsque le candidat invalidé va être triomphalement réélu? », constatent les membres du Conseil constitutionnel[1].

Le petit Noël des députés

Martin Hirsch pose la question : est-il très moral que Jean-François Copé, alors président du groupe majoritaire à l'Assemblée nationale, possédant « une influence sur l'ensemble des textes législatifs, y compris tous les textes fiscaux », exerce en même temps la profession d'avocat d'affaires? Dans *Pour en finir avec les conflits d'intérêts*, il rappelle que, pour deux ou trois après-midi passés par semaine au cabinet Gide-Loyrette-Nouel, Jean-François Copé gagnait autour de 20000 euros par mois, « soit sur un temps plein l'équivalent de 100000 euros par mois[2] ».

Le patron des députés UMP s'en est violemment pris à Martin Hirsch, l'accusant de se livrer « à un exercice de délation ». Jean-François Copé, candidat pour l'élection présidentielle à l'horizon 2017, ne voit pas, lui non plus, où est le problème. Comme Nicolas Sarkozy, il souhaite devenir le président de tous les Français, mais collabore à un cabinet d'avocats dans le seul but de défendre les nantis – jamais les autres. Malgré tout, quelques jours plus tard, Jean-François Copé et Frédéric Lefebvre – ancien porte-parole de l'UMP, nommé secrétaire d'État au Commerce, à l'Artisanat et au Tourisme – annonçaient, contraints et forcés, qu'ils abandonnaient tout ou partie de leurs fonctions d'avocats d'affaires…

Devenu secrétaire général de l'UMP, Jean-François Copé n'est pas devenu pour autant un chaud partisan de la transparence, si l'on en juge par la guerre menée, à l'aide de son fidèle lieutenant Christian Jacob, pour

1. Sylvain Bourmeau, « Pourquoi la corruption ne gêne pas les électeurs », www.mediapart.fr, 29 décembre 2010.
2. M. Hirsch, *op. cit.*, p. 90.

que les parlementaires qui mentent sur leur fortune ne soient pas sanctionnés. Ce qui fait dire à *Libération* que Jean-François Copé « n'a décidément pas peur d'apparaître comme un élu qui a des choses à cacher[1] ». L'histoire est la suivante : le 20 décembre 2010, les députés se penchent sur l'instauration d'une incrimination pénale à l'encontre d'un député qui ferait « sciemment » une déclaration mensongère à la Commission pour la transparence financière de la vie politique (CTFVP), chargée de vérifier l'évolution du patrimoine des élus entre le début et la fin de leur mandat.

Fort curieusement, « l'élu qui ne se conforme pas à l'obligation de déclaration est répréhensible, mais pas celui qui fournit une déclaration mensongère[2] » ! Pour corriger cette lacune, un texte prévoit une sanction de deux ans d'emprisonnement et 30 000 euros d'amende. Jean-François Copé et Christian Jacob, son successeur à la tête du groupe UMP à l'Assemblée nationale, tentent de supprimer l'instauration d'une incrimination pénale spécifique pour les députés. Ils n'ont obtenu que partiellement gain de cause : l'amende subsiste, mais pas la peine de prison. En raison de la date (le 20 décembre), *Le Canard enchaîné* parle du « petit Noël des députés UMP ». « C'est au fond désastreux pour la démocratie. On donne à l'opinion l'impression que les élus n'ont rien d'autre à faire que se protéger. Quand on vole une mobylette, on va en prison. Mais si l'on est député et que l'on cherche à cacher un enrichissement illégal, on risque juste une amende ! », s'indigne le député de l'Aisne René Dosière, apparenté socialiste[3].

---

1. Nicolas Cori, « Patrimoine des députés : Copé mine la transparence », *Libération*, 22 décembre 2010.
2. Patrick Roger, « Patrimoine des élus : l'UMP résiste à la transparence », *Le Monde*, 22 décembre 2010.
3. François Wenz-Dumas, « Le député René Dosière dénonce les attaques de l'UMP contre le texte », *Libération*, 22 décembre 2010.

Quel arsenal des sanctions?

En juillet 2010, au cœur de l'affaire Woerth-Bettencourt, Nicolas Sarkozy comprend – enfin – qu'il faut dorénavant prévenir les conflits d'intérêts. Ou du moins, faire croire qu'on va les prévenir. Bien évidemment, cette tentative de normalisation ne s'opère que sous la pression des affaires. Le chef de l'État met en place une commission présidée par Jean-Marc Sauvé, vice-président du Conseil d'État, pour réfléchir à cette question. Le rapport, rendu le 26 janvier 2011, préconise un ensemble de règles afin de prévenir les conflits d'intérêts. Par ailleurs, il est indiqué qu'il appartient aux parlementaires de fixer eux-mêmes leurs propres règles, en s'appuyant sur trois piliers: « un code de déontologie des députés, une déclaration d'intérêts et l'institution d'un déontologue[1] ». Ce « déontologue » serait une personnalité extérieure à l'Assemblée nationale. François Baroin, porte-parole du gouvernement, annonce la création d'une « haute autorité administrative indépendante » pour prévenir les conflits d'intérêts. Une loi est attendue avant la fin de l'année 2011, qui s'appliquera à environ quatre mille agents publics, ministres, membres de cabinets, hauts fonctionnaires et dirigeants de grandes entreprises publiques.

Qui ne se féliciterait pas qu'une commission se penche enfin sur la moralisation de la vie publique? Mais que va-t-il rester des réflexions de Jean-Marc Sauvé, de Didier Migaud, premier président de la Cour des comptes, et de Jean-Claude Magendie, ancien président de la cour d'appel de Paris? La commission préconise qu'un ministre ne puisse plus diriger en même temps un parti, une association ou un syndicat. Or, plusieurs membres

1. Patrick Roger, « Pour prévenir les conflits d'intérêts, les députés auront un "déontologue" », *Le Monde*, 7 avril 2011.

du gouvernement sont à la tête de micropartis – c'était le cas, par exemple, d'Éric Woerth. Interdiction devrait être faite également de cumuler un portefeuille ministériel et « la détention d'un mandat exécutif dans une collectivité territoriale » (fonction de maire, d'adjoint, présidence de conseils généraux et régionaux...). *La Tribune* énumère la liste impressionnante des membres de l'équipe Fillon qui devraient renoncer à leur poste : Alain Juppé, maire de Bordeaux, François Baroin, maire de Troyes, Xavier Bertrand, maire de Saint-Quentin, Michel Mercier, président du conseil général du Rhône, ou encore Patrick Ollier, maire de Rueil-Malmaison[1].

Auditionnée par la commission, l'association Anticor qualifie ces conclusions d'« intéressantes », mais souligne qu'il manque l'essentiel : « une justice indépendante et un contrôle ou une surveillance citoyenne ». Certes, quatre mille agents publics devront dorénavant déclarer leur patrimoine. Mais donnera-t-on des moyens sérieux à ceux qui les contrôleront ? Qui vérifiera si les élus n'ont pas reçu de cadeaux ? Quel sera l'arsenal des sanctions ? Quelles seront les données exigées ? Les élus ne sont pas stupides au point d'acheter en leur nom une résidence secondaire ou un yacht grâce à de l'argent mal acquis. Pour que les mesures deviennent véritablement efficaces, il faudrait également contrôler les intérêts des proches, du conjoint, des enfants, des frères et sœurs, des amis... Cela représente des dizaines de milliers de personnes. Et surtout, la découverte d'un conflit d'intérêts va-t-elle conduire l'intéressé vers une poursuite pénale ?

En 2010, deux ministres, Christian Estrosi et Fadela Amara, ont été épinglés pour avoir mis leur appartement de fonction à disposition de leur famille. Ils n'ont pas été sanctionnés. Ils ont tous deux quitté le gouvernement,

1. Hélène Fontanaud, « Conflits d'intérêts : un rapport ambitieux, mais difficile à appliquer », *La Tribune*, 27 janvier 2011.

mais Fadela Amara a été recasée dans le corps des inspecteurs généraux des affaires sociales, pour un salaire de 8211 euros par mois[1]. N'existe-t-il pas un conflit d'intérêts lorsqu'un maire accorde un logement social à un proche bénéficiant d'un haut salaire? Cela fut le cas pendant des années à Neuilly-sur-Seine, sous le règne de Nicolas Sarkozy. « La ville a vocation à loger tout le monde. Au moins deux mille ménages modestes attendent de trouver un logement. Malheureusement, je n'ai pas de moyens juridiques pour contraindre des locataires fortunés à quitter leurs HLM », constate Jean-Christophe Fromantin, le maire de Neuilly-sur-Seine[2].

« La France pillée »

Plus grave encore, sinon plus instructif: l'attitude de la justice concernant François Pérol, l'ancien secrétaire général adjoint de l'Élysée de 2007 à 2009. Ce personnage fut chargé d'orchestrer en coulisse le rapprochement entre les Banques populaires et les Caisses d'épargne, comme semblent l'attester des documents parus dans la presse[3]. Par le plus grand des hasards, François Pérol prend la tête en mars 2009 du groupe BPCE, né de la fusion entre les Banques populaires et les Caisses d'épargne... Devant la polémique, Nicolas Sarkozy commet un gros mensonge en assurant que la commission de déontologie de la fonction publique considérait que la nomination de François Pérol ne posait pas de « problème ». Seul petit hic: la commission ne s'est jamais penchée sur le cas Pérol[4]. En novembre 2009,

1. Romain Rosso, « Les recasés de Sarkozy », *L'Express*, 19 mars 2011.
2. Entretien avec l'auteur, Neuilly, avril 2010.
3. Renaud Lecadre, « La justice croit Pérol sur parole », *Libération*, 4 mars 2011.
4. Grégoire Biseau, « Pantouflage de Pérol: le gros mensonge de Sarkozy », *Libération*, 24 février 2009.

deux syndicats portent plainte pour prise illégale d'intérêts. En mars 2011, la cour d'appel balaye ces accusations, au prétexte que « le secrétaire général adjoint de l'Élysée a une influence, mais pas le pouvoir de prendre une décision lui-même[1] ». Le 14 juillet 2010, François Pérol était fait chevalier de la Légion d'honneur.

L'association Anticor a publié en 2011 un rapport intitulé « La France pillée, savoir pour agir », diffusé sur le site des *Inrocks*[2]. Ce rapport, rebaptisé « L'anti-pacte », contient quelques perles. À combien se monte le plus gros casse du siècle ? À 100 milliards d'euros, perdus par le Trésor depuis l'année 2000. Le voleur ? « L'exécutif et son pâle comparse, le législateur de sa majorité », qui ne cessent de baisser les impôts des nantis. Votée dans le budget 2005, « la seule niche Copé aurait coûté 22 milliards d'euros sur trois ans, de 2007 à 2009 ». Cette niche consiste en une exonération d'impôt sur les sociétés des plus-values encaissées par les particuliers ou les entreprises, en cas de vente de leurs filiales ou de leurs titres de participation détenus depuis plus de deux ans…

Les recommandations d'Anticor seraient rapides à mettre en place, comme celle d'interdire de confier des marchés publics à des entreprises installées directement ou indirectement – par le biais de filiales – dans des paradis bancaires et fiscaux. De la même façon, les collectivités locales « ne doivent pas entretenir de liens financiers avec des établissements qui ont des activités dans ces mêmes paradis fiscaux ». Le président de la République, qui avait fait en 2009 de la lutte contre ces mêmes paradis fiscaux l'une de ses priorités, sera peut-être sensible à ces recommandations.

Une liste exhaustive des conflits d'intérêts réclamerait plusieurs tomes d'un ouvrage tel que celui-ci.

---

1. Renaud Lecadre, « La justice croit Pérol sur parole », *op. cit.*
2. www.lesinrocks.com.

Par exemple, nous n'avons pas abordé la vente d'une parcelle de l'hippodrome de Compiègne par Éric Woerth. La Cour de justice de la République a ouvert une enquête pour « prise illégale d'intérêts ». La vente a été réalisée selon une procédure de gré à gré, sans mise en concurrence, au prix de 2,5 millions d'euros. Cette parcelle a-t-elle été bradée ? « La France pillée » rappelle que pour renflouer ses caisses, l'État ne cesse de vendre son patrimoine, mille sept cents biens en trois ans. « Dans quelles conditions sont faites les opérations supervisées par France Domaine, qui agit comme propriétaire des biens de l'État ? », interroge Anticor. L'association rappelle que Philippe Séguin, président de la Cour des comptes, avait accusé le gouvernement de « liquider les bijoux de famille ». Privatisée, la République s'efface et s'affaiblit.

« Notre système ne fonctionne plus, toutes les barrières psychologiques ont sauté. Il n'y a plus de limites. Les Français ne peuvent plus déléguer l'organisation des pouvoirs à des élus qui trahissent leurs mandats. Il faut instituer un contrôle citoyen », conclut Séverine Tessier, la fondatrice d'Anticor[1].

---

1. Entretien avec l'auteur, mai 2011.

Table

DU MÊME AUTEUR

CHEZ LE MÊME ÉDITEUR

XAVIER BERTRAND, LES COULISSES D'UNE AMBITION

Sourire bonhomme et voix de miel, le secrétaire général de l'UMP n'aime pas se livrer. À l'heure de la « peopolisation », il est l'anti-Sarkozy, l'anti-Dati. Il ne s'affiche pas avec les stars, méprise les dîners en ville, inaugure les foires au boudin et revend ses costumes à la braderie de Saint-Quentin, dont il fut le maire-adjoint à trente ans, en 1995.

Avec ses airs de maître Patelin et ses blagues de potache, « XB » n'a pourtant rien d'un farceur. Car il a reçu une mission : contrer Jean-François Copé et préparer la réélection du Président. Ce qui ne l'empêche pas de nourrir une ambition : s'imposer comme le futur leader de la droite. Sa méthode : poigne d'acier et gant de velours. Son secret : l'acharnement au travail.

Certains le voient à Matignon. Lui pense parfois à l'Élysée ! N'est-il pas trop rond, trop fade, trop « plouc » ? Ses rivaux savent qu'il est aussi très « politique » et s'en veulent de n'avoir pas vu venir ce Français moyen qui, jusqu'en 2004, assurait des mobylettes dans un village de l'Aisne…

Pour raconter l'ascension de ce faux gentil, Ian Hamel a interrogé les hommes politiques, ses frères du Grand Orient et ses copains du Club 33, qui réunit chaque mois les notables de Saint-Quentin. Ils soulignent ses qualités – intelligence, sens tactique, humour bravache –, mais aussi son ingratitude, son opportunisme, sa mauvaise foi et ses fidélités à géométrie variable. Il révèle notamment les dessous de ses campagnes électorales locales et de son *outing* maçonnique.

ISBN 978-2-8098-0257-3 / H 50-6891-1 / 284 pages / 19,95 €

Cet ouvrage a été composé
par Atlant'Communication
au Bernard (Vendée)

Achevé d'imprimer sur Roto-Page
par l'Imprimerie Floch à Mayenne
en août 2011
pour le compte des Éditions de l'Archipel
département éditorial
de la S.A.S. Écriture-Communication

Imprimé en France
N° d'impression : 80271
Dépôt légal : septembre 2011